普通高等学校"十三五"数字化建设规划教材

大学应用语文教程

（上）

顾　问　叶　泽　成松柳
主　编　周云鹏
副主编　郑劭荣　宁淑华
编　委　（按拼音顺序）
　　　　成松柳　冯利华　宁淑华
　　　　邱震强　谢尊武　叶　泽
　　　　郑劭荣　周　静　周云鹏
　　　　朱小艾

北京大学出版社
PEKING UNIVERSITY PRESS

内容简介

《大学应用语文教程》是为了贯彻教育部《国家中长期教育改革和发展规划纲要(2010—2020年)》中,关于高等教育要"提高人才培养质量"和"增强社会服务能力"的精神而编写的,是一本适用于高等院校通识教育课程的教材。其基本体例由应用文写作理论、例文、例文简析、练习题组成。

本教程分上、下两册,上册由绪论、党政机关公文、事务管理文书、公关礼仪文书、申论写作、附录(《党政机关公文处理工作条例》《党政机关公文格式》)组成;下册由经济类应用文书、诉状类法律文书、新闻类文书、科技专业文书写作、附录〔毕业论文设计、毕业设计(论文)撰写规范样张〕,以及3套综合模拟练习题组成。

本教程在介绍各种文体写作知识的同时,辅以例文和简析,目的是供学生写作借鉴和参考。每一节前都设有"学习要点"和"能力要求",让学生明确各节中应了解和掌握的知识要点及能力培养要求。章后安排了丰富实用的练习题,旨在让学生通过思考与练习,巩固所学知识要点,初步掌握各种应用文体的写作要领。

前　言

　　进入21世纪以来,我国经济社会结构正在发生着重大的转型和变革,国家对应用型人才的需求日趋迫切,社会发展对人才的基本素质和技能提出了更新、更高的要求。大学应用语文课程的开设正是适应现代社会转型及应用的需求,它在高级应用型人才培养方面有着极其重要的作用。应用文是人们社会交往、思想交流的重要工具,适用范围十分广泛。学会应用文写作意义深远,小而言之,能有效提高大学生沟通、处理事务、统筹谋划等的综合能力;大而言之,是大学生在未来成就事业、"济世安邦"的利器。正如汉魏时期著名文学家曹丕所云:"盖文章,经国之大业,不朽之盛事。"这里所谓的"文章",不仅仅指文学作品,也包括实用性的文体。

　　本教程旨在提高大学生的语文应用能力,加强文化素养教育,培养良好的语言文字技能。毋庸讳言,尽管目前市面上销售的同类教材种类不少,但对于课程的性质、内涵等方面的认知还有许多值得重新思考的问题。

　　首先,"大学应用语文"究竟是一门什么性质的课程?一般认为,应用文写作无非就是介绍一些常用的应用文种基本范式,然后反复进行"操练"即可。说白了就是认为应用文写作只有工具性可言。这种理念虽然大体没错,但可以说是只识其一端而不察其余。在我们以往的应用文写作教学中,经常出现这类现象:部分学生不管是听课还是做练习,总提不起神。因为他们无法理解,应用文写作除了技术性的因素外还会有别的意义,而这种"技术"又好像是无关紧要的。实际上,应用文写作的工具性和价值性的关系就像是"鸡生蛋"还是"蛋生鸡"一样彼此相依,密不可分。从应用文产生和发展的历史来看,各种应用文文种虽然都表现出一定的程式化和形式化,具有鲜明的体制工具性,但这种体制工具性又往往是由它的价值性衍生的。应用文正是为了解决我们个人生活和社会生活中反复出现的问题而产生出来的一种文章文体。也就是说,写应用文是为了有效率地解决我们现实生活和工作中遇到的问题。就凭这一点,应用文背后即蕴含着深刻的人文性。回到我们的教学目的上,这门课的最终目的是通过学生的"立言"过程来达到"立人"的境界。"大学应用语文"应该是工具性与价值性的统一体。

　　其次,是对"大学应用语文"课程内涵的认识。由于教材编写人员的知识结构的不同,一般的应用文写作教材主要介绍的是行政公文写作、事务管理文书写作以及公关礼仪文书方面的内容。然而,目前这种情况在高等教育中正在接受严峻的挑战,如不少文科生到以工科为主要专业背景的单位工作时,他们深刻意识到,仅仅学会日常性应用文文种写作是不够的,还必须具备常用的科技应用文写作素养。同样,一个工科毕业生,仅知道写几篇科技应用文也是不够的,还必须具备现代办公、文秘所需要的应用文素养。因此,我们在编写本教程的过程中,充分地考虑各类专业或学科对于应用文写作的不同诉求。申论写作独立成章,作为第四章编入上册。全套书共选择了50多种比较常用的应用文文种,使用者通过学习能够对应用文有一个比较全面的把握。

　　本教程的编者均为从事大学应用文写作教学与研究的一线教师,他们不但谙熟各种应用

文文体的范式,还积累了丰富的教学实践经验。作为通识教育课程的《大学应用语文教程》(上、下),具有下列鲜明的特点:

1. 实训性。本教程不追求理论体系的严密和完备,而重点在于阐述应用文的文体规范,加强实训环节,精心设计作业,参与课外实践。注意解决学生写作中的常见问题。

2. 针对性。针对当代社会对于复合型人才的培养需求,侧重于应用文写作与行业知识的交叉教学,强化应用文体的专业内涵,满足不同专业学生的写作需要。

3. 前沿性。本教程的理论阐述具有前沿性,使用的范文、案例、数据等材料具有高度的时效性,与当下社会生活紧密相关。

本书由长沙理工大学周云鹏担任主编,郑劭荣、宁淑华担任副主编,为本书编写付出辛劳的作者有:冯利华、宁淑华、邱震强、谢尊武、郑劭荣、周静、周云鹏、朱小艾等。叶泽教授、成松柳教授、刘朝晖教授对本书的编写提出了指导性的建议,易永荣编辑了教学资源,赵荷花、苏娟提供了版式设计和装帧设计方案。在此一并感谢。在本书编写过程中参考了大量相关著作,选取了众多书籍、报刊、网络上的例文,在此谨对原著者深深致谢!

由于著者水平所限,缺点纰漏在所难免,希望专家、同人、读者批评指正。

编者

目 录

绪 论 1

第一章 党政机关公文 8

第一节 概 述 8
第二节 公文的格式 13
第三节 决议 决定 命令(令) 公报 公告 通告 意见 议案 23
第四节 通知 通报 38
第五节 报告 请示 批复 50
第六节 函 纪要 68
练习题 75

第二章 事务管理文书 81

第一节 事务管理文书概述 81
第二节 计 划 82
第三节 总 结 89
第四节 述职报告 99
第五节 调查报告 102
第六节 简 报 108
第七节 规章制度 113
练习题 123

第三章　公关礼仪文书 …… 125

第一节　公关礼仪文书概述 …… 125
第二节　求职书和申请书 …… 128
第三节　请柬、邀请函和聘书 …… 137
第四节　慰问信和倡议书 …… 142
第五节　感谢信和表扬信 …… 147
第六节　贺词和开幕词 …… 152
第七节　欢迎词和悼词 …… 158
第八节　启事和海报 …… 163
练习题 …… 169

第四章　申论写作 …… 171

第一节　概　　述 …… 171
第二节　审读材料 …… 173
第三节　概括要点 …… 175
第四节　提出对策 …… 177
第五节　进行论证 …… 183
练习题 …… 187

附录1　《党政机关公文处理工作条例》 …… 193
附录2　《党政机关公文格式》 …… 198

绪　论

一、应用文写作的含义、功能

(一) 应用文的含义

概括地说,应用文是指国家党政机关、企事业单位、人民团体或个人在处理政务、业务与私人事务过程中使用的具有惯用格式的实用文书或文章。

应用文写作的历史在我国由来已久。从一定意义上说,《尚书》就是我国古代最早的应用文写作专集。随着历史的发展,应用文也与时俱进,在当代已成为各级党政机关、企事业单位、人民团体及个人处理日常工作和生活中必不可少的实用文书。

(二) 应用文的功能

应用文在实际工作和生活中的主要功能有:

1. 管理功能

各种公文及管理类文书一经批准发布,就多具有法律法规的性质,对规范个人和社会行为、指导工作、保障国家安全和公共空间的正常运转都具有明确的约束和管理功能。

2. 宣传教育功能

各知照、管理类的应用文种大都具有宣传和教育功能,如决定、通知、守则及条例等。一方面告诉你要遵照、执行的内容,同时也在对你进行宣传和教育。

3. 交流、沟通功能

公文中,各下行文都要求上情下达,而各上行文则会以下情上报为能事。各公关礼仪类文书,其主要功能就在于通过交流和沟通而保持某种特定关系。至于很多经济类应用文,其重要的功能就是通过交流和沟通,或干预高层决策或约束具有契约关系的双(多)方。

4. 记录凭证功能

由于社会总在不断地变化和发展,应用文所涉及的内容自然也不是一成不变。从历史发展的角度来看,任何时代的应用文都是那一个时代的历史叙述者和宣达者。

二、应用文的种类、特点

(一) 应用文的种类

根据应用文的适用范围及功能特点,我们把应用文划分为通识类和专用类两大类型,具体见下表。

应用文种类	主要子类	各子类主要文种
通识类	1. 党政机关公文	决议、决定、命令(令)、公报、公告、通告、意见、通知、通报、报告、请示、批复、议案、纪要、函等。
	2. 事务管理文书	计划、总结、简报、调查报告、述职报告、条例、规定、办法、守则等。
	3. 公关礼仪文书	申请书、求职书、感谢信、慰问信、倡议书、贺词、悼词、启事、请柬、海报等。
申论		
专用类	1. 经济类文书	市场调查报告、经济合同、意向书、投标书、招标书、广告、策划书等。
	2. 法律类文书	起诉状、答辩状、上诉状、申诉状等。
	3. 新闻类文书	新闻、消息、通讯、新闻评论等。
	4. 科技类文书	科技报告、项目申请书、产品说明书、科普说明书等。

上表中，通识类应用文的划分是相对于专用类应用文而言的。在本教程的编写过程中，考虑大学生的实际专业情况，我们认为，就专用类应用文写作而言，入门最重要，因此在选择应用文文种时，以常用为主。此外，把申论写作单独编成一章，以方便应考公务员的学生学习。

(二)应用文的主要特点

1. 实用性

这是应用文最突出、最本质的特征。任何应用文的写作都有明确的目的，都是为了解决一定问题而作的。这是应用文与其他文体区别的最大标志。刘半农在《应用文之教授》[①]中，曾把应用文和文学作品作过比较："应用文是青菜黄米的家常便饭，文学文是一个肥鱼大肉"；"应用文是'无事三十里'的随便走路，文学文是运动场上出风头的一英里赛跑。"同样的书写对象，文学作品和应用文的写作范式是迥然不同的。下面是现代著名诗人冯至写的一首献给唐代大诗人杜甫的诗：

杜甫[②]

你在荒村里忍受饥肠，
你常常想到死填沟壑，
你却不断地唱着哀歌
为了人间壮美的沦亡：

战场上有健儿的死伤，
天边有明星的陨落，
万匹马随着浮云消没……

---

① 刘半农.应用文之教授[A].中国新文学大系(建设理论集).影印本[C].上海:上海文艺出版社,2003.
② 中国现代文学馆.十四行集[M].北京:华夏出版社,2009.

> 你一生是他们的祭享。
>
> 你的贫穷在闪烁发光
> 像一件圣者的烂衣裳。
> 就是一丝一缕在人间
>
> 也有无穷的神的力量。
> 一切冠盖在它的光前
> 只照出来可怜的形象。

而在百度中,"杜甫"的词条则是这样写的:

> 杜甫(712—770),字子美,汉族,襄阳人,后徙河南巩县。自号少陵野老,唐代伟大的现实主义诗人,与李白合称"李杜"。为了与另两位诗人李商隐与杜牧即"小李杜"区别,杜甫与李白又合称"大李杜",杜甫也常被称为"老杜"。
>
> 杜甫在中国古典诗歌中的影响非常深远,被后人称为"诗圣",他的诗被称为"诗史"。后世称其杜拾遗、杜工部,也称他杜少陵、杜草堂。
>
> 杜甫创作了《登高》《春望》《北征》《三吏》《三别》等名作。乾元二年(759)杜甫弃官入川,虽然躲避了战乱,生活相对安定,但仍然心系苍生,胸怀国事。虽然杜甫是个现实主义诗人,但他也有狂放不羁的一面,从其名作《饮中八仙歌》不难看出杜甫的豪气干云。
>
> 杜甫的思想核心是儒家的仁政思想,他有"致君尧舜上,再使风俗淳"的宏伟抱负。杜甫虽然在世时名声并不显赫,但后来声名远播,对中国文学和日本文学都产生了深远的影响。杜甫共有约1 500首诗歌被保留了下来,大多集于《杜工部集》。

通过比较,我们会发现,上述诗歌中的"杜甫"虽然也有纪实的成分,但主要是一个文学形象;而应用文中的"杜甫"词条,则是对其一生文学创作实绩的概括和浓缩。两篇不同的文章,其功能区别是明显的。

2.内容的真实性和效果的干预性

内容的真实性对于应用文写作来说尤为重要。就各党政机关公文而言,内容的真实性直接关系到国家相关法规、条例制定的合理性和科学性。历史可以证明,凡来源于真实可靠材料形成的应用文对于现实的指导作用都是积极的,反之就是消极的。如毛泽东写的《湖南农民运动考察报告》因为来源于作者本人实践的第一手材料,推广之后对于当时中国农民运动的实践是有重要的指导作用的。

至于效果的干预性,指的是在社会发展的实践过程中,大多数应用文都承担着干预生活的角色。其中最为显著的是党政机关公文。我国是一个法治国家,很多的社会实践活动都是有赖于各种形式的文件来指导的,因此文件(应用文)的制定从实践的效果来看,具有鲜明的干预性。请看以下文件:

全国人民代表大会常务委员会关于维护互联网安全的决定

(2000年12月28日第九届全国人民代表大会常务委员会第十九次会议通过)

我国的互联网,在国家大力倡导和积极推动下,在经济建设和各项事业中得到日益广泛的应用,使人们的生产、工作、学习和生活方式已经开始并将继续发生深刻的变化,对于加快我国国民经济、科学技术的发展和社会服务信息化进程具有重要作用。同时,如何保障互联网的运行安全和信息安全问题已经引起全社会的普遍关注。为了兴利除弊,促进我国互联网的健康发展,维护国家安全和社会公共利益,保护个人、法人和其他组织的合法权益,特作如下决定:

一、为了保障互联网的运行安全,对有下列行为之一,构成犯罪的,依照刑法有关规定追究刑事责任:

(一)侵入国家事务、国防建设、尖端科学技术领域的计算机信息系统;

(二)故意制作、传播计算机病毒等破坏性程序,攻击计算机系统及通信网络,致使计算机系统及通信网络遭受损害;

(三)违反国家规定,擅自中断计算机网络或者通信服务,造成计算机网络或者通信系统不能正常运行。

二、为了维护国家安全和社会稳定,对有下列行为之一,构成犯罪的,依照刑法有关规定追究刑事责任:

(一)利用互联网造谣、诽谤或者发表、传播其他有害信息,煽动颠覆国家政权、推翻社会主义制度,或者煽动分裂国家、破坏国家统一;

(二)通过互联网窃取、泄露国家秘密、情报或者军事秘密;

(三)利用互联网煽动民族仇恨、民族歧视,破坏民族团结;

(四)利用互联网组织邪教组织、联络邪教组织成员,破坏国家法律、行政法规实施。

三、为了维护社会主义市场经济秩序和社会管理秩序,对有下列行为之一,构成犯罪的,依照刑法有关规定追究刑事责任:

(一)利用互联网销售伪劣产品或者对商品、服务作虚假宣传;

(二)利用互联网损害他人商业信誉和商品声誉;

(三)利用互联网侵犯他人知识产权;

(四)利用互联网编造并传播影响证券、期货交易或者其他扰乱金融秩序的虚假信息;

(五)在互联网上建立淫秽网站、网页,提供淫秽站点链接服务,或者传播淫秽书刊、影片、音像、图片。

四、为了保护个人、法人和其他组织的人身、财产等合法权利,对有下列行为之一,构成犯罪的,依照刑法有关规定追究刑事责任:

(一)利用互联网侮辱他人或者捏造事实诽谤他人;

(二)非法截获、篡改、删除他人电子邮件或者其他数据资料,侵犯公民通信自由和通信秘密;

(三)利用互联网进行盗窃、诈骗、敲诈勒索。

五、利用互联网实施本决定第一条、第二条、第三条、第四条所列行为以外的其他行为,构成犯罪的,依照刑法有关规定追究刑事责任。

六、利用互联网实施违法行为,违反社会治安管理,尚不构成犯罪的,由公安机关依照《治安管理处罚条例》予以处罚;违反其他法律、行政法规,尚不构成犯罪的,由有关行政管理部门依法给予行政处罚;对直接负责的主管人员和其他直接责任人员,依法给予行政处分或者纪律处分。

利用互联网侵犯他人合法权益,构成民事侵权的,依法承担民事责任。

七、各级人民政府及有关部门要采取积极措施,在促进互联网的应用和网络技术的普及过程中,重视和支持对网络安全技术的研究和开发,增强网络的安全防护能力。(以下略)

这个《决定》颁布以后,就成为我国维护互联网安全的法律依据,其实施效果的干预性是毋庸置疑的。

此外,各经济类应用文书以及科技类文书的写作,内容的真实性和效果的干预性同样也是其追求的主要目标。也只有在内容真实的基础上,管理层、决策层或具有切身经济利益的双(多)方才能做到科学化、规范化的管理、决策或经营。

3. 格式的程式化

以流行歌手李春波创作的《一封家书》为例:"亲爱的爸爸、妈妈:你们好吗?近来工作忙吗?身体好吗?……此致,敬礼。"这封"家书"先写称谓,再写问候语、正文,最后有致敬语,一般听众都能认同这是一封家书(信),最主要原因是它具备了应用文——书信结构的程式化。再如,应用文的文本格式具有一定的程式化要求,如党政机关公文从标题到纸张的大小都由国务院办公厅制订的《党政机关公文格式》做出了明确规定。例如,上引例文《全国人民代表大会常务委员会关于维护互联网安全的决定》,标题由发文机关(全国人民代表大会)、事由(关于维护互联网安全)、文种(决定)三部分组成。

对应用文程式化的要求是由其本质属性——实用性所决定的。应该说,这种特点是具有国际性的。如美国为了保障工作效率,对公文格式的要求几乎到了机械化的程度,稍有不当,计算机就不予受理。21世纪以来,随着经济全球化步伐的进一步加快,各国之间的区域文化相互交融与撞击,应用文发展的国际化趋势也十分明显。程式化就是疏通各国经济文化交流的一种方向。

4. "语"随"体"现

这里"语"是指语言,"体"则指文种。意思是说,要根据具体应用文文种的不同来安排恰当的语言表达方式,如上行文的语言与下行文、平行文的语言是有区别的。对扶苏的《谏始皇书》和一封函的语言作比较:

> 天下初定,远方黔首未集,诸生皆诵法孔子。今上皆重法绳之,臣恐天下不安,唯上察之。
>
> ——《谏始皇书》

> **关于奉贤项目前期营销顾问招标工作事宜的致函**
>
> ××房产咨询有限公司：
>
> 　　贵公司关于奉贤项目前期营销顾问的应标资料已收到，并于2006年4月20日现场聆听了贵公司有关人员的现场方案解说。深感贵公司作为一家专业的房地产代理机构，一直致力于为客户提供有效、及时的服务；鉴于贵公司重视本次招标工作，在此代表我公司表示感谢！
>
> 　　我公司关于项目的招标和评标工作已于2006年5月8日结束。在此期间，我公司对本次投标的方案进行综合评审后，特以书面通知贵公司顺利中标，获得本次项目的前期营销顾问资格，在此表示祝贺！
>
> 　　希望与贵公司在今后能够密切合作，以推动项目相关前期工作的顺利进行，继而得以成功开发。最后，请贵公司安排相关人员着手预约前来商洽合作协议的相关时间，谢谢！
>
> 　　顺祝
>
> 　　商祺！
>
> ××置业有限公司
2006年5月9日

　　在前文《谏始皇书》中，作为儿子的扶苏，向父皇进言的语气委婉谦恭；而后文信函中，因为主体双方为平等的关系，所以语体言简意赅，礼貌周全。

　　又如，党政机关公文的语体，应该是平实、直白，切忌行文暧昧、旁生歧义；而经济类科技类应用文的语体，则应该客观、准确；至于部分公关礼仪类的文书，不妨增添几分主观、煽情的成分。

5．时效性

　　应用文写作和文学创作不一样。后者的创作主体往往会有一段时期的艺术蓄势，应用文的写作主体则常处于被动的状态。当工作或生活中出现了问题需要解决时，写作主体一般都被要求在一定的时间内做出反应，写出应对问题的应用文。要充分发挥应用文的功能和作用，就必须在一定的时间内解决问题。在信息化、网络化都发展得比较充分的今天，追求应用文的时效性已成了党政机关、企事业单位和人民团体的极富内涵的工作方式。

三、应用文的发展趋势

（一）专业化的发展趋势

　　随着当代政治、经济发展的需求，专业化的分工成为不可避免的趋势。就应用文写作而言，专业化的趋势已成为现实。以"大学应用语文"这门课程的教授为例，在我国高等学校中，有相当一批优秀的大学开设了"大学语文""应用文写作"或"大学应用语文"课程。但是，绝大多数的高校讲授的内容都是偏重人文学科。原因是这些授课老师大多是中文专业背景或人文学科背景。而有条件讲授科技应用文写作的，大多是重点高校的研究生层级的老师。这种现状与我国高等教育期待的目标是有差距的。随着社会的进一步发展，应用文写作的专业化趋势是必然的，只有当具有人文专业背景的老师和具备自然科学素养的老师做到了专业化，学生才有可能对这门课有比较全面的认识。

(二)高效率和电脑写作的发展趋势

快节奏的生活、工作已成为我们现代生活的家常便饭,尤其是在那些国际化氛围浓郁的大都市。如今"时间就是金钱,效率就是生命"已经不再是一个口号。应用文作为一种与之相适应的实用性的文体,它的时效性追求已成为普遍现象。

正是在这样一种背景下,传统的应用文写作方式必须融合到现代通信网络和智能技术之中。应用文写作只有与现代高科技联姻,才能重新焕发生机。目前,我国政府信息公开化已逐渐成为常态,同时也就意味着,传统的工作或生活方式势必要接受挑战。只有通过应用文写作的高效率运作和网络化的传播模式,工作效率的提高才能成为现实。

(三)社会化和民众化的发展趋势

"社会化"的含义在此包含两层意义:一是人的"社会化",二是社会"化"的人。理想或者运转健康的社会,往往就是上述情况的结合:人的成长过程就是不断参与社会实践的过程;健康的社会总是能让更多的人乐于、融于其中,愿意被社会"化"。虽然我们未必喜欢憧憬一个廉价乐观的未来,但是从总的社会发展趋势来看,前景日趋民主化是一个历史的大概率事件。在一个民主化比较充分的社会,作为具有桥梁性、干预性、规范性、宣传性等作用的应用文,能起着教育和强制性的作用,以引导大多数社会成员社会化进程的正确方向。换句话说,在一个法制健全的社会,应用文的社会功能日愈明显,其维系社会稳定、促进和谐发展的强大作用正在成为现实。

应用文写作的民众化程度从一定意义上来讲,可视为一个国家文明程度的重要参照。这里说的民众化的发展趋势,主要表现为社会大众对应用文写作和使用的参与。目前,应用文写作的民众化现象已开始朝着健康的方向发展。以湖南著名高校为例,应用文写作在湖南大学和中南大学的本科生通识教育课程体系中,都占有一席之位。此外,我国实施的公务员录用前的考试中,应用文写作(《申论》等)大多属于必考内容。可以说,应用文写作正走向普及化、民众化的道路。

总之,随着现代社会政治、经济、文化和科学技术的发展,应用文写作将不断焕发出新的生命力和挑战,将变得更加普及、更加专业化、更加科学。

第一章 党政机关公文

第一节 概 述

学习要点
1. 党政机关公文的特点
2. 党政机关公文的作用
3. 党政机关公文的行文关系
4. 党政机关公文的行文规则

能力要求
能够利用党政机关公文的相关知识判别各级党政机关之间的行文关系及要遵守的行文规则

一、党政机关公文的概念

为了适应中国共产党机关和国家行政机关(以下简称党政机关)工作需要,推进党政机关公文处理工作科学化、制度化、规范化,中共中央办公厅、国务院办公厅于2012年4月发布了《党政机关公文处理工作条例》(中办发〔2012〕14号)(以下简称《条例》,在本章中使用)。《条例》指出:"党政机关公文是党政机关实施领导、履行职能、处理公务的具有特定效力和规范体式的文书,是传达贯彻党和国家的方针政策,公布法规和规章,指导、布置和商洽工作,请示和答复问题,报告、通报和交流情况等的重要工具。"

二、党政机关公文的特点

党政机关公文具有以下几方面的特点:

(一)特定的效力性

党政机关公文的作者必须是具有制发公文权力的机关、部门或法定组织。即使以领导者的名义发文,也是代表机关、组织,而不是个人行文。由于党政机关具有在职权范围内制发公文的权力,其制发的公文内容与党和国家的方针、政策、法律、法规密切相关,直接反映了党和国家机关的指挥意志、政策意向、行动要求和人民群众的根本利益,是实施党政管理的重要工具。因此具有特定的效力性,必须切实遵照执行,不得违抗。

(二)格式的规范性

党政机关公文作为党政机关实施领导和管理的重要工具,在长期应用中形成了规范的格式。

格式的规范性是指公文独有的、异于其他文体的特征。党政机关公文由版头、主体、版记三部分组成,主体部分有规定的标题、发文机关、正文等基本组成部分,而且连版头、版面、字形、行距、尺寸,以及用纸、印刷、装订等,都有十分明确的规定。各种公文往往又具有自身的写作要求。这些规定和要求,在撰写和办理公文时都必须严格遵守,不能擅自改变。

(三)拟办的程序性

关于公文的拟制和办理,《条例》规定了严格的程序,如发文拟制要经过起草、审核、签发等程序,发文办理则必须经过复核、登记、印制、核发等程序,收文办理则必须经过签收、登记、初审、承办、传阅、催办、答复等程序。这些程序必须按序进行,不能改变、缺少。

三、党政机关公文的作用

党政机关公文在办理公共事务过程中,作为书面形式的载体,具有极为重要的作用,概括起来主要有以下方面:

(一)指导作用

上级机关通过公文传达方针政策,作出工作部署和提出工作意见,对下级机关落实、执行工作起指导作用。

(二)沟通协调作用

不相隶属的党政机关,也用公文相互了解情况、交流信息、商洽问题,以达到相互沟通、协调与配合的目的。

(三)宣传教育作用

党政机关公文是宣传党和国家的方针政策以及法规的主要渠道。通过公文的传达,可以让广大群众了解领导的意图,统一认识和看法,促进工作的开展。

(四)依据凭证作用

一方面,各类党政机关公文作为公务活动的工具和文字记录,既是体现发文机关意图的文字凭证,也是发文机关履行职能的真实记录和凭证,还是收文机关作为贯彻执行或处理工作的依据。另一方面,各类党政机关公文都是在一定历史时期内的政治、经济、文化等方面活动的真实记录,它不仅指导了当时的各项工作,在归档后,也能对今后的工作具有查考、凭证作用,有的还能成为研究历史的第一手资料,具有重要的史料价值。

四、党政机关公文的分类

根据公文的适用范围、行文方向、需要送达和办理的时限,以及内容的保密程度,党政机关公文有不同的分类。

(一)适用范围类

按照《条例》,党政机关公文有15种:决议、决定、命令(令)、公报、公告、通告、意见、通知、通报、报告、请示、批复、议案、函、纪要。

(二)行文关系类

按照行文方向,党政机关公文可分为上行文、下行文、平行文。

(三)紧急程度类

按照送达和办理的时限,党政机关公文分为紧急公文和普通公文。紧急公文有"特急"和"加急"两类,如果是电报则分为"特提""特急""加急"和"平急"。

(四)保密类

按照有无保密要求的不同,可将公文分为无保密要求的普通文件和有保密要求的保密文件两类。保密文件按照秘密等级和保密期限的不同,还可分为"绝密""机密""秘密"。

五、党政机关公文的行文关系

(一)行文关系

行文关系根据隶属关系和职权确定。隶属关系是指在类目表中下位类一定要带有上位类的属性,上位类一定能包含它所属的各级下位类。它们之间的关系是属种关系。领导机关之间的隶属关系,也就是这种属种关系,即一个机关隶属于另一个机关,这种属种关系,是领导与被领导的关系[①]。

(二)行文方向

行文方向是指以发文机关为立足点向不同机关运行的去向。其大致有三个:

上行文是指下级机关向具有隶属关系的上级机关的行文,如报告、请示、请示性意见等。

下行文是指上级机关向所属的下级机关的行文,如决议、决定、命令(令)、规定性通知、通报、批复、部署性意见等。

平行文是指没有隶属关系的同级机关或不属于同一系统的机关之间的行文,如函、议案以及某些通知和意见等。

(三)行文方式

1. 从行文对象分

(1)逐级行文:向直接的上级或者直接下级行文。
(2)越级行文:越过自己的直接上级或下级行文。
(3)多级行文:将公文同时发送给上几级或下几级机关,甚至直达基层组织和人民群众。
(4)通行行文:向隶属机关和非隶属机关以及社会群体一次性泛向行文。

2. 从发文机关分

(1)单独行文:即公文的制发机关只有一个。
(2)联合行文:即公文由两个或两个以上机关联合制发。

六、党政机关公文的行文规则

总的行文规则,《条例》第十三条指出:"行文应当确有必要,讲求实效,注重针对性和可操作性。"第十四条指出:"行文关系根据隶属关系和职权范围确定。一般不得越级行文,特殊情况需要越级行文的,应当同时抄送被越过的机关。"具体的行文规则有:

---

① 李中标.现代公文写作指南[M].长沙:湖南人民出版社,2012:60.

（一）下行文规则

（1）主送受理机关，根据需要抄送相关机关。重要行文应当同时抄送发文机关的直接上级机关。

（2）党委、政府的办公厅（室）根据本级党委、政府授权，可以向下级党委、政府行文，其他部门和单位不得向下级党委、政府发布指令性公文或者在公文中向下级党委、政府提出指令性要求。需经政府审批的具体事项，经政府同意后可以由政府职能部门行文，文中须注明已经政府同意。

（3）党委、政府的部门在各自职权范围内可以向下级党委、政府的相关部门行文。

（4）涉及多个部门职权范围内的事务，部门之间未协商一致的，不得向下行文；擅自行文的，上级机关应当责令其纠正或者撤销。

（5）上级机关向受双重领导的下级机关行文，必要时抄送该下级机关的另一个上级机关。

（二）上行文规则

（1）原则上主送一个上级机关，根据需要同时抄送相关上级机关和同级机关，不抄送下级机关。

（2）党委、政府的部门向上级主管部门请示、报告重大事项，应当经本级党委、政府同意或者授权；属于部门职权范围内的事项应当直接报送上级主管部门。

（3）下级机关的请示事项，如需以本机关名义向上级机关请示，应当提出倾向性意见后上报，不得原文转报上级机关。

（4）请示应当一文一事。不得在报告等非请示性公文中夹带请示事项。

（5）除上级机关负责人直接交办事项外，不得以本机关名义向上级机关负责人报送公文，不得以本机关负责人名义向上级机关报送公文。

（6）受双重领导的机关向一个上级机关行文，必要时抄送另一个上级机关。

（三）其他行文规则

（1）同级党政机关、党政机关与其他同级机关必要时可以联合行文。属于党委、政府各自职权范围内的工作，不得联合行文。

（2）党委、政府的部门依据职权可以相互行文。部门内设机构除办公厅（室）外不得对外正式行文。

七、写好党政机关公文的基本要求

在现实体制中，党政机关公文是党政机关、人民团体和企事业单位履行党政职责、组织领导、处理公务具有法律效力性的公务文书，具有领导、指导、规范、沟通协调、宣传、凭证和备考的作用。大学生在入职之前，有必要了解和学习如何写好公文。

（一）弄清发文意图

党政机关拟签发的任何一份公文都是根据实际工作需求书写的。因此，在成文之前，首先要弄清发文的意图。包括以下几项内容：

（1）上级领导的意图。上级领导主要指上级直接授予公务的机关领导或本级机关领导。一般而言，相对于普通员工，领导对国家的政策、方针具有更为深入的理解，对问题的看法更具有全局或大局意识，他们的认识、思路应当更接近党的路线、方针和政策，撰写者动笔前需要理解领会领导的本质意图,进一步明确发文的中心内容[①]。

(2) 选好文种。根据文件内容,准备采用什么文种。因为不同的公文文种具有不同的适用范围和格式要求,发挥的功能也不尽相同。

(3) 明确发送范围和阅读对象。这就进一步要求我们的公文,在撰写过程中要有针对性,要接地气,要根据公文的接收范围来安排内容、提炼主题。

(4) 明确发文的具体要求。

(二)重视学习国家相关的政策和法律,努力提高自身的理论和政策水平

从某种角度来看,公文的拟写过程,就是以特定的方式,贯彻执行、依靠、理解和表达党的政策方针的过程。因此拟写者务必具有较高的政治理论和政策水平,要有一定的政治理论素养的积累,了解相关的政策方针,并知悉相关的法律法规,对于政策新动向有较为敏锐的理解。否则,很难写出好的公文。

(三)要不断拓宽自身的知识领域

公务活动涉及社会的诸多方面,而且因素复杂多样,这就要求写作者需具备多方面的知识储备和素养,否则难以适应公务活动的需要。作为大学生,应充分利用大学阶段较为优越的学习环境和学习资源,广泛接触多方面的知识领域。文科学生不仅要积极积累人文学科和社会科学方面的专业知识,还要适当关注自然科学方面的发展;而理工科的学生,除了精通自身专业方面的业务知识外,也要对人文学科、社会科学方面有所涉猎。

(四)要练好写作基本功

应用文写作固然有自身内容和格式上的特点,但却不能违背写作的一般规律,如观点的提炼、材料的筛选、结构的谋划与组织、语言的锤炼、起草修改等,还要根据主题表达上的需要而采取记叙、议论、说明等方法。这些既属于写作的基本功,也属于写好应用文的基础条件。

(五)勤学多练,学以致用

公文既具有指导、干预现实生活的功能,即公文写作的目的就是为了解决日常生活、学习与工作中的某些问题。换一个角度来说,学公文写作也是为了致"用"。因此,在学习时既要熟悉和了解应用文写作的基础理论,又要理论联系实际,关注现实生活,把理论学习与实际生活中出现的问题进行思索、探究和研讨,以便找到解决的途径,真正地做到学以致用。由于我们的直接经验有限,就要多学习前人总结的间接经验。比如,要多读一些党中央、国务院以及省、市党政机关发布的合乎规范的文书,学习其在思想内容、表达形式、写作方法、版面设计等方面的处理经验和艺术,也可对它们进行思考与分析,从中吸取经验。

---

① 许华君.浅谈党政机关公文写作的一些体会[J].办公室业务,2015(3):10,39.

第二节 公文的格式

学习要点
　　公文常规格式的基本组成及其详细要求
能力要求
　　能够运用公文格式的基本知识判定公文格式是否规范

　　《条例》第三章"公文格式"对公文格式的各要素及编排、用纸作了严格的规定。
　　中华人民共和国国家质量监督检验检疫总局和中国国家标准化管理委员会于2012年6月29日发布了《党政机关公文格式》新的标准(以下简称《新标准》),规定了公文中各组成部分的标注规则。《新标准》把版心内的公文格式要素划分为版头、主体、版记三部分。公文首页红色分隔线以上的部分称为版头;公文首页红色分隔线(不含)以下、公文末页首条分隔线(不含)以上的部分称为主体;公文末页首条分隔线以下、末条分隔线以上的部分称为版记。
　　页码位于版心外。

一、公文版头格式的构成

　　公文版头由份号、密级和保密期限、紧急程度、发文机关标志、发文字号、签发人、版头中的分隔线等7个项目组成。

(一)份号标注规则

　　份号即公文印制份数的顺序号。涉密公文应当标注份号。其主要作用是便于公文的分发、清退和查找,有助于明确公文管理人员的责任。如需标注份号,一般用6位3号阿拉伯数字,顶格编排在版心左上角第一行。

(二)密级和保密期限标注规则

　　密级和保密期限即公文的秘密等级和保密的期限。
　　涉密公文应当根据涉密程度分别标注"绝密""机密""秘密"和保密期限。如需标注密级和保密期限,一般用3号黑体字,顶格编排在版心左上角第二行;保密期限中的数字用阿拉伯数字标注。

(三)紧急程度标注规则

　　紧急程度即公文送达和办理的时限要求。根据紧急程度,紧急公文应当分别标注"特急""加急",电报应当分别标注"特提""特急""加急""平急"。如需标注紧急程度,一般用3号黑体字,顶格编排在版心左上角;如需同时标注份号、密级和保密期限、紧急程度,按照份号、密级和保密期限、紧急程度的顺序自上而下分行排列。

(四)发文机关标志规则

　　由发文机关全称或者规范化简称加"文件"二字组成,也可以使用发文机关全称或者规范化简称。联合行文时,发文机关标志可以并用联合发文机关名称,也可以单独用主办机关名称。

发文机关标志居中排布,上边缘至版心上边缘为 35 mm,推荐使用小标宋体字,颜色为红色,以醒目、美观、庄重为原则。

联合行文时,如需同时标注联署发文机关名称,一般应当将主办机关名称排列在前;如有"文件"二字,应当置于发文机关名称右侧,以联署发文机关名称为准上下居中排布。

(五)发文字号标注规则

发文字号由发文机关代字、年份、发文顺序号组成。联合行文时,使用主办机关的发文字号。

编排在发文机关标志下空二行位置,居中排布。年份、发文顺序号用阿拉伯数字标注;年份应标全称,用六角括号"〔〕"括入;发文顺序号不加"第"字,不编虚位(即 1 不编为 01),在阿拉伯数字后加"号"字。

上行文的发文字号居左空一字编排,与最后一个签发人姓名处在同一行。

(六)签发人标注规则

上行文应当标注签发人姓名。由"签发人"三字加全角冒号和签发人姓名组成,居右空一字,编排在发文机关标志下空二行位置。"签发人"三字用 3 号仿宋体字,签发人姓名用 3 号楷体字。

如有多个签发人,签发人姓名按照发文机关的排列顺序从左到右、自上而下依次均匀编排,一般每行排两个姓名,回行时与上一行第一个签发人姓名对齐。

(七)版头中的分隔线

发文字号之下 4 mm 处居中印一条与版心等宽的红色分隔线。

二、公文主体格式构成

公文主体格式包括:标题、主送机关、正文、附件说明、发文机关署名、成文日期、印章、附注、附件等 9 个项目组成。

(一)公文标题

公文标题由发文机关名称、事由和文种组成。

一般用 2 号小标宋体字,编排于红色分隔线下空二行位置,分一行或多行居中排布;回行时,要做到词意完整,排列对称,长短适宜,间距恰当,标题排列应当使用梯形或菱形。

(二)主送机关

主送机关即公文的主要受理机关,应当使用机关全称、规范化简称或者同类型机关统称。

编排于标题下空一行位置,居左顶格,回行时仍顶格,最后一个机关名称后标全角冒号。如主送机关名称过多导致公文首页不能显示正文时,应当将主送机关名称移至版记,标注方法见"7.4.2(本册附录 2)"。

(三)正文

正文即公文的主体,用来表述公文的内容。公文首页必须显示正文。一般用 3 号仿宋体字,编排于主送机关名称下一行,每个自然段左空二字,回行顶格。文中结构层次序数依次可以用"一、""(一)""1.""(1)"标注;一般第一层用黑体字、第二层用楷体字、第三层和第四层用仿宋体字标注。

写好正文是公文写作的最基本最主要的任务。正文的内容除简短公文外,一般由开头、主体、结尾三部分构成。

(1)开头部分,或称"凭",即凭什么发文,主要是阐明发文的依据和理由。其内容或是交代引据,或是讲明背景、原委,或概述情况,或篇前摘要,或明了目的,应根据不同的发文意图、行文对象和文种酌情而定。

(2)主体部分,或称"事",即什么事情或什么事项。内容或针对问题进行分析,在分析问题、讲明道理的基础上提出解决问题的办法;或直陈要求、意见;或提出主张、列摆措施、讲明办法。内容复杂的公文,由于其所涉及的事项很多,因此要特别注意各事项之间的逻辑顺序和层次安排。

(3)结尾部分,或称"断",即论断、判断,是正文的结论,多数为提出意见、措施、办法和要求等。这部分的用语要适应不同文种的要求而异,切不可千篇一律。如上行文一般可用"当否,请批示""以上是否可行,请批示"等;下行文一般可用"希即遵照""特此通知""此布""此复""此令"等;平行文一般可用"为荷""为盼""为要""特此函复"等。

正文各部分之间的界限并不是截然分明的,有些内容简单、篇幅较短的公文。有时即表现为或"凭""事"合一,或"事""断"合一,或者"凭""事""断"合一,以使行文趋于简练明快。

(四)附件说明

附件说明包括公文附件的顺序号和名称。

如有附件,在正文下空一行左空二字编排"附件"二字,后标全角冒号和附件名称。如有多个附件,使用阿拉伯数字标注附件顺序号(如"附件:1. ××××××");附件名称后不加标点符号。附件名称较长需回行时,应当与上一行附件名称的首字对齐。

(五)发文机关署名

署发文机关全称或者规范化简称。

(六)成文日期

署会议通过或者发文机关负责人签发的日期。联合行文时,署最后签发机关负责人签发的日期。用阿拉伯数字将年、月、日标全,年份应标全称,月、日不编虚位(1不编为01)。

(补充说明:(五)(六)两项也合称为"落款")

(七)印章

公文中有发文机关署名的,应当加盖发文机关印章,并与署名机关相符。有特定发文机关标志的普发性公文和电报可以不加盖印章。

1. 加盖印章的公文

成文日期一般右空四字编排,印章用红色,不得出现空白印章。

单一机关行文时,一般在成文日期之上、以成文日期为准居中编排发文机关署名,印章端正、居中下压发文机关署名和成文日期,使发文机关署名和成文日期居印章中心偏下位置,印章顶端应当上距正文(或附件说明)一行之内。

联合行文时,一般将各发文机关署名按照发文机关顺序整齐排列在相应位置,每排最多排3个印章,并将印章一一对应、端正、居中下压发文机关署名,最后一个印章端正、居中下压发文机关署名和成文日期,印章之间排列整齐、互不相交或相切,每排印章两端不得超出版心,首排印章顶端应当上距正文(或附件说明)一行之内。

2. 不加盖印章的公文

无论单一机关行文还是联合行文时,在正文(或附件说明)下空一行右空二字编排发文机关署名,在发文机关署名下一行编排成文日期,首字比发文机关署名首字右移二字,如成文日期长于发文机关署名,应当使成文日期右空二字编排,并相应增加发文机关署名右空字数。

联合行文时,应当先编排主办机关署名,其余发文机关署名依次向下编排。

3. 加盖签发人签名章的公文

单一机关制发的公文加盖签发人签名章时,在正文(或附件说明)下空二行右空四字加盖签发人签名章,签名章左空二字标注签发人职务,以签名章为准上下居中排布。在签发人签名章下空一行右空四字编排成文日期。

联合行文时,应当先编排主办机关签发人职务、签名章,其余机关签发人职务、签名章依次向下编排,与主办机关签发人职务、签名章上下对齐;每行只编排一个机关的签发人职务、签名章;签发人职务应当标注全称。

签名章一般用红色。

4. 特殊情况说明

当公文排版后所剩空白处不能容下印章或签发人签名章、成文日期时,可以采取调整行距、字距的措施解决。

(八)附注

附注是公文印发传达范围等需要说明的事项。如有附注,居左空二字加圆括号编排在成文日期下一行。

(九)附件

附件是指公文正文的说明、补充或者参考资料。附件应当另面编排,并在版记之前,与公文正文一起装订。"附件"二字及附件顺序号用3号黑体字顶格编排在版心左上角第一行。附件标题居中编排在版心第三行。附件顺序号和附件标题应当与附件说明的表述一致。附件格式要求同正文。

如附件与正文不能一起装订,应当在附件左上角第一行顶格编排公文的发文字号并在其后标注"附件"二字及附件顺序号。

常见的附件有两类:一是用于补充说明或证实公文正文的附件,包括各种形式的说明材料、参考材料、图表、凭据等;二是用于向上级机关报送或向下级机关批发(批转、转发、印发)的附件。前一类附件是真正意义上的附件;后一类附件,实质上是主件,而主件实际只起报送、发布、按语、转发、函告的作用。

三、公文版记部分构成

版记部分,通常由版记中的分隔线、抄送机关、印发机关和印发日期、页码等组成。

(一)版记中的分隔线

版记中的分隔线与版心等宽,首条分隔线和末条分隔线用粗线(推荐高度为 0.35 mm),中间的分隔线用细线(推荐高度为 0.25 mm)。首条分隔线位于版记中第一个要素之上,末条分隔线与公文最后一面的版心下边缘重合。

(二)抄送机关

抄送机关是指除主送机关外需要执行或者知晓公文内容的其他机关,应当使用机关全称、规范化简称或者同类型机关统称。如有抄送机关,一般用4号仿宋体字,在印发机关和印发日期之上一行、左右各空一字编排。"抄送"二字后加全角冒号和抄送机关名称,回行时与冒号后的首字对齐,最后一个抄送机关名称后标句号。

如需把主送机关移至版记,除将"抄送"二字改为"主送"外,编排方法同抄送机关。既有主送机关又有抄送机关时,应当将主送机关置于抄送机关之上一行,之间不加分隔线。

(三)印发机关和印发日期

印发机关和印发日期是指公文的送印机关和送印日期。印发机关和印发日期一般用4号仿宋体字,编排在末条分隔线之上,印发机关左空一字,印发日期右空一字,用阿拉伯数字将年、月、日标全,年份应标全称,月、日不编虚位(即1不编为01),后加"印发"二字。

版记中如有其他要素,应当将其与印发机关和印发日期用一条细分隔线隔开。

四、页码

页码是指公文页数顺序号。一般用4号半角宋体阿拉伯数字,编排在公文版心下边缘之下,数字左右各放一条一字线;一字线上距版心下边缘7 mm。单页码居右空一字,双页码居左空一字。公文的版记页前有空白页的,空白页和版记页均不编排页码。公文的附件与正文一起装订时,页码应当连续编排。

五、公文的特定格式

(一)信函格式

发文机关标志使用发文机关全称或者规范化简称,居中排布,上边缘至上页边为30 mm,推荐使用红色小标宋体字。联合行文时,使用主办机关标志。

发文机关标志下4 mm处印一条红色双线(上粗下细),距下页边20 mm处印一条红色双线(上细下粗),线长均为170 mm,居中排布。

如需标注份号、密级和保密期限、紧急程度,应当顶格居版心左边缘编排在第一条红色双线下,按照份号、密级和保密期限、紧急程度的顺序自上而下分行排列,第一个要素与该线的距离为3号汉字高度的7/8。

发文字号顶格居版心右边缘编排在第一条红色双线下,与该线的距离为3号汉字高度的7/8。

标题居中编排,与其上最后一个要素相距二行。

第二条红色双线上一行如有文字,与该线的距离为3号汉字高度的7/8。

首页不显示页码。

版记不加印发机关和印发日期、分隔线,位于公文最后一面版心内最下方。

(二)命令(令)格式

发文机关标志由发文机关全称加"命令"或"令"字组成,居中排布,上边缘至版心上边缘为20 mm,推荐使用红色小标宋体字。

发文机关标志下空二行居中编排令号,令号下空二行编排正文。

签发人职务、签名章和成文日期的编排见附录中《党政机关公文格式》中的"7.3.5.3"。

（三）纪要格式

纪要标志由"××纪要"组成，居中排布，上边缘至版心上边缘为35 mm，推荐使用红色小标宋体字。

标注出席人员名单，一般用3号黑体字，在正文或附件说明下空一行左空二字编排"出席"二字，后标全角冒号，冒号后用3号仿宋体字标注出席人单位、姓名，回行时与冒号后的首字对齐。

标注请假和列席人员名单，除依次另起一行并将"出席"二字改为"请假"或"列席"外，编排方法同出席人员名单。

纪要格式可以根据实际制定。

六、公文的排版要求和印装规格

为了公文处理和管理的现代化，公文用纸和排版格式应根据《党政机关公文处理工作条例》和《党政机关公文格式》的规定实行。

（一）公文用纸主要技术指标

公文用纸一般使用纸张定量为 60 g/m² ～80 g/m² 的胶版印刷纸或复印纸。纸张白度80%～90%，横向耐折度≥15次，不透明度≥85%，pH值为7.5～9.5。

（二）公文用纸幅面尺寸及版面要求

1. 幅面尺寸

公文用纸采用GB/T 148中规定的A4型纸，其成品幅面尺寸为210 mm×297 mm。

2. 版面

（1）页边与版心尺寸。公文用纸天头（上白边）为37 mm±1 mm，公文用纸订口（左白边）为28 mm±1 mm，版心尺寸为156 mm×225 mm。

（2）字体和字号。如无特殊说明，公文格式各要素一般用3号仿宋体字。特定情况可以作适当调整。

（3）行数和字数。一般每面排22行，每行排28个字，并撑满版心。特定情况可以作适当调整。

（4）文字的颜色。如无特殊说明，公文中文字的颜色均为黑色。

（三）印制装订要求

1. 制版要求

版面干净无底灰，字迹清楚无断划，尺寸标准，版心不斜，误差不超过1 mm。

2. 印刷要求

双面印刷；页码套正，两面误差不超过2 mm。黑色油墨应当达到色谱所标BL100%，红色油墨应当达到色谱所标Y80%、M80%。印品着墨实、均匀；字面不花、不白、无断划。

3. 装订要求

公文应当左侧装订，不掉页，两页页码之间误差不超过4 mm，裁切后的成品尺寸允许误差±2 mm，四角成90°，无毛茬或缺损。

骑马订或平订的公文应当：

(1)订位为两钉外订眼距版面上下边缘各 70 mm 处,允许误差±4 mm;
(2)无坏钉、漏钉、重钉,钉脚平伏牢固;
(3)骑马订钉锯均订在折缝线上,平订钉锯与书脊间的距离为 3~5 mm。
包本装订公文的封皮(封面、书脊、封底)与书芯应吻合、包紧、包平、不脱落。

七、公文办理和管理

公文办理包括收文办理、发文办理和整理归档。

(一)收文办理主要程序

1. 签收

对收到的公文应当逐件清点,核对无误后签字或者盖章,并注明签收时间。

2. 登记

对公文的主要信息和办理情况应当详细记载。

3. 初审

对收到的公文应当进行初审。初审的重点是:是否应当由本机关办理,是否符合行文规则,文种、格式是否符合要求,涉及其他地区或者部门职权范围内的事项是否已经协商、会签,是否符合公文起草的其他要求。经初审不符合规定的公文,应当及时退回来文单位并说明理由。

4. 承办

阅知性公文应当根据公文内容、要求和工作需要确定范围后分送。批办性公文应当提出拟办意见报本机关负责人批示或者转有关部门办理;需要两个以上部门办理的,应当明确主办部门。紧急公文应当明确办理时限。承办部门对交办的公文应当及时办理,有明确办理时限要求的应当在规定时限内办理完毕。

5. 传阅

根据领导批示和工作需要将公文及时送传阅对象阅知或者批示。办理公文传阅应当随时掌握公文去向,不得漏传、误传、延误。

6. 催办

及时了解掌握公文的办理进展情况,督促承办部门按期办结。紧急公文或者重要公文应当由专人负责催办。

7. 答复

公文的办理结果应当及时答复来文单位,并根据需要告知相关单位。

(二)发文办理主要程序

1. 复核

已经发文机关负责人签批的公文,印发前应当对公文的审批手续、内容、文种、格式等进行复核;需作实质性修改的,应当报原签批人复审。

2. 登记

对复核后的公文,应当确定发文字号、分送范围和印制份数并详细记载。

3. 印制

公文印制必须确保质量和时效。涉密公文应当在符合保密要求的场所印制。

4．核发

公文印制完毕,应当对公文的文字、格式和印刷质量进行检查后分发。

(三) 公文管理

(1) 党政机关公文由文秘部门或者专人统一管理。设立党委(党组)的县级以上单位应当建立机要保密室和机要阅文室,并按照有关保密规定配备工作人员和必要的安全保密设施设备。

(2) 公文确定密级前,应当按照拟定的密级先行采取保密措施。确定密级后,应当按照所定密级严格管理。绝密级公文应当由专人管理。

公文的密级需要变更或者解除的,由原确定密级的机关或者其上级机关决定。

(3) 公文的印发传达范围应当按照发文机关的要求执行;需要变更的,应当经发文机关批准。

涉密公文公开发布前应当履行解密程序。公开发布的时间、形式和渠道,由发文机关确定。

经批准公开发布的公文,同发文机关正式印发的公文具有同等效力。

(4) 复制、汇编机密级、秘密级公文,应当符合有关规定并经本机关负责人批准。绝密级公文一般不得复制、汇编,确有工作需要的,应当经发文机关或者其上级机关批准。复制、汇编的公文视同原件管理。

复制件应当加盖复制机关戳记。翻印件应当注明翻印的机关名称、日期。汇编本的密级按照编入公文的最高密级标注。

(5) 公文的撤销和废止,由发文机关、上级机关或者权力机关根据职权范围和有关法律法规决定。公文被撤销的,视为自始无效;公文被废止的,视为自废止之日起失效。

(6) 涉密公文应当按照发文机关的要求和有关规定进行清退或者销毁。

(7) 不具备归档和保存价值的公文,经批准后可以销毁。销毁涉密公文必须严格按照有关规定履行审批登记手续,确保不丢失、不漏销。个人不得私自销毁、留存涉密公文。

(8) 机关合并时,全部公文应当随之合并管理;机关撤销时,需要归档的公文经整理后按照有关规定移交档案管理部门。

工作人员离岗离职时,所在机关应当督促其将暂存、借用的公文按照有关规定移交、清退。

(9) 新设立的机关应当向本级党委、政府的办公厅(室)提出发文立户申请。经审查符合条件的,列为发文单位,机关合并或者撤销时,相应进行调整。

八、公文版式示意图

图1为公文用纸页边及版心尺寸。图2至图12是党政机关公文的版式示意图。图中版心实线框仅为示意,在印制公文时并不印出。

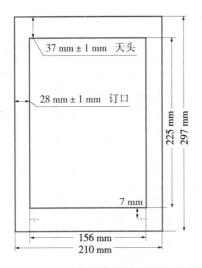

图1　A4型公文用纸页边及版心尺寸

图2　公文首页版式

图3　联合行文公文首页版式1

图4　联合行文公文首页版式2

图5　公文末页版式1

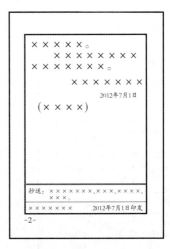

图6　公文末页版式2

图7 联合行文公末页版式1

图8 联合行文公文末页版式2

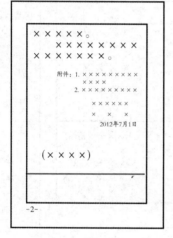

图9 附件说明页版式

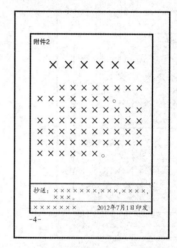

图10 带附件公文末页版式

图11 信函格式首页版式

图12 命令(令)格式首面版式

第三节 决议 决定 命令(令) 公报 公告 通告 意见 议案[①]

学习要点
1. 决议、决定、命令(令)、公报、公告、通告、意见、议案 8 种公文的适用范围
2. 决议、决定、命令(令)、公报、公告、通告、意见、议案 8 种公文的规范格式

能力要求
1. 熟悉这 8 种公文的适用范围
2. 能初步判断公务活动中这 8 种公文的格式对错

一、决议

(一)适用范围

《条例》规定,决议是"适用于会议讨论通过的重大决策事项"的公文。

(二)特点

严格的程序性。决议的形成必须经过特定的会议,也必须以会议名义发布。

(三)分类

按内容和性能,可分为审议批准性决议、方针政策性决议、专门事项性决议。

(四)格式与写法

决议一般由标题、题注、正文等部分构成。

1. 标题

决议的标题采取公文标题的常规模式,即"发文机关＋事由＋文种"的写法,具体表现为:会议名称＋决议主题＋决议。

2. 题注

题注即在标题之下的圆括号内注明通过决议的会议名称和日期,相当于一般公文的发文机关和发文时间。

3. 正文

正文采用公文常用的结构,由开头、主体、结尾三部分组成。

开头一般是写决议的根据和目的,或对所通过的决议的评价。主体写明决议事项,或对有关事项的贯彻执行要求。结尾多是发出号召。

[①] 本节公告、通告、议案部分内容参考:张文英,杨欣.新编应用文写作教程[M].天津:南开大学出版社,2010.

例文

中国共产党第十九次全国代表大会
关于十八届中央委员会报告的决议

(2017年10月24日中国共产党第十九次全国代表大会通过)

中国共产党第十九次全国代表大会批准习近平同志代表十八届中央委员会所作的报告。大会高举中国特色社会主义伟大旗帜,以马克思列宁主义、毛泽东思想、邓小平理论、"三个代表"重要思想、科学发展观、习近平新时代中国特色社会主义思想为指导,分析了国际国内形势发展变化,回顾和总结了过去五年的工作和历史性变革,作出了中国特色社会主义进入了新时代、我国社会主要矛盾已经转化为人民日益增长的美好生活需要和不平衡不充分的发展之间的矛盾等重大政治论断,深刻阐述了新时代中国共产党的历史使命,确立了习近平新时代中国特色社会主义思想的历史地位,提出了新时代坚持和发展中国特色社会主义的基本方略,确定了决胜全面建成小康社会、开启全面建设社会主义现代化国家新征程的目标,对新时代推进中国特色社会主义伟大事业和党的建设新的伟大工程作出了全面部署。大会通过的十八届中央委员会的报告,描绘了决胜全面建成小康社会、夺取新时代中国特色社会主义伟大胜利的宏伟蓝图,进一步指明了党和国家事业的前进方向,是全党全国各族人民智慧的结晶,是我们党团结带领全国各族人民在新时代坚持和发展中国特色社会主义的政治宣言和行动纲领,是马克思主义的纲领性文献。

大会认为,报告阐明的大会主题对我们党带领人民奋发图强、开拓前进具有十分重大的意义。全党要不忘初心,牢记使命,高举中国特色社会主义伟大旗帜,决胜全面建成小康社会,夺取新时代中国特色社会主义伟大胜利,为实现中华民族伟大复兴的中国梦不懈奋斗。

大会高度评价十八届中央委员会的工作。党的十八大以来的五年,是党和国家发展进程中极不平凡的五年,改革开放和社会主义现代化建设取得了历史性成就。五年来,以习近平同志为核心的党中央以巨大的政治勇气和强烈的责任担当,提出一系列新理念新思想新战略,出台一系列重大方针政策,推出一系列重大举措,推进一系列重大工作,解决了许多长期想解决而没有解决的难题,办成了许多过去想办而没有办成的大事,推动党和国家事业发生历史性变革。以习近平同志为核心的党中央勇于面对党面临的重大风险考验和党内存在的突出问题,以顽强意志品质正风肃纪、反腐惩恶,消除了党和国家内部存在的严重隐患,党内政治生活气象更新,党内政治生态明显好转,党的创造力、凝聚力、战斗力显著增强,党的团结统一更加巩固,党群关系明显改善,党在革命性锻造中更加坚强,焕发出新的强大生机活力,为党和国家事业发展提供了坚强政治保证。五年来的成就是全方位的、开创性的,五年来的变革是深层次的、根本性的。

大会强调,经过长期努力,中国特色社会主义进入了新时代,这是我国发展新的历史方位。中国特色社会主义进入新时代,我国社会主要矛盾已经转化为人民日益增长的美好生活需要和不平衡不充分的发展之间的矛盾。我国社会主要矛盾的变化是关系全局的历史性变化，对党和国家工作提出了许多新要求。我们要在继续推动发展的基础上，着力解决好发展不平衡不充分问题，大力提升发展质量和效益，更好满足人民在经济、政治、文化、社会、生态等方面日益增长的需要，更好推动人的全面发展、社会全面进步。

大会强调，围绕回答新时代坚持和发展什么样的中国特色社会主义、怎样坚持和发展中国特色社会主义这个重大时代课题，我们党以全新的视野深化对共产党执政规律、社会主义建设规律、人类社会发展规律的认识，进行艰辛理论探索，取得重大理论创新成果，创立了习近平新时代中国特色社会主义思想。习近平新时代中国特色社会主义思想，是对马克思列宁主义、毛泽东思想、邓小平理论、"三个代表"重要思想、科学发展观的继承和发展，是马克思主义中国化最新成果，是党和人民实践经验和集体智慧的结晶，是中国特色社会主义理论体系的重要组成部分，是全党全国人民为实现中华民族伟大复兴而奋斗的行动指南，必须长期坚持并不断发展。

大会强调，坚持党对一切工作的领导，坚持以人民为中心，坚持全面深化改革，坚持新发展理念，坚持人民当家作主，坚持全面依法治国，坚持社会主义核心价值体系，坚持在发展中保障和改善民生，坚持人与自然和谐共生，坚持总体国家安全观，坚持党对人民军队的绝对领导，坚持"一国两制"和推进祖国统一，坚持推动构建人类命运共同体，坚持全面从严治党，这十四条构成新时代坚持和发展中国特色社会主义的基本方略。全党同志必须全面贯彻党的基本理论、基本路线、基本方略，更好引领党和人民事业发展。

大会提出，从现在到二〇二〇年，是全面建成小康社会决胜期。要按照十六大、十七大、十八大提出的全面建成小康社会各项要求，突出抓重点、补短板、强弱项，特别是要坚决打好防范化解重大风险、精准脱贫、污染防治的攻坚战，使全面建成小康社会得到人民认可、经得起历史检验。

大会认为，从十九大到二十大，是"两个一百年"奋斗目标的历史交汇期。我们既要全面建成小康社会、实现第一个百年奋斗目标，又要乘势而上开启全面建设社会主义现代化国家新征程，向第二个百年奋斗目标进军。综合分析国际国内形势和我国发展条件，从二〇二〇年到本世纪中叶可以分两个阶段来安排。第一个阶段，从二〇二〇年到二〇三五年，在全面建成小康社会的基础上，再奋斗十五年，基本实现社会主义现代化。第二个阶段，从二〇三五年到本世纪中叶，在基本实现现代化的基础上，再奋斗十五年，把我国建成富强民主文明和谐美丽的社会主义现代化强国。

大会同意报告关于我国社会主义经济建设、政治建设、文化建设、社会建设、生态文明建设的部署。大会强调，要贯彻新发展理念、建设现代化经济体系，坚持质量第一、效益优先，以供给侧结构性改革为主线，推动经济发展质量变革、效率变革、动力变革，着力加快建设实体经济、科技创新、现代金融、人力资源协同发展的产业体系，着力构建市场机制有效、微观主体有活力、宏观调控有度的经济体制，不断增强我国经济创新力和竞争力。要深化供给侧结构性改革，加快建设创新型国家，实施乡村振兴战略，实施区域协调发展战略，加快完善社会主义市场经济体制，推动形成全面开放新格局，努力实现更高质量、更有效率、更加公平、更可持续的发展。要健全人民当家作主制度体系、发展社会主义民主政治,坚持党的领导、人民当家作主、依法治国有机统一,加强人民当家作主制度保障,发挥社会主义协商民主重要作用,深化依法治国实践,深化机构和行政体制改革,巩固和发展爱国统一战线,巩固和发展生动活泼、安定团结的政治局面。要坚定文化自信、推动社会主义文化繁荣兴盛,牢牢掌握意识形态工作领导权,培育和践行社会主义核心价值观,加强思想道德建设,繁荣发展社会主义文艺,推动文化事业和文化产业发展,激发全民族文化创新创造活力。要提高保障和改善民生水平、加强和创新社会治理,抓住人民最关心最直接最现实的利益问题,优先发展教育事业,提高就业质量和人民收入水平,加强社会保障体系建设,坚决打赢脱贫攻坚战,实施健康中国战略,打造共建共治共享的社会治理格局,有效维护国家安全,使人民获得感、幸福感、安全感更加充实、更有保障、更可持续。要加快生态文明体制改革、建设美丽中国,推进绿色发展,着力解决突出环境问题,加大生态系统保护力度,改革生态环境监管体制,推动形成人与自然和谐发展现代化建设新格局。大会强调,面对国家安全环境的深刻变化,面对强国强军的时代要求,必须坚持走中国特色强军之路,全面贯彻习近平强军思想,贯彻新形势下军事战略方针,建设强大的现代化陆军、海军、空军、火箭军和战略支援部队,打造坚强高效的战区联合作战指挥机构,构建中国特色现代作战体系,全面推进国防和军队现代化,把人民军队建设成为世界一流军队。

  大会强调,保持香港、澳门长期繁荣稳定,必须全面准确贯彻"一国两制"、"港人治港"、"澳人治澳"、高度自治的方针,严格依照宪法和基本法办事,让香港、澳门同胞同祖国人民共担民族复兴的历史责任、共享祖国繁荣富强的伟大荣光。必须继续坚持"和平统一、一国两制"方针,扩大两岸经济文化交流合作,推动两岸同胞共同弘扬中华文化,推动两岸关系和平发展,推进祖国和平统一进程,绝不允许任何人、任何组织、任何政党、在任何时候、以任何形式、把任何一块中国领土从中国分裂出去。

  大会同意报告对国际形势的分析和提出的对外工作方针,强调中国将坚持和平发展道路,高举和平、发展、合作、共赢的旗帜,恪守维护世界和平、促进共同发展的外交政策宗旨,坚定不移在和平共处五项原则基础上发展同各国的友好合作,积极促进"一带一路"国际合作,继续积极参与全球治理体系改革和建设,推动建设相互尊重、公平正义、合作共赢的新型国际关系,推动构建人类命运共同体,同世界各国人民一道建设持久和平、普遍安全、共同繁荣、开放包容、清洁美丽的世界。

  大会强调,打铁必须自身硬。党要团结带领人民进行伟大斗争、推进伟大事业、实现伟大梦想,必须毫不动摇坚持和完善党的领导,毫不动摇把党建设得更加坚强有力。新时代党的建设总要求是:坚持和加强党的全面领导,坚持党要管党、全面从严治党,以加强党的长期执政能力建设、先进性和纯洁性建设为主线,以党的政治建设为统领,以坚定理想信念宗旨为根基,以调动全党积极性、主动性、创造性为着力点,全面推进党的政治建设、思想建设、组织建设、作风建设、纪律建设,把制度建设贯穿其中,深入推进反腐败斗争,不断提高党的建设质量,把党建设成为始终走在时代前列、人民衷心拥护、勇于自我革命、经得起各种风浪考验、朝气蓬勃的马克思主义执政党。

  大会强调,要把党的政治建设摆在首位。全党必须增强政治意识、大局意识、核心意识、看齐意识,坚持党中央权威和集中统一领导,坚定执行党的政治路线,严格遵守政治纪律和政治规矩,在政治立场、政治方向、政治原则、政治道路上同党中央保持高度一致。

大会号召,全党全国各族人民要紧密团结在以习近平同志为核心的党中央周围,高举中国特色社会主义伟大旗帜,认真学习贯彻习近平新时代中国特色社会主义思想,锐意进取,埋头苦干,为实现推进现代化建设、完成祖国统一、维护世界和平与促进共同发展三大历史任务,为决胜全面建成小康社会、夺取新时代中国特色社会主义伟大胜利、实现中华民族伟大复兴的中国梦、实现人民对美好生活的向往继续奋斗!

二、决定

(一)适用范围

《条例》规定,决定是"适用于对重要事项作出决策和部署、奖惩有关单位和人员、变更或者撤销下级机关不适当的决定事项"的公文。

(二)特点

1. 权威性

决定是上级机关针对重要事项作出决策和部署。决定一经发布,就对收文单位具有很强的约束力,必须遵照执行。

2. 指挥性

决定通过原则、任务、措施、方案的确定和安排,指挥下级机关统一思想、统一行动,从而保证工作的顺利开展,并取得预期效果。

3. 单纯性

决定具有一事一文的特色,不杂陈多种事项。

(三)分类

按内容和用途可分为六类:法规性决定、政策性决定、批准性决定、部署性决定、知照性决定、奖惩性决定。

(四)格式与写法

决定一般由标题、主送机关、正文、落款等部分构成。

1. 标题

决定的标题一般采取公文标题的常规模式,即"发文机关+事由+文种"的写法。

2. 主送机关

一般而言,决定属于重要的下行文种,要写明收文机关名称。没有特定收文对象的决定,则不写主送机关。

3. 正文

正文采用公文常用的结构,由开头、主体、结尾三部分组成。

开头一般写发布决定的背景、根据、目的、意义等。主体写决定事项。结尾比较简单,主要用来写执行要求或希望号召。

4. 落款

落款包括发文机关和成文日期。经会议讨论通过的决定,发文机关和成文日期采用"题注"的形式,在公文标题之下的括号内标明。

例文

中共中央关于全面深化改革若干重大问题的决定
(2013年11月12日中国共产党第十八届中央委员会第三次全体会议通过)

为贯彻落实党的十八大关于全面深化改革的战略部署,十八届中央委员会第三次全体会议研究了全面深化改革的若干重大问题,作出如下决定。

一、全面深化改革的重大意义和指导思想(略)

二、坚持和完善基本经济制度(略)

三、加快完善现代市场体系(略)

四、加快转变政府职能(略)

五、深化财税体制改革(略)

六、健全城乡发展一体化体制机制(略)

七、构建开放型经济新体制(略)

八、加强社会主义民主政治制度建设(略)

九、推进法治中国建设(略)

十、强化权力运行制约和监督体系(略)

十一、推进文化体制机制创新(略)

十二、推进社会事业改革创新(略)

十三、创新社会治理体制(略)

十四、加快生态文明制度建设(略)

十五、深化国防和军队改革(略)

十六、加强和改善党对全面深化改革的领导(略)

三、命令(令)

(一)适用范围

《条例》规定,命令是"适用于公布行政法规和规章、宣布施行重大强制性措施、批准授予和晋升衔级、嘉奖有关单位和人员"的公文。

(二)特点

权威性和强制性。命令直接反映上级机关的意志,一经发布,下级机关不管是否同意,不管有什么困难或问题,都必须坚决地无条件地执行。令出必行,若违反命令或抗拒执行命令,就要受到惩罚。

(三)分类

命令按用途可分为:公布令、行政令、嘉奖令、通缉令、授衔令、赦免令等。

(四)格式与写法

命令一般由标题、发文字号、受令机关、正文、落款构成。

1. 标题

命令的标题有多种形式：一是"发文机关名称＋事由＋文种"，行政令和嘉奖令多采用这种写法；二是"发文机关（或机关首长）全称＋文种"，多用于发布令。

2. 发文字号

发文字号也叫"令号"，有两种形式：一种是公文发文字号的一般写法；一种是编制自发式令号，标注于标题之下，又称"流水号"。

3. 受令机关

当命令限定发给某些单位时，要在正文前顶格标明受令机关。属于普发性命令则不需要标明受令机关。

4. 正文

命令（令）的正文通常由"原由"和"使命指挥"两部分组成。"原由"部分写明发布本命令（令）的原因、理由或依据，"使命指挥"部分写明要求下级机关或有关人员必须遵照执行的使命事项。由于种类不同，正文在具体写法上也不尽一样。颁布法规性公文时，要写明颁布的内容，于何时经何机关或会议通过批准，何时生效或开始执行。发布重大强制性的行政措施时，主要写明发布本命令的理由和目的，部署的具体措施和要求，施行的范围与时间等。嘉奖令要写明嘉奖的事由、等级与办法以及奖励的目的、意义等。

5. 落款

落款包括签发人职务、签名章和成文日期。单一机关制发的公文加盖签发人签名章时，在正文（或附件说明）下空二行右空四字加盖签发人签名章，签名章左空二字标注签发人职务，以签名章为准上下居中排布。在签发人签名章下空一行右空四字编排成文日期。

联合行文时，应当先编排主办机关签发人职务、签名章，其余机关签发人职务、签名章依次向下编排，与主办机关签发人职务、签名章上下对齐；每行只编排一个机关的签发人职务、签名章；签发人职务应当标注全称。

签名章一般用红色。

 例文

中华人民共和国国务院令

第 639 号

《铁路安全管理条例》已经 2013 年 7 月 24 日国务院第 18 次常务会议通过，现予公布，自 2014 年 1 月 1 日起施行。

总理　李克强

2013 年 8 月 17 日

铁路安全管理条例（略）

四、公报

（一）适用范围

《条例》规定，公报是"适用于公布重要决定或者重大事项"的公文。

(二)特点

公报内容属于重要决定和重大事项,且其使用者为党和国家高级管理机关,因此具有高度的庄重性和严肃性,一经发布,即在国内外引起强烈反响。

(三)分类

公报可分为:会议公报、统计公报、外交公报。

(四)格式与写法

公报一般由标题、正文、落款等部分组成。

1. 标题

统计公报多为"发文机关+事由+文种";会议公报多用"会议名称+文种";外交公报则两种形式皆可。

2. 正文

会议公报一般包括会议基本情况和会议议定事项;统计公报一般包括数据背景和数据;外交公报则包括会晤基本情况、双方达成的共识及各方观点。

3. 落款

落款写明公报发布机关全称和发文日期,统计公报多采用这种形式。会议公报则采用题注形式,即在标题之下的圆括号内注明通过决议的会议名称和日期。外交公报两种形式都有。

例文

中国共产党第十九届中央委员会第二次全体会议公报

(2018年1月19日中国共产党第十九届中央委员会第二次全体会议通过)

中国共产党第十九届中央委员会第二次全体会议,于2018年1月18日至19日在北京举行。

出席这次全会的有,中央委员203人,候补中央委员172人。中央纪律检查委员会常务委员会委员和有关方面负责同志列席会议。党的十九大代表中部分基层同志和专家学者也列席会议。

全会由中央政治局主持。中央委员会总书记习近平作了重要讲话。

全会审议通过了《中共中央关于修改宪法部分内容的建议》,张德江就《建议(草案)》向全会作了说明。

全会一致认为,党的十九大和十九届一中全会以来,在以习近平同志为核心的党中央坚强领导下,全党全国把学习宣传贯彻党的十九大精神作为首要政治任务,深入开展多种形式的学习宣传活动,兴起了学习贯彻党的十九大精神、习近平新时代中国特色社会主义思想热潮,为贯彻落实党的十九大提出的各项战略决策和工作部署提供了强大精神动力,全党全国各族人民思想更加统一、信心更加坚定、行动更加有力,党和国家各项事业呈现欣欣向荣的发展局面。

全会认为,宪法是国家的根本法,是治国安邦的总章程,是党和人民意志的集中体现。现行宪法颁布以来,在改革开放和社会主义现代化建设的历史进程中、在我们党治国理政实践中发挥了十分重要的作用,有力坚持了中国共产党领导,有力保障了人民当家作主,有力促进了改革开放和社会主义现代化建设,有力推动了社会主义法治国家建设进程,有力维护了国家统一、民族团结、社会稳定。实践证明,我国现行宪法是符合国情、符合实际、符合时代发展要求的好宪法,是充分体现人民共同意志、充分保障人民民主权利、充分维护人民根本利益的好宪法,是推动国家发展进步、保证人民创造幸福生活、保障中华民族实现伟大复兴的好宪法,是我们国家和人民经受住各种困难和风险考验、始终沿着中国特色社会主义道路前进的根本法治保障。维护宪法尊严和权威,是维护国家法制统一、尊严、权威的前提,也是维护最广大人民根本利益、确保国家长治久安的重要保障。

全会高度评价全面依法治国取得的成就。党的十八大以来,以习近平同志为核心的党中央以前所未有的力度推进全面依法治国进程,坚持依法治国、依法执政、依法行政共同推进,坚持法治国家、法治政府、法治社会一体建设,坚持依法治国和以德治国相结合,坚持依法治国和依规治党有机统一,抓住科学立法、严格执法、公正司法、全民守法关键环节,加快推进中国特色社会主义法治体系建设,法律规范体系、法治实施体系、法治监督体系、法治保障体系和党内法规体系建设相互促进、共同发展,社会主义法治国家建设取得了历史性成就。

全会认为,我们党高度重视宪法在治国理政中的重要地位和作用,明确坚持依法治国首先要坚持依宪治国,坚持依法执政首先要坚持依宪执政,把实施宪法摆在全面依法治国的突出位置,采取一系列有力措施加强宪法实施和监督工作,为保证宪法实施提供了强有力的政治和制度保障。

全会认为,我国宪法必须随着党领导人民建设中国特色社会主义实践的发展而不断完善发展。这是我国宪法发展的一个显著特点,也是一条基本规律。从1954年我国第一部宪法诞生至今,我国宪法一直处在探索实践和不断完善过程中。1982年宪法公布施行后,根据我国改革开放和社会主义现代化建设的实践和发展,分别于1988年、1993年、1999年、2004年进行了4次修改。实践表明,我国宪法是同党团结带领人民进行的实践探索紧密联系在一起的,随着时代进步、党和人民事业发展而不断完善。

全会强调,由宪法及时确认党和人民创造的伟大成就和宝贵经验,以更好发挥宪法的规范、引领、推动、保障作用,是实践发展的必然要求。中国特色社会主义进入新时代,这是我国发展新的历史方位。根据新时代坚持和发展中国特色社会主义的新形势新任务,有必要对我国宪法作出适当的修改。自2004年修改宪法以来,党和国家事业又有了许多重要发展变化。特别是党的十八大以来,以习近平同志为核心的党中央团结带领全党全国各族人民毫不动摇坚持和发展中国特色社会主义,创立了习近平新时代中国特色社会主义思想,统筹推进"五位一体"总体布局、协调推进"四个全面"战略布局,推进党的建设新的伟大工程,推动党和国家事业取得历史性成就、发生历史性变革。党的十九大对新时代坚持和发展中国特色社会主义作出重大战略部署,确定了新的奋斗目标。为更好发挥宪法在新时代坚持和发展中国特色社会主义中的重大作用,需要对宪法作出适当修改,把党和人民在实践中取得的重大理论创新、实践创新、制度创新成果上升为宪法规定。

全会认为,宪法修改是国家政治生活中的一件大事,是党中央从新时代坚持和发展中国特色社会主义全局和战略高度作出的重大决策,也是推进全面依法治国、推进国家治理体系和治理能力现代化的重大举措。这次宪法修改的总体要求是,高举中国特色社会主义伟大旗帜,全面贯彻党的十九大精神,坚持以马克思列宁主义、毛泽东思想、邓小平理论、"三个代表"重要思想、科学发展观、习近平新时代中国特色社会主义思想为指导,坚持党的领导、人民当家作主、依法治国有机统一,把党的十九大确定的重大理论观点和重大方针政策特别是习近平新时代中国特色社会主义思想载入国家根本法,体现党和国家事业发展的新成就新经验新要求,在总体保持我国宪法连续性、稳定性、权威性的基础上推动宪法与时俱进、完善发展,为新时代坚持和发展中国特色社会主义、实现"两个一百年"奋斗目标和中华民族伟大复兴的中国梦提供有力宪法保障。

全会提出,这次宪法修改必须贯彻以下原则:坚持党的领导,坚持中国特色社会主义法治道路,坚持正确政治方向;严格依法按程序进行;充分发扬民主、广泛凝聚共识,确保反映人民意志、得到人民拥护;坚持对宪法作部分修改、不作大改的原则,做到既顺应党和人民事业发展要求,又遵循宪法法律发展规律,保持宪法连续性、稳定性、权威性。

全会认为,宪法修改关系全局,影响广泛而深远。要贯彻科学立法、民主立法、依法立法的要求,注重从政治上、大局上、战略上分析问题,注重从宪法发展的客观规律和内在要求上思考问题,维护宪法权威性。

全会强调,习近平新时代中国特色社会主义思想是马克思主义中国化最新成果,是当代中国马克思主义、21世纪马克思主义,是党和国家必须长期坚持的指导思想。中国共产党领导是中国特色社会主义最本质的特征,是中国特色社会主义制度最大的优势,必须坚持和加强党对一切工作的领导。经济建设、政治建设、文化建设、社会建设、生态文明建设"五位一体"总体布局,创新、协调、绿色、开放、共享的新发展理念,到2020年全面建成小康社会、到2035年基本实现社会主义现代化、到本世纪中叶建成社会主义现代化强国的奋斗目标,实现中华民族伟大复兴,对激励和引导全党全国各族人民团结奋斗具有重大引领意义。坚持和平发展道路,坚持互利共赢开放战略,推动构建人类命运共同体,对促进人类和平发展的崇高事业具有重大意义。国家监察体制改革是事关全局的重大政治体制改革,是强化党和国家自我监督的重大决策部署,要依法建立党统一领导的反腐败工作机构,构建集中统一、权威高效的国家监察体系,实现对所有行使公权力的公职人员监察全覆盖。宪法是国家各项制度和法律法规的总依据,充实宪法的重大制度规定,对完善和发展中国特色社会主义制度具有重要作用。

全会强调,宪法的生命在于实施,宪法的权威也在于实施。维护宪法权威,就是维护党和人民共同意志的权威;捍卫宪法尊严,就是捍卫党和人民共同意志的尊严;保证宪法实施,就是保证人民根本利益的实现。要以这次宪法修改为契机,深入推进科学立法、严格执法、公正司法、全民守法,坚持有法可依、有法必依、执法必严、违法必究,把依法治国、依宪治国工作提高到一个新水平。要在全党全社会深入开展尊崇宪法、学习宪法、遵守宪法、维护宪法、运用宪法的宣传教育活动,大力弘扬宪法精神,大力弘扬社会主义法治精神,不断增强人民群众宪法意识。要加强对宪法法律实施情况的监督检查,坚决纠正违宪违法行为。各级国家工作人员特别是领导干部要增强宪法观念,依照宪法法律行使职权、履行职责、开展工作,恪尽职守,廉洁奉公,自觉接受人民监督,通过自己的努力为宪法法律实施作出贡献,绝不允许以言代法、以权压法、逐利违法、徇私枉法。全国各族人民、一切国家机关和武装力量、各政党和各社会团体、各企业事业组织,都必须以宪法为根本的活动准则,都负有维护宪法尊严、保证宪法实施的职责,任何组织和个人都不得有超越宪法法律的特权,一切违反宪法法律的行为都必须予以追究。

全会号召,全党同志要更加紧密地团结在以习近平同志为核心的党中央周围,以习近平新时代中国特色社会主义思想为指导,全面深入贯彻党的十九大精神和本次全会精神,牢固树立政治意识、大局意识、核心意识、看齐意识,坚定不移走中国特色社会主义法治道路,自觉维护宪法权威、保证宪法实施,为新时代推进全面依法治国、建设社会主义法治国家而努力奋斗。

五、公告

(一)适用范围

《条例》规定,公告是"适用于向国内外宣布重要事项或者法定事项"的公文。

(二)特点

1. 发布范围的广泛性

在党政机关公文中,公告是发布范围最为广泛的文种。面向国内外,收文对象遍及所有组织和公民个人,因而省略主送机关。

2. 表达的简洁性

公告的表达方式采用直述其事的方式,一则公告一件事,简洁明了。

(三)分类

公告可分为:发布性公告、告知性公告、关涉国内外有关方面事项的公告。

(四)格式与写法

公告一般由标题、正文、落款等部分组成。

1. 标题

①"发文机关+事由+文种",如《质检总局关于发布〈家用汽车产品三包信息和争议处理技术咨询人员管理办法〉的公告》;②"发文机关+文种",如《中华人民共和国司法部公告》。

2. 正文

述公告缘由,宣布事项。内容必须是真正的要事,要高度概括;大多是消息性,一般不提出执行要求。

3. 落款

落款写明公告发布机关全称和发文日期。也可由签发文件的领导人在落款处签署姓名或代以签名章。

例文

最高人民法院　最高人民检察院
公安部　国家安全部　司法部
关于发布《人体损伤程度鉴定标准》的公告

　　为进一步加强人身损伤程度鉴定标准化、规范化工作,现将《人体损伤程度鉴定标准》发布,自2014年1月1日起施行。《人体重伤鉴定标准》(司发〔1990〕070号)、《人体轻伤鉴定标准(试行)》(法(司)发〔1990〕6号)和《人体轻微伤的鉴定》(GA/T 146—1996)同时废止。

最高人民法院　最高人民检察院
公安部　国家安全部　司法部
2013年8月30日

六、通告

(一)适用范围

《条例》规定,通告是"适用于在一定范围内公布应当遵守或者周知的事项"的公文。

(二)特点

(1) 用于宣布一般性事项,有别于公告宣布重大事项。

(2) 通告只在国内一定范围内公布,有别于公告向国内也向国外公布。

(三)分类

1. 周知类通告

主要是使受文者了解重要情况、重要消息,因此文中不提直接的执行要求。

2. 执行类通告

主要向受文者交代需要遵守、执行的政策、措施以及其他行为规范,具有一定的强制力。

(四)格式与写法

通告由标题、正文、落款三部分组成。

1. 标题

标题由"发文机关+事由+文种"构成,如《国家税务总局关于选拔首批全国税务领军人才税务系统外培养对象的通告》。

2. 正文

正文由缘由、通告事项和结尾三部分组成。缘由为发布通告的原因和根据,事项为须知和遵守的内容。用"特通告如下"转承连接。通告事项是面对大众的,应简洁明了,叙述清楚,通俗易懂,便于掌握。结尾部分可提出要求、希望,并用"特此通告"作结。有时也可不写,形式比较灵活。

3. 落款

正文后签署发布通告的机关名称和日期。

例文

国家税务总局关于选拔首批全国
税务领军人才税务系统外培养对象的通告

为培养和造就一支在推进税收事业科学发展中发挥重要引领作用的税务领军人才队伍,更好地服务发展大局,根据《全国税务领军人才培养规划(2013—2022年)》,税务总局定于近期启动首批全国税务领军人才培养对象的选拔工作。现将系统外人才培养和选拔有关事项通告如下:

一、培养方式与方向(略)

二、培养对象及选拔条件(略)

三、选拔程序(略)

四、有关要求(略)

五、联系人及联系方式(略)

附件:1.首批全国税务领军人才培养对象选拔申报表
　　　2.填表说明

国家税务总局(公章)
2013 年 9 月 29 日

附件(略)

七、意见

(一)适用范围

《条例》规定,意见是"适用于对重要问题提出见解和处理办法"的公文。

从行文关系而言,意见是比较特殊的文种,可做上行文、下行文、平行文使用。

作为下行文,意见具有指导和指示功能,应当向下级机关提出明确的要求,以便下级机关遵照执行。如文中没有明确的要求,下级机关可参照执行。

作为上行文,意见具有请示功能,可以参照请示的程序和要求办理。

作为平行文,提出的意见可供对方参考。

(二)特点

意见是根据现实的需要,针对某一重要的问题提出见解或处理意见。

(三)分类

意见大体可分为规划性意见、实施性意见、指导性意见、请批性意见。

(四)格式与写法

意见由标题、主送机关、正文、落款等组成。

1. 标题

标题由"发文机关+事由+文种"构成,如《中共中央办公厅、国务院办公厅、中央军委办公厅印发〈关于进一步加强烈士纪念工作的意见〉》。

2. 主送机关

一般有主送机关,排列与一般公文相同。

3. 正文

正文一般分开头、主体和结尾三部分。开头应讲明制发意见的缘由、政策依据及其发文意义,有时也说明发文的背景。这部分应简明扼要。主体一般采用分条列项的方式,表明对有关问题的态度和处理意见。结尾要强调实施要求或重要性,提出希望等。

4. 落款

落款包括发文机关名称和成文日期。

 例文

国务院关于加快发展养老服务业的若干意见

国发〔2013〕35号

各省、自治区、直辖市人民政府,国务院各部委、各直属机构:

近年来,我国养老服务业快速发展,以居家为基础、社区为依托、机构为支撑的养老服务体系初步建立,老年消费市场初步形成,老龄事业发展取得显著成就。但总体上看,养老服务和产品供给不足、市场发育不健全、城乡区域发展不平衡等问题还十分突出。当前,我国已经进入人口老龄化快速发展阶段,2012年底我国60周岁以上老年人口已达1.94亿,2020年将达到2.43亿,2025年将突破3亿。积极应对人口老龄化,加快发展养老服务业,不断满足老年人持续增长的养老服务需求,是全面建成小康社会的一项紧迫任务,有利于保障老年人权益,共享改革发展成果,有利于拉动消费、扩大就业,有利于保障和改善民生,促进社会和谐,推进经济社会持续健康发展。为加快发展养老服务业,现提出以下意见:

一、总体要求(略)

二、主要任务(略)

三、政策措施(略)

四、组织领导(略)

国务院(公章)
2013年9月6日

八、议案

(一)适用范围

《条例》规定,议案是"适用于各级人民政府按照法律程序向同级人民代表大会或者人民代表大会常务委员会提请审议事项"的公文,是建议性公文。

(二)特点

1. 收发文机关的限定性

议案只能是人民政府向同级人民代表大会及其常委会制发。

2. 严格的法定程序

议案的提交和受理均有严格的程序要求,议案的内容范围、提出和处理时限等在法律上也有严格规定,必须遵照执行。

3．主旨的单一性

议案要遵循"一文一案"的原则,不能将不同事项写进同一议案。

4．结果的期复性

议案被同级人代会或其常委会受理后,必须给予处理和答复。

(三)分类

1．条约议案

条约议案是国务院向全国人民代表大会常务委员会提出的请予批准已签订的国际条约而用的议案。

2．立法议案

立法议案是国务院向全国人大、全国人大常委会、地方各级人民政府向地方各级人代会及其常务委员会提出的请求立法的议案。

3．事项议案

事项议案是国务院向全国人大、人大常委会,地方各级人民政府向地方各级人代会及其常务委员会提出的请求审议其职权范围内事项的议案,如变动某种机构,任免人员等。

(四)格式与写法

议案一般由标题、主送机关、正文、落款等部分组成。

1．标题

议案的标题必须采用"三要素"式(完全式)的写法,即由"发文机关＋事由＋文种"构成。如果是立法议案,必须在法的名称后用圆括号括上"草案"二字。如《国务院关于提请审议〈中华人民共和国道路交通安全法(草案)〉的议案》。

2．主送机关

议案的主送机关只能是审议议案的同级人民代表大会及其常务委员会。

3．正文

议案正文一般由提请审议说明、提请审议事项(事项议案)、审议请求组成。

4．落款

议案落款署发文机关名称(或者发文机关党政首长姓名),成文日期。

 例文

国务院关于提请审议国务院机构改革方案的议案

全国人民代表大会:

中国共产党第十七次全国代表大会明确提出,要加快行政管理体制改革,抓紧制定行政管理体制改革总体方案。根据党中央的部署,经过认真调研,广泛听取意见,反复研究论证,形成了《关于深化行政管理体制改革的意见》和《国务院机构改革方案(草案)》,并先后经国务院常务会议、中央政治局常务委员会会议、中央政治局会议讨论和修改。党的十七届二中全会审议通过了这两个文件。现将《国务院机构改革方案》提请第十一届全国人民代表大会第一次会议审议。

国务院总理　温家宝
2008年3月4日

第四节 通知 通报

学习要点
　　通知、通报的适用范围、特点、分类、格式与注意事项
能力要求
　　熟悉通知、通报这两种公文的适用范围,并会拟写

一、通知

(一)适用范围

《条例》规定,通知"适用于发布、传达要求下级机关执行和有关单位周知或者执行的事项,批转、转发公文"。

通知是下行文,有时也用于平行文,是发文机关受限最少的公文文种之一,也是公文中使用范围最广、使用频率最高的文种。

(二)特点

1. 功能的多样性

通知可以用来布置工作、告知事项、发布规章、批转和转发文件等等。通知用于转发上级机关的公文时,对下级机关有指示性;用于沟通情况、交流信息时,它具有知照性;用于布置、安排工作时,它具有执行性。总之,下行文的主要功能,它几乎都具备。

2. 运用的广泛性

首先,作者广泛。通知的发文机关,几乎不受级别的限制。大到国家级的党政机关,小到基层的企事业单位,都可以发布通知。

其次,内容广泛。批转、转发与印发公文,布置工作,传达指示,周知事项,无论重大工作,还是细小事项,均可使用。虽然,通知从整体上看是下行文,但部分通知(如知照性通知)也可以做平行文,发往不相隶属机关。

3. 较强的时效性

通知是一种制发比较快捷、运用比较灵便的公文文种,它所通知的事项,有比较明确的时间限制,受文机关要在规定的时间内办理完成,不得拖延。

(三)通知的分类

1. 发文性通知

转文,就是把现有的公文转给下级机关了解与执行。上级机关向下转文,为清楚起见,必须标明主送机关名称,说明转文目的,并对受文机关提出执行要求,这就构成了一篇附在被转公文之前的公文,即转文性通知。

依据被转公文制发机关的不同，又分以下三种：

第一种，批转性通知，将某一下级机关报来的文件转发给有关下级机关，叫作"批转"，如《国务院批转发展改革委关于2010年深化经济体制改革重点工作意见的通知》。

第二种，转发性通知，用于转发上级机关、同级机关或不相隶属机关的公文，如《广东省人民政府办公厅关于转发国务院办公厅关于开展全国粮食清仓查库工作的通知》。

第三种，印发性通知，用于印发某一公文，如《国务院关于印发"十二五"控制温室气体排放工作方案的通知》。

2．指示性通知

指示性通知是上级机关向下级机关布置带有普遍性的工作，作出相应的指示时使用的通知，如《国务院关于进一步加强艾滋病防治工作的通知》。

3．事务性通知

事务性通知是用来传达、安排事务性工作的一类通知，它包括会议通知、机构变动通知、更改名称通知、启用印章通知等，如《湖南省人民政府办公厅关于调整湖南省安全生产委员会组成人员的通知》。

（四）格式与写法

通知一般包括标题、主送机关、正文、落款四个部分。

1．标题

按照《条例》规定，通知的标题由"发文机关＋事由＋文种"组成，如《国务院关于坚决遏制部分城市房价过快上涨的通知》。比较简单的通知可省略前面一项或两项，应根据具体内容确定。

发布规章的通知，所发布的规章名称要出现在标题的主要内容部分，并使用书名号，如《国务院关于印发〈国务院工作规则〉的通知》。

批转和转发文件的公文，所转发的文件内容要出现在标题中，但不一定使用书名号，如《国务院办公厅转发教育部等部门关于进一步加快高等学校后勤社会化改革意见的通知》。批转和转发文件的公文标题，要注意省略多余的"关于"和"通知"字样，如"××县人民政府关于转发《××市人民政府关于转发〈××省人民政府关于转发人事部关于×××同志恢复名誉后享受××级待遇的通知〉的通知》"可简化为《××县人民政府转发人事部关于×××同志恢复名誉后享受××级待遇的通知》。

2．主送机关

通知的主送机关可以是一个或多个。主送机关较多时，要注意主送机关排列的规范性。

3．正文

通知的正文主要包括缘由、事项、要求三部分。"缘由"的写作要求简明，"事项"的写作必须明确具体，"要求"的写作须简要。

下面分别介绍几种通知正文的写法：

(1)发文性通知的写法。批转与转发性通知正文写法大体相同。可以把这两种通知的正文称为"批语"，即把被批转、转发的文件看作是通知的主体内容。批语的内容主要有如下三个方面：

①说明批转的目的或陈述转发的理由；

②对受文单位提出贯彻执行的具体要求；

③根据具体情况做出补充性的规定。

（2）指示性通知的写法。指示性通知的正文，一般先写发文的缘由、背景、依据；在事项部分，或写发布行政法规、规章制度、办法、措施等，或写带有强制性、指挥性、决策性的原则（或指示性意见）、具体工作要求等。指示性通知的事项，一般具有影响面较大、比较紧急和有一定的政策性的特点。

（3）事务性通知的写法。事务性通知正文的写作，要使收文机关了解通知的内容（事项），以及做什么，怎样做，有什么要求。正文一般分三部分。

第一部分是开头，一般是说明为什么要发此通知，目的是什么。

第二部分是主体，即事项部分，将通知的具体内容一项一项列出，把布置的工作或需周知的事项，阐述清楚，并讲清要求、措施、办法等。这类通知多数用于布置工作，因此也有人称之为"工作通知"。

第三部分是结尾，多提出贯彻执行要求，如"请遵照执行""请认真贯彻执行""请研究贯彻"等习惯用语，也有的通知结尾不写习惯用语。

写事务性通知要开门见山，忌转弯抹角。在叙述事项时，要突出重点，把主要的、重要的写在前面。根据需要，主要的内容可详写，讲清道理，讲明措施，次要的内容则尽量简略，扼要交代即可。

事务性通知中有一类是会议通知。会议通知一般包括如下内容：

①前言。写明召开会议的缘由、根据、主持单位、会议名称，然后以过渡语"现将有关事项通知如下"领起事项。

②事项。它包括会议内容、中心议题、主要程序、与会人员、文件准备、起止时间、会议地点、报告时间、交通路线等。

③结尾。写清联系方式。供机关、单位内部张贴或广播的周知性会议通知，正文开头可不写受文对象，应在通知事项中说明会议时间、地点、内容、准备材料及出席人员等。语言力求简短、明白。

4．落款

落款包括发文机关名称和成文日期。

 例文一

××市人民政府办公厅
关于批转市劳动和社会保障局等单位
《××市高校毕业生就业见习基地管理办法》的通知

各区、县（市）人民政府，市直机关各单位：

市劳动和社会保障局、市教育局、市财政局制订的《××市高校毕业生就业见习基地管理办法》已经市人民政府同意，现批转你们，请认真遵照执行。

××市人民政府办公厅（盖章）
××年×月×日

【简析】 这是一篇转发性通知。标题包括三个部分：批转文件机关、事由、文种。正文部分首先表明态度"同意"，然后提出贯彻执行要求，简明扼要。

 例文二

关于印发《××省参加中华人民共和国
第十二届学生运动会选拔组团方案》的通知

各市州教育局：

  教育部、国家体育总局和共青团中央将于2014年8月18日至23日在上海市举行"中华人民共和国第十二届学生运动会"（中学组）比赛。为做好我省代表团参赛准备，现将《××省参加中华人民共和国第十二届学生运动会选拔组团方案》印发给你们。请你们根据要求，通知并指导有关中学做好报名和训练工作。

  请各有关中学于2013年10月28日前，将牵头学校申请报告及篮球、排球、足球项目运动员名单报省学生体育协会，逾期将视为放弃申报。

××省教育厅（盖章）

2013年10月24日

【简析】 这是一篇印发性通知。正文内容分为两部分：首先点明发布或印发的对象，用"现将……"这种常见的介词结构前置的句式引出；接着提出简要要求。

 例文三

国务院关于优化科研管理
提升科研绩效若干措施的通知

国发〔2018〕25号

各省、自治区、直辖市人民政府，国务院各部委、各直属机构：

  为了贯彻落实党中央、国务院关于推进科技领域"放管服"改革的要求，建立完善以信任为前提的科研管理机制，按照能放尽放的要求赋予科研人员更大的人财物自主支配权，减轻科研人员负担，充分释放创新活力，调动科研人员积极性，激励科研人员敬业报国、潜心研究、攻坚克难，大力提升原始创新能力和关键领域核心技术攻关能力，多出高水平成果，壮大经济发展新动能，为实现经济高质量发展、建设世界科技强国作出更大贡献，现就有关事项通知如下：

一、优化科研项目和经费管理

  （一）简化科研项目申报和过程管理。聚焦国家重大战略任务，优化中央财政科技计划项目形成机制，合理确定项目数量。加快完善国家科技管理信息系统，2018年底前要将中央财政科技计划（专项、基金等）项目全部纳入。逐步实行国家科技计划年度指南定期发布制度，并将指南提前在网上公示，加强项目查重、避免重复申报，增加科研人员申报准备时间；精简科研项目申报要求，减少不必要的申报材料。针对关键节点实行"里程碑"式管理，减少科研项目实施周期内的各类评估、检查、抽查、审计等活动；自由探索类基础研究项目和实施周期三年以下的项目以承担单位自我管理为主，一般不开展过程检查。

（二）合并财务验收和技术验收。由项目管理专业机构严格依据任务书在项目实施期末进行一次性综合绩效评价，不再分别开展单独的财务验收和技术验收，项目承担单位自主选择具有资质的第三方中介机构进行结题财务审计，利用好单位内外部审计结果。

（三）推行"材料一次报送"制度。整合科技管理各项工作和计划管理的材料报送相关环节，实现一表多用。国家科技管理信息系统按权限向项目承担单位、项目管理专业机构、行业主管部门等相关主体开放，加强数据共享，凡是国家科技管理信息系统已有的材料或已要求提供过的材料，不得要求重复提供。项目管理专业机构和承担单位要简化报表及流程，加快建立健全学术助理和财务助理制度，允许通过购买财会等专业服务，把科研人员从报表、报销等具体事务中解脱出来。

（四）赋予科研人员更大技术路线决策权。科研人员具有自主选择和调整技术路线的权利，科研项目申报期间，以科研人员提出的技术路线为主进行论证，科研项目实施期间，科研人员可以在研究方向不变、不降低申报指标的前提下自主调整研究方案和技术路线，报项目管理专业机构备案。科研项目负责人可以根据项目需要，按规定自主组建科研团队，并结合项目实施进展情况进行相应调整。

（五）赋予科研单位科研项目经费管理使用自主权。直接费用中除设备费外，其他科目费用调剂权全部下放给项目承担单位。项目承担单位应完善管理制度，及时为科研人员办理调剂手续。对于接受企业或其他社会组织委托取得的项目经费，纳入单位财务统一管理，由项目承担单位按照委托要求或合同约定管理使用。高校和科研院所要简化科研仪器设备采购流程，对科研急需的设备和耗材，采用特事特办、随到随办的采购机制，可不进行招投标程序，缩短采购周期；对于独家代理或生产的仪器设备，按程序确定采取单一来源采购等方式增强采购灵活性和便利性。

（六）避免重复多头检查。科技部、财政部要会同相关部门加强科研项目监督检查工作统筹，制定统一的年度监督检查计划，在相对集中时间开展联合检查，避免在同一年度对同一项目重复检查、多头检查。探索实行"双随机、一公开"检查方式，充分利用大数据等信息技术提高监督检查效率，实行监督检查结果信息共享和互认，最大限度降低对科研活动的干扰。

二、完善有利于创新的评价激励制度

（七）切实精简人才"帽子"。在中央人才工作协调小组的领导下，对科技领域人才计划进行优化整合。西部地区因政策倾斜获得人才计划支持的科研人员，在支持周期内离开相关岗位的，取消对其相应支持。开展科技人才计划申报查重工作，一个人只能获得一项相同层次的人才计划支持。科技人才计划突出人才培养和使用导向，明确支持周期，人才计划项目结束后不得再使用有关人才称号。主管部门、用人单位要逐步取消入选人才计划与薪酬待遇和职称评定等直接挂钩的做法。科研项目申报书中不得设置填写人才"帽子"等称号的栏目。不得将科研项目（基地、平台）负责人、项目评审专家等作为荣誉称号加以使用、宣传。

（八）开展"唯论文、唯职称、唯学历"问题集中清理。由科技部会同教育部、人力资源社会保障部、中科院、工程院及相关行业主管部门在2018年底前对项目、人才、学科、基地等科技评价活动中涉及简单量化的做法进行清理，建立以创新质量和贡献为导向的绩效评价体系,准确评价科研成果的科学价值、技术价值、经济价值、社会价值、文化价值。减少评价频次,对于评价结果连续优秀的,实行一定期限免评的制度。

(九)加大对承担国家关键领域核心技术攻关任务科研人员的薪酬激励。对全时全职承担任务的团队负责人(领衔科学家/首席科学家、技术总师、型号总师、总指挥、总负责人等)以及引进的高端人才,实行一项一策、清单式管理和年薪制。项目承担单位应在项目立项时与项目管理专业机构协商确定人员名单和年薪标准,并报科技部、人力资源社会保障部、财政部备案。年薪所需经费在项目经费中单独核定,在本单位绩效工资总量中单列,相应增加单位当年绩效工资总量。项目范围、年薪制具体操作办法由科技部、财政部、人力资源社会保障部细化制定。单位从国家关键领域核心技术攻关任务项目间接费用中提取的绩效支出,应向承担任务的中青年科研骨干倾斜。完善以科技成果为纽带的产学研深度融合机制,建立科研机构和企业等各方参与的创新联盟,落实相关政策,支持高校、科研院所科研人员到国有企业或民营企业兼职开展研发和成果转化,加大高校、科研院所和国有企业科研人员科技成果转化股权激励力度,科研人员获得的职务科技成果转化现金奖励计入当年本单位绩效工资总量,但不受总量限制,不纳入总量基数。

三、强化科研项目绩效评价

(十)推动项目管理从重数量、重过程向重质量、重结果转变。明确设定科研项目绩效目标,项目指南要按照分类评价要求提出项目绩效目标。目标导向类项目申报书和任务书要有科学、合理、具体的项目绩效目标和适用于考核的结果指标,并按照关键节点设定明确、细化的阶段性目标,用于判断实质性进展;立项评审应审核绩效目标、结果指标与指南要求的相符性,以及创新性、可行性、可考核性,实现项目绩效目标的能力和条件等;要加强项目关键环节考核,项目实施进度严重滞后或难以达到预期绩效目标的,及时予以调整或取消后续支持。

(十一)实行科研项目绩效分类评价。基础研究与应用基础研究类项目重点评价新发现新原理新方法新规律的重大原创性和科学价值、解决经济社会发展和国家安全重大需求中关键科学问题的效能、支撑技术和产品开发的效果、代表性论文等科研成果的质量和水平,以国际国内同行评议为主。技术和产品开发类项目重点评价新技术、新方法、新产品、关键部件等的创新性、成熟度、稳定性、可靠性,突出成果转化应用情况及其在解决经济社会发展关键问题、支撑引领行业产业发展中发挥的作用。应用示范类项目绩效评价以规模化应用、行业内推广为导向,重点评价集成性、先进性、经济适用性、辐射带动作用及产生的经济社会效益,更多采取应用推广相关方评价和市场评价方式。

(十二)严格依据任务书开展综合绩效评价。强化契约精神,严格按照任务书的约定逐项考核结果指标完成情况,对绩效目标实现程度作出明确结论,不得"走过场",无正当理由不得延迟验收,应用研究和工程技术研究要突出技术指标刚性要求,严禁成果充抵等弄虚作假行为。突出代表性成果和项目实施效果评价,对提交评价的论文、专利等作出数量限制规定。目标导向类项目可在结束后2—3年内进行绩效跟踪评价,重点关注项目成果转移转化、应用推广以及产生的经济社会效益。有关单位和企业要如实客观开具科研项目经济社会效益证明,对虚开造假者严肃处理。

(十三)加强绩效评价结果的应用。绩效评价结果应作为项目调整、后续支持的重要依据,以及相关研发、管理人员和项目承担单位、项目管理专业机构业绩考核的参考依据。对绩效评价优秀的,在后续项目支持、表彰奖励等工作中给予倾斜。要区分因科研不确定性未能完成项目目标和因科研态度不端导致项目失败,鼓励大胆创新,严惩弄虚作假。项目承担单位在评定职称、制定收入分配制度等工作中,应更加注重科研项目绩效评价结果,不得简单计算获得科研项目的数量和经费规模。

四、完善分级责任担当机制

(十四)建立相关部门为高校和科研院所分担责任机制。项目管理部门应建立自由探索和颠覆性技术创新活动免责机制,对已履行勤勉尽责义务但因技术路线选择失误导致难以完成预定目标的单位和项目负责人予以免责,同时认真总结经验教训,为后续研究路径等提供借鉴。单位主管部门、项目管理部门和其他相关部门要支持高校和科研院所按照国家科技体制改革要求和科技创新规律进行改革创新,合理区分改革创新、探索性试验、推动发展的无意过失与明知故犯、失职渎职、谋取私利等违纪违法行为。对科研活动的审计和财务检查要尊重科研规律,减少频次,与工作对象对相关政策理解不一致时,要及时与政策制定部门沟通,调查澄清。

(十五)强化高校、科研院所和科研人员的主体责任。主管部门要在岗位设置、人员聘用、内部机构调整、绩效工资分配、评价考核、科研组织等方面充分尊重高校和科研院所管理权限。高校和科研院所要根据国家科技体制改革要求,制定完善本单位科研、人事、财务、成果转化、科研诚信等具体管理办法,强化服务意识,推行一站式服务,让科研人员少跑腿。强化科研人员主体地位,在充分信任基础上赋予更大的人财物支配权,强化责任和诚信意识,对严重违背科研诚信要求的,实行终身追究、联合惩戒。

(十六)完善鼓励法人担当负责的考核激励机制。以科研机构评估为统领,协调推进项目评审、人才评价、机构评估相关工作,形成合力,压实项目承担单位对科研项目和人才的管理责任。主管部门在对所属高校、科研院所开展考核时,应当将落实国家科技体制改革政策情况作为重要内容。对于落实国家科技体制改革政策到位、科技创新绩效突出的高校、科研院所,在申请国家科技计划和人才项目、核定绩效工资总量、布局建设国家科技创新基地、核定研究生招生指标等方面给予倾斜支持。

五、开展基于绩效、诚信和能力的科研管理改革试点

科技部、财政部会同教育部、中科院在教育部直属高校和中科院所属科研院所中选择部分创新能力和潜力突出、创新绩效显著、科研诚信状况良好的单位开展支持力度更大的"绿色通道"改革试点。

(十七)开展简化科研项目经费预算编制试点。项目直接费用中除设备费外,其他费用只提供基本测算说明,不提供明细。进一步精简合并其他直接费用科目。各项目管理专业机构要简化相关科研项目预算编制要求,精简说明和报表。

(十八)开展扩大科研经费使用自主权试点。允许试点单位从基本科研业务费、中科院战略性先导科技专项经费等稳定支持科研经费中提取不超过20%作为奖励经费,由单位探索完善科研项目资金的激励引导机制。奖励经费的使用范围和标准由试点单位在绩效工资总量内自主决定,在单位内部公示。对试验设备依赖程度低和实验材料耗费少的基础研究、软件开发、集成电路设计等智力密集型项目,提高间接经费比例,500万元以下的部分为不超过30%,500万元至1000万元的部分为不超过25%,1000万元以上的部分为不超过20%。对数学等纯理论基础研究项目,可进一步根据实际情况适当调整间接经费比例。间接经费的使用应向创新绩效突出的团队和个人倾斜。

(十九)开展科研机构分类支持试点。对从事基础前沿研究、公益性研究、应用技术研究开发等不同类型的科研机构实施差别化的经费保障机制,结合科研机构职责定位,完善稳定支持和竞争性经费支持相协调的保障机制。对基础前沿研究类机构,加大经常性经费等稳定支持力度,适当提高人员经费补助标准,保障合理的薪酬待遇,使科研人员潜心长期从事基础研究。

(二十)开展赋予科研人员职务科技成果所有权或长期使用权试点。对于接受企业、其他社会组织委托项目形成的职务科技成果,允许合同双方自主约定成果归属和使用、收益分配等事项;合同未约定的,职务科技成果由项目承担单位自主处置,允许赋予科研人员所有权或长期使用权。对利用财政资金形成的职务科技成果,由单位按照权利与责任对等、贡献与回报匹配的原则,在不影响国家安全、国家利益、社会公共利益的前提下,探索赋予科研人员所有权或长期使用权。

科技部、财政部、教育部、中科院等相关部门和单位要加快职能转变,优化管理与服务,加强事中事后监管,放出活力与效率,管好底线与秩序,为科研活动保驾护航。要开展对试点单位落实改革措施的跟踪指导和考核,对推进试点工作不力、无法达到预期目标的,及时取消试点资格、终止支持。对证明行之有效的经验和做法,及时总结提炼在全国推广。

国务院
2018年7月18日
(选自 www.gov.cn)

简析 这是一篇指示性通知。篇幅虽然较长,但其主题非常明确,就是要给全国的科研人员和科研机构"放权",进一步调动他们的积极性。正文的开头,即缘由部分,提出了工作目标与任务。通知的主体部分阐述了三个方面的内容:第一是扩自主"权",包括科研人员有更大技术路线决策权和科研单位有科研项目经费管理使用自主权两个部分;第二是放"钱",包括加大对承担国家关键领域核心技术攻关任务科研人员的薪酬激励,开展简化科研项目经费预算编制试点,开展扩大科研经费使用自主权试点以及开展科研机构分类支持试点四个部分;第三是"简"管理,体现在简化科研项目申报和过程管理,合并财务验收和技术验收,推行"材料一次报送"和避免重复多头检查。全文中心突出,条理清晰,指导意图明确。

例文四

关于面向社会征集2014年为民办实事项目建议的通知

为提高社会各界参与度,使为民办实事工作更加贴近人民群众生活实际,现公开征集2014年度市为民办实事项目建议,诚挚欢迎社会各界积极参与,提出建议,献计献策。现将有关事项通知如下：

一、征集范围

以改善民生为重点，主要包括群众生活、城乡建设、社会保障、公共安全、社会事业、生态环境及其他与广大人民群众生产、生活密切相关的领域。

二、征集时间

截至2013年12月5日。

三、征集原则

1. 贴近性：反映民情、顺应民意，着眼于解决城乡群众生产生活中遇到的难题和社会管理、公共服务领域亟待加强完善的政策举措。

2. 全局性：面向全市、城乡统筹。

3. 普惠性：注重影响、辐射和受惠面，努力使更多百姓得到实惠。

4. 时效性：切合实际、量力而行，原则上能够当年立项、当年完成、当年见效。

四、征集方式

1. 邮寄信函。填写《2014年××市为民办实事项目建议征集表》（附件1），于12月5日前寄往××路218号××市人民政府一办××室，邮编××××××，请在信封左下角注明"办实事项目建议"字样。

2. 电子邮件。下载并填写《2014年××市为民办实事项目建议征集表》（附件1），通过发送电子邮件至abcdef@163.com提出建议，邮件主题请注明"办实事项目建议"字样。

3. 网络问卷。登陆市人民政府门户网站"政民互动—民意征集"www.abcd.gov.cn、市人力资源和社会保障局"互动交流—征集调查"www.csldbz.gov.cn或××市公务员局网站gwy.abcd.gov.cn填写《关于征集2014年××市为民办实事项目建议的调查问卷》（附件2），提交建议。

我们将对所征集的建议，进行综合分析、研究和遴选，恕不回复。为民办实事项目确定后，将向社会予以公告。

附件：

1. 2014年××市为民办实事项目建议征集表
2. 关于征集2014年××市为民办实事项目建议的调查问卷

××市为民办实事考核办公室（盖章）

2013年11月18日

【简析】 这是一篇事务性通知，不同于指导性通知的是，其写作目的在于布置某一具体事务。属于这一范畴的，还有开展某一活动、举行某次会议等，此类通知力求简明，将相关事务的安排写清楚，切忌丢三落四。

二、通报

（一）适用范围

《条例》规定，通报是一种"适用于表彰先进、批评错误、传达重要精神和告知重要情况"的公文。通报是一种下行文，使用频率较高。

(二)特点

1. 导向性

通报的目的是为了指导工作,起到正确的导向作用,扬善抑恶,树立正气,打击歪风。因此,通报侧重于树立榜样或者提出警戒,使下级机关和有关人员提高思想认识,特别注重内容的启发和教育作用。

2. 典型性

通报的人、事或问题,都必须是经过选择的,有典型意义的。通报的对象具有代表性,才能反映事物的本质,起到教育、激励、警戒和指导作用。

3. 事理性

通报以叙述事实为主,辅以议论。既要对事件进行完整叙述,以事实说话,又要进行一定的分析评论,指出问题实质,这是通报在写法上与通知、通告的主要区别点。

4. 知照性

通报一般要及时与一定范围内的群众见面,向干部群众宣读;与有关单位沟通信息,上情下达,交流情况,让下级机关或有关人员了解动态,一般不需要执行。

(三)分类

1. 表彰性通报

用来表彰先进人物或先进集体,介绍先进事迹、推广典型经验的公文,是从高层机关到基层单位都广泛采用的常用公文类型。

2. 批评性通报

对工作中发生、出现的重大事故、重大失误、错误倾向、不良风气提出批评的公文文种,重在以儆效尤,有针砭、警示、纠正作用。可针对个人、集体和某种普遍存在的问题而发。

3. 情况通报

用来传达重要精神、沟通重要情况的通报,旨在使下级单位对一些重要事件或全局状况有所了解,通报内容主要有工作进展情况、落实情况、评比检查结果等。

(四)格式与写法

通报一般由标题、主送机关、正文、落款等部分构成。

1. 标题

按照《条例》规定,通报的标题由"发文机关名称+事由+文种"构成。在特定的情况下,也可省略发文机关名称。

2. 主送机关

除普发性的通报外,其他一般通报都应标明主送机关和范围。

3. 正文

通报正文的写法比较灵活,主要介绍通报的事件或人物,一般把通报的情况的缘由、时间、地点、经过、结果、要求等要交代清楚,并分析阐明所陈述内容的性质、意义或提出引以为戒及值得注意的事项,结尾时写明所做出的决定或指示性意见,及提出有关要求或发出号召等。

这是针对通报的一般写法而言的,根据通报的不同种类和不同内容,写法也不尽相同。现简述如下:

(1)表彰性通报。这类通报的正文,往往要首先介绍有关单位或个人的事迹,事实要真实清楚,文字要简明精练;接着概括评析,分析事件的性质、意义和人物的品格;然后,进行表彰;

最后发出号召、希望、要求。做到实事求是,恰如其分。

(2) 批评性通报。这类通报的正文首先要简明扼要地写清楚被通报单位或个人的主要问题、情节;次及错误的性质、动因分析;然后陈述对所通报错误、问题或事故的处理意见和决定;最后,在此基础上提出告诫性要求,指出应从中吸取教训,以防止类似事件的再次发生。

(3) 情况通报。这类通报的正文首先要交代所通报的情况,对有关主要情节进行客观阐明,然后在对客观事实分析的基础上,表明发文者的要求和意见,有时,也可以不提出具体的要求或希望。

4．落款

在通报正文的右下方落款处写明发文机关名称及发文时间。

(五)注意事项

1．事例应新颖典型

写作通报应选择新颖的具有代表性的人与事,给予正确而恰当的分析与评述,并在本系统、本机关内印发,使人周知,对干部、群众有普遍的教育意义,对工作有指导意义。

2．材料要真实准确

表扬与批评性通报也好,情况通报也好,都要在下属机关中广泛印发,使干部与群众周知,尽量扩大影响面。因此,选择材料时应特别慎重,必须经过深入的调查核实,力求通报的内容无一疏漏,准确无误。表彰的事实如果失真,会令人不服,难以起到示范推广的作用;批评的事实不准,"后遗症"会更大,即使是情况通报,也必须真实准确,否则就会失去通报的权威性。为此,对通报中涉及的时间、地点、姓名、数据、事实情节,事情产生的原因、结果,处理决定等基本部分,必须写准、写全。

3．定性恰当

在写作时,要注意区别模范和先进、重大贡献和突出贡献、严重违纪和一般过失等的差异性,以及估计某一重要情况发展态势的科学性,做到是非清楚,褒贬得当,使通报作出的分析和处理结果切合实际。

4．注意时效性

制发通报就是要不失时机地将先进典型经验予以宣传推广;对反面典型予以批评,引以为鉴;对重大事项或者重要情况及时地予以公布,引起重视,起到交流情况、指导工作的作用。否则,事过境迁,就会失去通报的价值。

 例文一

××市人民政府关于表彰2013年度优秀城市美容师的通报

各区、县级市人民政府,市政府各部门、各直属机构:

2013年,我市广大环卫工作者为打造洁净的城市环境,扎实履行"城市美容师"职责,发扬"宁愿一人脏,换来万人洁"的精神,创造了优美、整洁、有序的市容环境,高标准完成了巩固"创文创卫"成果的工作任务。为鼓励先进,市政府决定对×××等100名荣获"优秀城市美容师"称号的环卫工作者予以通报表彰。

希望受表彰的人员发扬成绩,再接再厉,充分发挥模范带头作用。全市各单位和广大干部职工要学习先进,扎实工作,为进一步提升我市城市管理水平,打造美丽××市作出新的贡献。

附件:××市2013年度优秀城市美容师名单

××市人民政府(盖章)

2013年10月22日

简析 这是一篇表彰性通报。标题采用完全式标题。正文分为三个层次:首先陈述表彰缘由,接着写表彰决定,最后是表达行文要求:希望"受到表彰的个人,再接再厉",号召"广大干部职工学习先进,扎实工作"。全文主旨突出,层次清晰。

例文二

国务院办公厅关于××省××擅自停课组织中小学生参加迎送活动的通报

各省、自治区、直辖市人民政府,国务院各部委、各直属机构:

2008年12月5日,××省××市××县举行××高速公路在本县通车仪式,×××县主要领导擅自决定,让本县部分中、小学校停课参加通车仪式,近千名中小学生在风雪天等候长达两个小时,致使部分中小学生生病,学生家长和群众极为愤慨,致信中央要求坚决制止此类现象。中小学校依照国家规定建立有严格的教育教学秩序,这是教育教学质量的保证,任何单位和个人都不能随意破坏。现在一些地方的个别领导利用自己的权力,动辄调用中小学生为各种会议、考察、参观、访问甚至商业性典礼搞迎送或礼仪活动,有些地方还因此发生了严重的安全事故,造成极恶劣的社会影响。××县发生的问题,已不只是一般的形式主义,而是官僚主义,严重脱离群众,此类不良风气必须坚决予以制止。各地区、各部门以及各级领导干部,要高度重视这一问题并从中吸取深刻的教训,切实增强群众观念,杜绝此类事件再度发生。中小学生是祖国的未来,他们的学习和活动安排,要有利他们的学习和身心健康。

今后各地区、各部门都必须严格执行国家的有关法规和规定,不得擅自停课或随意组织中小学生参加各种迎送或"礼仪"活动,如确有必要组织的,须报经省级教育行政部门批准。

国务院办公厅(盖章)

××××年×月×日

简析 这是一篇批评性通报。开头直叙事实,明快简洁。接着,对这一事实及同类事实的性质予以定论,进而提出要求。为了强调所应采取的措施,正文另起一段加以重申。全文主题明确,事实简明清楚,逻辑层层递进,叙议兼用,较好地体现了通报的写作特点。

第一章 党政机关公文

 **例文三**

关于 2013 年××省中学生独唱、独奏、独舞比赛结果的通报

各市州教育局：

　　根据《关于举办 2013 年××省中学生独唱、独奏、独舞比赛的通知》(×教办通〔2013〕95 号)精神，10 月 25 日—10 月 28 日在××市××小学举行了高中组决赛。经过比赛，共评出高中组独唱一等奖 40 名、二等奖 40 名、三等奖 35 名，高中组独奏一等奖 40 名、二等奖 40 名、三等奖 34 名，高中组独舞一等奖 40 名、二等奖 40 名、三等奖 32 名(见附件 2)；市州优秀组织奖 14 个(见附件 1)；优秀指导教师 171 名(见附件 3)。现予通报表彰。

　　望获奖单位和个人再接再厉，为我省学校艺术教育的发展做出新的贡献。

附件：

1.《2013 年××省中学生独唱、独奏、独舞比赛优秀组织奖单位名单》
2.《2013 年××省中学生独唱、独奏、独舞比赛高中组获奖选手名单》
3.《2013 年××省中学生独唱、独奏、独舞比赛优秀指导教师名单》

××省教育厅办公室(盖章)
2013 年 11 月 5 日

简析　　这是一篇情况通报，披露某次比赛的结果，虽带有表彰的性质，但事件的典型性不如第一类通报，因此，正文的写作不涉及对该事件的评价与议论，重在告知。

第五节　报告　请示　批复

学习要点
1. 报告、请示的适用范围、特点、分类、格式与注意事项
2. 批复的适用范围

能力要求
　　报告、请示这两种公文的适用范围的判断能力、评价鉴赏能力、规范拟写能力

一、报告

(一)适用范围

《条例》规定，报告是"向上级机关汇报工作、反映情况，回复上级机关的询问"所用的公文。

(二)特点

1. 单向性

报告是下级机关向上级机关汇报工作、反映情况、回复询问时使用的单方向上行文,不需要上级机关给予批复。在这方面,报告和请示有较大的不同,请示具有双向性特点,必须有批复与之相对应,报告则是单向性行文,不需要任何相对应的文件。为此,类似"以上报告当否,请批示"的说法是不妥当的。

2. 陈述性

报告在汇报工作、反映情况时,所表达的内容和使用的语言都是陈述性的。本单位遵照上级的指示,做了什么工作、怎样做的这些工作、取得了哪些成绩、还存在哪些不足,必然要一一向上级陈述。反映情况时,也要把时间、地点、人物、事件、原因、结果叙述清楚,向上级机关提供准确的现实性信息。

3. 事后性

报告,一般都是在开展了一段时间的工作之后,或是在某种情况发生之后向上级作出的汇报。所以,在机关工作中,有"事前请示,事后报告"的说法。

(三)分类

1. 工作报告

下级机关完成了一个阶段的工作或某项工作之后,将工作的进展情况,工作成绩或经验体会、存在的问题及改进方法等向上级机关汇报的报告。工作报告又可分为综合性工作报告和专题性工作报告。

(1)综合性工作报告。指适用于向上级机关汇报全面工作或全方位情况的报告,其内容具有综合性的特点。

(2)专题性工作报告。指适应于向上级机关汇报某项工作、某个问题或某一方面情况的报告,内容上具有专一性、专项性。

2. 情况报告

下级机关将在工作中遇到的特殊情况,发生意外的事情或出现未曾预料的新问题、新动向、新苗头,值得引起重视时向上级机关反映的报告。

3. 答复性报告

下级机关答复上级机关提出的问题或对某一事项进行询问的报告。

4. 报送报告

报送报告是向上级报送文件、物件时使用的报告。

(四)格式与写法

报告的结构一般由标题、主送机关、正文和落款组成。

1. 报告的标题

《条例》规定,报告的标题"由发文机关名称、事由和文种组成",如《××市人民政府2012年工作报告》。

2. 主送机关

党政机关的报告,原则上主送一个上级机关。如受双重领导的机关,必要时抄送另一个上级机关。报告应报送自己的直接上级机关,一般情况下不要越级行文。

3. 正文

报告的正文一般由开头、主体和结语等部分组成。

(1)开头,即报告缘由。概括说明报告的目的、意义或根据,然后用"现将××情况报告如下"一语转入下文。

(2)主体,即报告事项。它一般包括两方面内容:一是工作情况及问题;二是进一步开展工作的意见。

(3)结语。根据报告种类的不同一般都有不同的程式化用语,应另起一段来写。工作报告和情况报告的结束语常用"特此报告";答复报告多用"专此报告";报送报告则用"请审阅""请收阅"等。

下面分别介绍几种报告的写法。

(1)工作报告。总的来讲,开头一般先概括工作的总体情况,即总的结果,然后分述工作完成的情况。最后以"特此报告"作结。这种报告一般可分为两种类型:

①综合性工作报告。这种报告是本单位、本部门或本地区、本系统工作到一定的阶段,就工作的全面情况向上级写的汇报性的报告。其内容大体包括工作的进展情况、成绩或问题、经验或教训以及对今后工作的意见。这种报告的特点是全面、概括、精炼。所谓"全面",是指报告的内容要体现一个地区、一个部门在某一段期间内的全面工作情况;所谓"概括精炼",是指表述内容的时候,少写或不写烦琐的工作过程,要用结论性、要求性的语言,表达出某项工作的结果、希望或要求。

②专题性工作报告。这种报告是本单位、本部门或本地区、本系统就某项工作或某个问题,向上级领导部门所写的汇报性报告。这种报告的特点是内容专一。也就是说,一份专题报告只反映某一方面的情况和问题。除了写出事件的结果以外,常常把重点放在情况的阐述、事情的原委、性质的分析和自己的看法上。如果是反映成绩的报告,则应把重点放在做法、成绩、经验和总结上。

(2)情况报告。情况报告的前言先概述总的情况。主体部分,一般分为三个方面:

汇报情况:客观扼要地写明情况,发生的时间、地点、情节、当事人等。

分析情况:分析情况发生的原因、性质,事故报告还可分清责任和造成的影响等。

处理意见:事故报告,如事故已经做了处理的,应该报告处理结果;未做处理的,应报告处理打算。

其他情况报告,可以不写处理意见,可写建议或设想。

(3)答复性报告。答复性报告是针对上级领导部门或业务主管部门所提出的问题或某些要求而写出的报告。这种报告要求问什么答什么,不要涉及询问以外的问题或情况。针对性很强。答复报告由答复根据、答复意见和结语三部分构成。答复主要交代根据什么作出答复,写得概括、清楚,即先引述上级机关来文时间、标题、文号,然后以"现将有关情况答复如下"等做过渡语。答复意见部分,有的直接写意见,也可以分条列项写意见。结束语是"特此报告""专此报告"。

(4)报送报告。报送报告主要用于下级向上级报送文件、物件随文呈报的一种报告。正文的写法一般简短,一般是一两句话说明报送文件或物件的根据或目的以及与文件、物件有关的事宜。"现将××报上,请指正(请查收)"即可。真正有意义的内容都在所报送的文件里。

4.落款

落款包括发文机关名称和成文时间。

(五)注意事项

报告是陈述性文体。写作时要以事实材料为主要内容,以概括叙述为主要表达方式。报告的内容要求以摆事实为主,要客观地向上级反映具体情况,不要过多地采用议论和说明。报告与请示都是上行公文。撰写的时候都要讲究语气的恳切、委婉、谦和,不宜用指令性的语言,具体情况如下:

1. 工作报告

①要写明工作进程,成绩与经验,问题与不足,改进的措施,未来的打算。
②主次要分明,重点要突出,点面结合。
③要客观全面报告工作情况,实事求是,从客观反映的成绩或问题中揭示出一定的规律。
④报告可以写设想、提建议,但不得夹带请示事项。

2. 情况报告

①报告要及时,即要及时反映"动态"情况,如突发情况、意外事故,工作中出现的新事物、新问题、新动向,便于上级及时了解情况并正确决策。
②内容要集中,一事一报,中心明确,不枝不蔓。
③情况要属实,情况报告是领导决策的重要依据,贵在真实可靠,因此,报告切忌言过其实,也不能有意隐恶扬善,提供虚假信息,后果不堪设想。

3. 答复报告

针对上级机关的询问,实事求是地回答。
①突出针对性。上有所询,宜开门见山,不可拐弯抹角或闪烁其词。
②内容准确。弄清所询问题的性质、情节、处理结果以及有关数据,力求具体而不冗杂,清楚而又简洁。
③注重时效,及时答复。

4. 报送报告

要求简明扼要,将报送的材料(文件、物件)的名称、数量写清楚就可以了。结尾用"请收阅""请查收"等惯用语。

 例文一

上海翁牌冷藏实业有限公司"8·31"重大氨泄漏事故调查报告(节选)

2013年8月31日10时50分左右,位于宝山城市工业园区内(丰翔路1258号)的上海翁牌冷藏实业有限公司,发生氨泄漏事故,造成15人死亡,7人重伤,18人轻伤。

事故发生后,国务院高度重视,国务委员王勇立即作出重要指示,要求"国家安全监管总局会同有关部门指导配合地方全力做好伤员救治和善后处理有关事宜,同时尽快查明事故原因,依法依规严肃追责。"国家安全监管总局及国家质检总局有关领导连夜抵沪指导事故调查并赴医院慰问受伤人员。9月2日,最高人民检察院渎职侵权检察厅将该起事故列为重点挂牌督办案件,要求迅速组织人员介入事故调查,若发现国家机关工作人员涉嫌渎职等职务犯罪问题的,应依法查处,并将结果及时上报。9月3日,国务院安委会根据《重大事故查处挂牌督办办法》(安委〔2010〕6号)的有关规定,对该起重大事故实行挂牌督办;9月4日,国务院安委办督办人员及两名专家抵沪,传达了"科学准确、快速高质、严肃问责"的督办指示。

市委、市政府主要领导也第一时间作出批示,中共中央政治局委员、市委书记韩正要求:"市卫生计生委要尽最大努力抢救伤员,市安监局要尽快查明原因并向社会公布,宝山区要全力做好事故善后工作,并彻查事故、举一反三。"市委副书记、市长杨雄指示,要全力以赴抢救伤员,加大搜救力度,严防次生事故发生,并对现场处置和善后工作提出了要求。市委常委、常务副市长屠光绍,市委常委、市委秘书长尹弘,副市长翁铁慧、白少康、市政府秘书长李逸平对救援工作作出部署。副市长周波、市政府副秘书长徐逸波等第一时间赶至现场指挥救援,并对后续工作进行了具体部署。

依据《生产安全事故报告和调查处理条例》(国务院令第493号)等国家有关法律法规和《上海市实施〈生产安全事故报告和调查处理条例〉的若干规定》(沪府发〔2009〕12号),市安全监管局会同市质量技监局、市监察局、市公安局、市总工会、宝山区政府,并邀请市检察院组成事故调查组,同时聘请了制冷、材料、特种设备、检验检测、职业卫生、化工等方面的专家,参与事故调查工作。

事故调查组按照"四不放过"和"科学严谨、依法依规、实事求是、注重实效"的原则,通过现场勘查、调查取证、检测鉴定、模拟实验和专家论证,查明了事故发生的经过、直接原因和间接原因、人员伤亡和财产损失情况,认定了事故性质和责任,提出了对有关责任人员和责任单位的处理建议。同时,针对事故原因及暴露出的问题,提出了事故防范和整改措施的建议。现将有关情况报告如下:

一、基本情况

(一)事故单位情况

上海翁牌冷藏实业有限公司(以下简称"翁牌公司")成立于2006年10月26日,住所:宝山区丰翔路1258号,法定代表人:翁文斌,注册资本4180万元,经营范围为:生产、冷冻水产品;仓储;货运代理;商务信息咨询;五金配件、建材、电器设备、服装销售;从事货物及技术的进出口业务;储运;含冷冻(冷藏)食品;食品销售管理(非实物方式)。翁牌公司共两名股东:翁文斌持股10%,其子翁新超持股90%。

(以下略)

(二)项目立项、建设及竣工验收等情况(略)

(三)厂内布局情况

1. 厂区原设计布局情况。翁牌公司厂区位于宝山城市工业园区内,丰翔路业绩路西南侧,基地面积为 16 414.5 m^2。(后略)

2. 违法构筑物情况(略)。

3. 违法构筑物内加工车间的建设情况(略)。

4. 主体建筑改动情况(略)。

(四)氨制冷系统概况(略)

(五)单冻机的制冷和融霜工艺概况(略)

(六)劳动用工情况(略)

二、事故经过及事故救援情况

(一)事故经过

8月31日8时左右,翁牌公司员工陆续进入加工车间作业。至10时40分,约

24人在单冻机生产线区域作业,38人在水产加工整理车间作业。约10时45分,氨压缩机房操作工潘泽旭在氨调节站进行热氨融霜作业。10时48分20秒起,单冻机生产线区域内的监控录像显示现场陆续发生约7次轻微震动,单次震动持续时间约1至6秒不等。10时50分15秒,正在进行融霜作业的单冻机回气集管北端管帽脱落,导致氨泄漏。

　　(二)事故救援情况

　　事故发生后,翁牌公司员工立即拨打119、120、110,同时展开自救、互救。10时51分,苏训怀等5名工人先后从事发区域撤离;在单冻机生产线区域北侧的工人仲伟芹,经包装区域翻窗撤离,打开事发区北门,协助救出3名伤者。同时,厂区其他工人也向事故区域喷水稀释开展救援。

　　市和区消防、公安、安全监管、质量技监、环保等部门赶至现场后,立即展开现场处置和人员搜救工作,采取喷水稀释、破拆部分构筑物、加强空气流通等措施,同时安排专人进行大气监测。

三、事故造成的人员伤亡和直接经济损失

　　(一)事故伤亡情况

　　该起事故造成15人死亡,7人重伤,18人轻伤。

　　(二)直接经济损失

　　事故造成直接经济损失约2510万元。

四、现场勘查及鉴定、分析情况

　　(一)现场勘查情况(略)

　　(二)鉴定情况(略)

　　(三)分析情况

　　1.热氨融霜作业时,应严格按照技术操作规程要求,排除蒸发器内的液氨。当管道内留有一定量的液氨,热氨充入初期,留有的液氨发生急剧汽化和相变引起液锤现象(在有压管道中,液体流速发生急剧变化所引起的压强大幅度波动的现象),应力集中于回气集管末端,管帽焊缝处的应力快速升高。

　　2.管帽与回气集管焊接接头存在严重焊接缺陷,导致严重的应力集中,在压力波动过大或者压力瞬间升高极易产生低应力脆断。

　　3.低碳钢在常温时具有较高韧性和较强抵抗断裂的能力,但在低温时则表现出极低的韧性,受冲击极易产生脆性开裂。事发管帽焊缝处的断裂呈现完全脆性断裂,说明开裂时管道处于低温状态。低温脆性再与焊接缺陷处的应力集中相叠加,更易产生脆性断裂。

　　综上分析,由于热氨融霜违规操作和管帽连接焊缝存在严重焊接缺陷,导致焊接接头的低温低应力脆性断裂,致使回气集管管帽脱落,造成氨泄漏。

五、事故发生的原因和事故性质

　　(一)直接原因

　　严重违规采用热氨融霜方式,导致发生液锤现象,压力瞬间升高,致使存有严重焊接缺陷的单冻机回气集管管帽脱落,造成氨泄漏。

　　(二)间接原因

1. 翁牌公司

(1)违规设计、违规施工和违规生产。在主体建筑的南、西、北侧,建设违法构筑物,并将设备设施移至西侧构筑物内组织生产。

(2)主体建筑竣工验收后,擅自改变功能布局。将原单冻机生产线区域、预留的水产精深加工区域及部分水产加工整理车间改为冷库等。

(3)水融霜设备缺失,无法按规程进行水融霜作业;无单冻机热氨融霜的操作规程,违规进行热氨融霜。

(4)氨调节站布局不合理。操作人员在热氨融霜控制阀门时,无法同时对融霜的关键计量设备进行监测。

(5)氨制冷设备及其管道附近,设置加工车间组织生产。

(6)安全生产责任制、安全生产规章制度及安全技术操作规程不健全;未按有关法规和国家标准对重大危险源进行辨识;未设置安全警示标志和配备必要的应急救援设备。

(7)公司管理人员及特种作业人员未取证上岗,未对员工进行有针对性的安全教育和培训。

(8)擅自安排临时用工,未对临时招用的工人进行安全三级教育,未告知作业场所存在的危险因素。

2. 政府监管部门

宝山区政府、宝山城市工业园区、区质量技监局、区安全监管局、区规土局以及区公安消防支队履职不力。

(三)事故性质

经调查认定,上海翁牌冷藏实业有限公司"8·31"重大氨泄漏事故是一起生产安全责任事故。

六、事故责任的认定以及对事故责任者的处理建议

(一)事故责任人员的责任认定及处理建议

1. 翁牌公司人员(略)

2. 政府部门人员(略)

(二)事故责任单位的责任认定及处理建议

1. 翁牌公司

违规设计、违规施工和违规生产;主体建筑竣工验收后,擅自改变功能布局;氨调节站布局不合理;安全生产责任制、安全生产规章制度及安全技术操作规程不健全;未按有关法规和国家标准对重大危险源进行辨识;擅自安排临时用工;未设置安全警示标志和配备必要的应急救援设备;公司管理人员及特种作业人员未取证上岗,未对员工进行有针对性的安全教育和培训。对事故发生负有责任。

建议政府部门依法予以处理。

2. 宝山城市工业园区

(1)对园区企业使用危险化学品的基本状况和安全隐患排查不认真,未发现翁牌公司存在重大危险源,对企业存在的安全生产风险和事故隐患失察。

(2)日常检查中,对翁牌公司安全生产责任制不落实、安全管理制度不健全、特种

作业人员无证上岗、危险化学品安全生产教育培训不到位等问题监管不力。

(3)未认真落实开展安全生产大检查的要求,对翁牌公司存在的安全生产隐患排查和督促整改不力。

(4)未按照市、区政府有关要求,建立园区企业违法建筑巡查制度;在日常检查中对翁牌公司长期存在违法建筑的问题失管。

3.宝山区质量技监局

(1)未按照有关法律法规的规定,认真履行辖区内特种设备安全监察的工作职责,对翁牌公司违规改建压力管道的问题失察。

(2)对翁牌公司存在特种设备操作人员无证上岗问题,督促整改不力;未发现翁牌公司特种设备安全操作规程不健全的问题。

(3)开展安全生产大检查期间,未认真落实上级部门关于专项检查的要求,对翁牌公司液氨制冷装置中的压力容器、压力管道检查不到位。

4.宝山区安全监管局

(1)对翁牌公司未建立安全生产责任制、安全生产规章制度及操作规程不健全、相关人员无证上岗、危险化学品安全生产教育培训不到位等问题监管不力。

(2)对翁牌公司未按有关法规和国家标准进行重大危险源辨识的问题失察,未实施重点监管。

(3)监督指导区属有关部门履行行业安全监管职责工作不到位;对工业园区管委会履行安全生产监管职责指导、监督不力。

5.宝山区规土局

(1)对翁牌公司长期存在多处违法建筑的问题失察。

(2)对园区内存量违法建筑底数不清、查处不力。

(3)对园区规土所管理不到位,对工作人员履职不力失察。

6.宝山区公安消防支队

(1)对翁牌公司擅自改变建筑消防设计方案的问题失察。

(2)对企业违反消防法有关规定,搭建违法建筑的行为督促整改不力。

7.宝山区政府

(1)未认真贯彻落实安全生产法律法规、政策规定,对有关部门依法履行安全生产监管职责领导、检查不到位。

(2)对辖区内生产安全隐患排查及特种设备安全监察工作要求不严、抓得不实。

(3)未认真组织开展安全生产大检查,有效防范和遏制生产安全事故的发生。

责成宝山城市工业园区、宝山区质量技监局、宝山区安全监管局、宝山区规土局、宝山区公安消防支队分别向宝山区政府作深刻检查。

吉林"6·3"特别重大火灾爆炸事故后,国家和本市开展了安全生产大检查,宝山区委、区政府未认真落实安全生产大检查的相关要求,安全生产工作组织领导不力,辖区内发生了该起与"6·3"事故相类似的恶性重大安全生产事故。责成宝山区委、区政府分别向市委、市政府作书面深刻检查。

七、事故防范和整改措施

(一)切实落实企业安全生产主体责任

生产经营单位要贯彻"安全第一、预防为主、综合治理"的方针,切实抓好安全生产工作。坚决执行安全生产和建筑施工、质量管理等方面的法律法规;建立健全并严格执行各项规章制度和安全操作规程,尤其要针对氨的危害性制定相应的安全技术规程;健全安全生产责任体系,明确各岗位的安全生产职责,严格安全生产绩效考核和责任追究制度;加强教育培训,提高从业人员的安全意识和操作技能;严格特种作业人员管理,杜绝无证上岗;全面彻底排查和治理安全隐患;加强应急管理尤其要加强应急预案建设和应急演练,提高事故灾难的应对处置能力。

　　(二)强化涉氨单位的安全监督管理

　　(略)

　　(三)加大对违法建筑的发现和整治力度

　　(略)

　　(四)加快完善安全生产法规标准体系

　　(略)

　　(五)进一步深化企业安全生产标准化建设

　　(略)

　　(六)深化"打非治违"和隐患排查治理

　　本市各级政府及有关部门要把"打非治违"作为安全生产工作的一项重要内容制度化、常态化,集中严厉打击各类非法违法生产经营建设行为,认真组织开展隐患排查治理,要严检查、严执法、严整改、严处罚、严落实。全面落实"四个一律"要求,对非法生产经营建设和经停产整顿仍未达到要求的,一律关闭取缔;对非法生产经营建设的有关单位和责任人,一律按规定上限予以处罚;对存在非法生产经营建设的单位,一律责令停产整顿,并严格落实监管措施;对触犯法律的有关单位和人员,一律依法严格追究法律责任。

上海翁牌冷藏实业有限公司

"8·31"重大氨泄漏事故调查组

2013年9月11日

【简析】 这是一篇重大事故报告,属于情况报告的一种。全文主体分七部分。前言(此文因事故涉及问题严重、社会影响很大,所以行文较长)部分首先简明扼要交代了事故发生的时间、地点和人员损失情况,接着通报了国务院相关领导、部门及上海市委、市政府领导对于该案件的指示和重视,最后简要陈述了该事故接受调查的法规依据和调查的原则、内容、目的。文章主体,第一部分写基本情况介绍,从肇事单位、项目立项、建设及竣工验收、厂内布局等到劳动用工情况都交代得非常清楚;第二部分概述事故经过及事故救援情况。这部分陈述参与抢救的个人、单位及抢救的结果,写得非常简要;第三部分略写事故造成的人员伤亡和直接经济损失;第四部分是现场勘查及鉴定、分析情况;第五部分分析事故发生的原因和事故性质;第六部分交代事故责任的认定以及对事故责任者的处理建议,充分体现了对事故认真负责的态度。第七部分提出了事故防范和整改措施。这篇报告虽然较长,但重点在第一、四、五、六、七部分,充分反映调查组实事求是、科学严谨,敢于面对问题、担当责任,是一篇内容全面、态度鲜明、表述准确的报告。

例文二

湖南省监察厅 2012 年政府信息公开年度报告

根据《中华人民共和国政府信息公开条例》(以下简称《条例》)和《湖南省实施〈中华人民共和国政府信息公开条例〉办法》的规定,现公布湖南省监察厅 2012 年政府信息公开工作年度报告。本报告由概述,主动公开政府信息情况,依申请公开政府信息情况,咨询情况,复议、诉讼和申诉情况,工作人员和收支情况,主要问题和改进措施,附表等八部分组成。本报告中所列数据统计期限自 2012 年 1 月 1 日起,至 2012 年 12 月 31 日止。本报告电子版可在湖南省人民政府门户网站(www.hunan.gov.cn)和我厅网站(http://www.hnsxfj.net/)上下载。如对本报告有任何疑问,请联系:湖南省监察厅办公室,电话:0731-82688931。

一、概述

2012 年,在省委、省政府的正确领导下,湖南省监察厅以党的十八大精神为指导,紧紧围绕全省中心工作,认真贯彻中央纪委、监察部和省委、省政府关于反腐倡廉各项决策部署要求,深入学习贯彻《条例》,把政府信息公开作为落实政府重点工作部署和推进自身建设的一项重要工作,坚持以深化公开内容为重点,进一步提高公开意识、完善制度机制、加大公开力度、扩宽公开渠道,持续推进政府信息公开工作,取得了较好成绩。2012 年,我厅信息公开工作主要有以下几个特点:

(一)信息公开工作机制不断加强。一是加强组织领导。我厅在全面参加省政务公开工作领导小组工作的同时,成立了以主要领导为组长、分管领导为副组长、有关厅室主要负责人为成员的信息公开领导小组,并明确办公室作为日常工作机构,各业务厅室明确了信息员。结合政府信息公开工作的新形势和新要求,我厅定期召开信息公开工作座谈会,研究解决信息公开工作。二是健全公开机制。年初,我厅制订印发了《湖南省监察厅 2012 年政务公开工作要点》,明确了工作任务。厅领导对信息公开工作给予具体指导,协调解决信息公开中的重要问题。将信息公开工作完成情况纳入年度考核范围,确保工作有部署、责任有分解、实施有检查、年终有考核、违规有追究,不断推动信息公开工作深入开展。三是抓好平台建设。办公室认真履行职责,加强网站管理、新闻管理和信访工作,积极开展信息发布、信息咨询等工作。大力推进电子政务平台建设,优化完善网上政府信息公开平台、网上互动交流平台,充分发挥网站作用。省监察厅对三湘风纪网站进行了改版升级,网站内容更加丰富、服务功能更加强大、新技术应用更加广泛。

(二)信息公开制度不断健全。认真落实《中共中央办公厅国务院办公厅关于深化政务公开加强政务服务的意见》《湖南省人民政府关于政府信息公开工作若干问题的意见》,将政府信息公开审核贯穿公文生成过程,按照《意见》的要求,实行拟文处室、办公室、厅领导三级审核制;建立健全信息主动公开程序、信息更新程序、申请公开程序、网上咨询答复程序、信息公开目录编制规范、信息统计要求等各项工作制度。根据省政府的统一部署和要求,重新制定了《湖南省监察厅信息公开内容》和《湖南省监察厅政府信息公开详细目录》,信息公开内容更加全面、规范、详细。明确由办公室

负责对政府信息公开的实施情况进行监督、检查,并通过监督电话、投诉信箱、网上评议、信息公开意见箱等方式自觉接受社会公众的监督。

(三)信息公开渠道不断拓宽优化。为进一步做好信息公开工作,我厅编印《湖南监察》等工作简报,及时、准确地通报全省行政监察工作的最新情况和纪检监察机关的重要教育管理活动,并及时向省委、省人大、省政府、省政协等领导机关寄发。联系《湖南日报》和省政府门户网站、省电视台、省广播电台等主流新闻媒体,及时就行政效能、环境优化、纠风治乱等热点问题召开新闻通气会、新闻发布会或电视、广播和网络互动等活动。积极探索新型政务公开方式,不断加强政府网站建设。省纪委、省监察厅联合主办的三湘风纪网站已成为省监察厅政府信息公开的主要载体,总点击率达到2917万人次,在全国同类网站中排名靠前。同时,加强对各级监察机关政府信息公开的指导,进一步加强和规范行政监察系统政府信息公开工作,形成省、市州、县市区行政监察机关政府信息公开联动机制。2012年,我厅以开展"机关效能提升年"为契机,以制度落实、科技创新、效能监察、绩效评估、查究问责为手段,进一步推进规范权力运行制度建设。全省网上政务服务和电子监察系统建设取得新成效,目前,省直有关单位和市州、县市区的系统应用率已达100%。此外,结合公众关注的热点问题,与省广播电台联合开办"为民热线"节目,在湖南经济电视台开辟了"政风行风热线"栏目。

二、主动公开政务信息情况

我厅坚持以"公开为原则,不公开为例外",主动公开政务信息。2012年度主动公开政务信息81条。

三、依申请公开政务信息情况

我厅开展依申请公开政务信息工作,设置了政务信息公开申请受理点。2012年度,我厅共收到政府信息公开申请1条,已受理并答复1条。

四、咨询情况

2012年度提供服务类信息673条,网上咨询214人次,现场接待咨询262人次,接听咨询电话1976人次。

五、复议、诉讼和申诉情况

2012年度无有关政务信息公开事务的行政复议申请和申诉情况。

六、工作人员和收支情况

1. 工作人员情况:我厅从事政务信息公开工作的全职人员2人,兼职人员1人。
2. 没有与诉讼(行政复议、行政申诉)有关的费用支出。
3. 未收取任何有关政务信息公开费用。

七、主要问题和改进措施

1. 从公开信息来源方面看,提供的部门较为集中,信息公开量不平衡。
2. 对省政府门户网站的内容保障工作需要加强,信息公开目录的内容需要继续充实。
3. 门户网站政务公开栏目的指引和分类有待进一步改进。

2013年我厅政务信息公开工作将着重从三方面开展:

一是进一步深化公开内容。按照《条例》要求,不断拓展政务信息公示、通报的领域,严格落实各项制度和责任分工,增强信息公开自觉性,加大信息公开工作的深度和广度。

二是进一步提升政务服务与电子监察系统应用水平。加强信息公开管理水平,促进信息公开科学发展。全面推进网上政务服务和电子监察系统应用普及,提高行政效率,促进服务型政府建设。切实抓好湖南纪检监察网、三湘风纪网等网站管理制度的落实,确保信息公开的及时、高效。加强责任考核工作,定期通报信息公开情况,促进信息公开质量和数量进一步提高。

三是加强信息公开平台建设,健全信息公开保障机制。加强三湘风纪网建设水平,对网站进行改版,改进信息公开栏目的指引和目录规范。强化网站维护人员与信息提供部门的联动机制,确保主动公开的实效性。加大省政府门户网站内容保障工作力度,提高信息采用率,拓宽信息公开渠道。

八、附表

附表一 主动公开政府信息情况统计(略)

附表二 依申请公开政府信息情况统计(略)

附表三 咨询情况统计(略)

附表四 复议、诉讼情况统计表(略)

湖南省监察厅
2013 年 3 月 31 日

【简析】 这篇属于专题工作报告。首写报告依据、缘由,然后简要陈述报告的主要内容。最后写信息公开工作存在的主要问题和改进措施。这类报告的特点是内容专一,主题鲜明。

二、请示

(一)适用范围

《条例》规定,请示是"适用于向上级机关请求指示、批准"的公文。请示是下级机关按规定就无权决定的事项、不能解决的问题向上级机关请求批准或指示使用的行文。

(二)特点

1. 条件性

请示事项必须是超出本单位职权范围的事项。只有本机关无权决定或无力解决而又必须解决的事项,才可以用"请示"行文,请求上级机关给予指示、决断或答复、批准,因而请示有很强的条件性。任何依法成立的机关、组织和企事业单位,都享有独自解决和处理问题的法定职权,超出其职权范围的事项,则需请示上级,获准后方可执行和办理。擅自处理不该由本单位处理的问题,是越出职权的错误行为。

2. 单一性

请示应当一文一事,且主送机关只能有一个。不送领导个人,要按隶属关系逐级请示,一般情况下不越级请示。请示上报的同时不抄送下级机关和平级机关。请示与报告不能混用,不能写成"请示报告"。

3．超前性

请示必须在办理事项之前行文，不能先斩后奏。

4．期复性

请示的目的是针对某一事项取得上级的指示或批准，上级机关对呈报的请求事项无论是否同意，都必须给予明确的"批复"，有请必复是上级处理请示和报告两种公文的重要区别。

（三）分类

1．请求指示性请示

针对工作中出现的不知如何办理的具体问题，向上级机关说明有关理由或情况，请求予以答复或提出明确的处理意见。例如，对有关法规精神或政策规定难以把握，工作中遇到特殊情况无所依据等，均应请示。

2．请求批准性请示

这里包括两种情形：(1)用于本单位职权范围内不能解决的问题，或要做某项工作而需要或缺少一定的财力、物力、人力，要向上级请求予以帮助时所写的请示；(2)请求上级机关对本部门就全局性或普遍性问题提出的解决办法予以批转各单位执行，即请求批转。

（四）格式与写法

请示由标题、主送机关、正文和落款四部分组成。此外，在公文眉首部分，必须标明签发人，在主体部分，还要有附注注明联系人的姓名和电话。其各部分的格式、内容和写法要求如下：

1．标题

请示的标题由"发文机关名称＋事由＋文种"构成，如《××市人民政府关于××××的请示》。在请示的标题拟写上，要避免下列错误：一是不能将"请示"写成"申请"或"请求"，也不能写成"请示报告"；也不能写成《关于请求××××的请示》或《关于申请××××的请示》。

2．主送机关

请示的主送机关是指负责受理和答复该文件的直属上级机关。每件请示只能写一个主送机关，不能多头请示。受双重领导的机关向上级请示，应根据上级职责，主送其中一个上级机关，抄送另一上级机关。

3．正文

其结构一般由三个部分组成：缘由、事项、要求。

(1)请示缘由：即提出请示的原因和理由。它是请示事项能否成立的前提条件，也是上级机关批复的根据。原因要讲得客观、具体，理由要讲得合理、充分，让人信服。

(2)请示事项：提出有关问题要求上级指示或批准。有的要求提出解决问题的建议和意见，供上级机关参考。提出的请示，要符合有关方针、政策，切实可行，不可矛盾上交。这部分内容要单一，只宜请求一件事。另外，请示事项要写得具体、明确，条项清楚，切实可行。既要考虑本部门、本单位的实际需要，又要顾及全局利益。

(3)请示要求：采用征询的语气和期请的语言，提出请求上级给予指示、批准或批转的要求。通常另起一段，用"当否，请批复""妥否，请指示""以上请示，请予审批""以上请示如无不当，请批转各有关单位执行"等惯用结语表达。

4．落款

落款包括发文机关和成文时间。

（五）注意事项

请示的写作首先要和报告相区别。在这个前提下，一要做到材料真实，不要为了让上级领导批准而虚构情况，也不要因为没能认真调查而片面地摆情况、提问题；二要理由充分，请示事项要明确、具体；三要语气平实，恳切，以期引起上级的重视，既不能出言生硬，也不要低声下气，太过客套。

请示写作时，要注意把握好其内在逻辑。无论哪种请示，其内在逻辑一般都包括"为什么请示""请示什么问题"，前一层突出请示的理由，后一层突出请示的事项。

请示的写作要注意，一方面为了避免工作的失误，必须经常向上级机关请示，但是又要防止事无巨细，什么都向上级机关请示。这里区分的原则是对上级的方针、政策难以把握的问题，对工作中不能解决的问题才向上级机关请示。

 例文一

××县××镇人民政府
关于请求解决××镇政府部分办公设备采购的请示

××县财政局：

××镇位于××县城中南面，典型的深丘地带，全镇辖15个行政村，1个居委会，总人口30 187人，总面积57平方公里。

为了改善职工的办公条件和生活条件，解决职工后顾之忧，使其能安心工作，以保证政府各项工作的正常有序开展。经镇党委会研究决定：第一，对政府机关食堂进行改建、改造，需要购买抽油烟机1台、燃气灶具1台、餐桌5张、餐椅50张、餐具50套；第二，对职工浴室进行改造，需要购买浴室热水器1台、浴室设备4套；第三，改善职工住宿，需要购买职工床40张；第四，购买办公用激光打印机2台。

敬请县财政局同意由××镇人民政府自行改建、改造，各类设施、设备由××镇人民政府自行分散采购。

妥否，请批示。

××县××镇人民政府（盖章）
2013年1月8日

简析 这是一篇请求批准性请示。正文部分首先扼要介绍××镇的概况，接着叙说请示的目的、内容和要求。最后以"妥否，请批示"结尾。

 **例文二**

关于邀请中国非物质文化遗产保护中心作为第六届中国(浙江)非物质文化遗产博览会主办单位的请示

浙文发〔2014〕49号

省人民政府：

××是全国传统手工技艺与民间美术大省，享有"百工之乡"的美誉。自2009年以来，在中国艺术研究院、中国非物质文化遗产保护中心的大力支持下，我省已连续成功举办了五届中国(浙江)非物质文化遗产博览会，每届博览会都汇聚了在全国具有较大影响力的传统手工艺精品项目，成为全国以传统手工技艺、民间美术为重点的非物质文化遗产展示、展演和展销的一大亮点和品牌。2013年，我省又与中国艺术研究院、中国非物质文化遗产保护中心、联合国教科文组织亚太非物质文化遗产国际培训中心合作成功举办了"首届亚太传统手工艺博览会"，推动了亚太地区非物质文化遗产保护的交流与合作，为搭建亚太地区传统手工艺的保护和发展的国际性平台发挥了积极的作用。为了进一步推进我国非物质文化遗产传统手工艺和民间美术的生产性保护，积极打造"浙江传统手工艺强省"的目标，促进非物质文化遗产传统手工艺的传承与发展，特邀请中国非遗保护中心和我厅共同主办第六届中国(浙江)非物质文化遗产博览会，具体事项请示如下：

一、活动宗旨

促进各省市间非物质文化遗产生产性保护成果的交流与合作，为传统手工艺、民间美术项目搭建展示、展演、展销的平台，推进我国非物质文化遗产传统手工艺的传承与发展。

二、组织机构

主办单位：中国非物质文化遗产保护中心
　　　　　浙江省文化厅
　　　　　杭州市人民政府
承办单位：××省非物质文化遗产保护中心
　　　　　××省非物质文化遗产保护协会
　　　　　××市文化创意产业办公室

三、展览时间

2014年10月17—20日

四、展览地点

浙江省杭州白马湖国际会展中心

五、主要活动内容

1. 百位传统手工艺国家级代表性传承人、中国工艺美术大师精品展；
2. 百位优秀中青年传统手工艺省级代表性传承人、工艺美术大师精品展；
3. 百姓非遗传统手工艺特色一条街；
4. 百家民间非遗馆精品展；

5. 传统手工艺国家级代表性传承人、中国工美大师精品拍卖会；
6. "非遗薪传"浙江木雕、金工锻造艺术精品展暨中青年十大名师评选活动；
7. "百姓非遗大舞台"民间绝技绝活现场表演；
8. "浙江书画名家名师（陶艺）联袂创作"活动。

六、经费

博览会涉及的场馆场地、设计装修、后勤保障、安全保卫、布展接待等相关费用由杭州市人民政府和我厅共同承担。

专此请示，请同意为盼！

浙江省文化厅
××××年×月×日

简析 这是一篇请求指示性请示。这类请示使用比较频繁。当工作中遇到具体问题或困难需要解决，但是没有相关法律或政策为依据，亦无先例可循，或者出现上级的指示规定完全不适合本单位的情况，这就要请求上级作出明确指示。此文主旨明确，表达简洁清楚，明确指出了邀请中国非物质文化遗产保护中心作为第六届中国非物质文化遗产博览会主办单位的必要性及重要意义，提出了请示事项和活动安排，便于上级作出批复。

三、批复

（一）适用范围

《条例》规定，批复"适用于答复下级机关请示事项"的公文。

批复是下行文。下级机关遇有本单位无权、无力、无法解决的事项需要向上级机关请示时，上级机关就使用"批复"这一专用文种答复请示事项。批复的内容主要是对请示事项明确表态，或同意，或不同意，或部分同意，有时还对请示事项作出修正、补充。

（二）特点

1. 针对性

必须先有请示，然后才有批复。批复的内容必须针对请示内容而定。

2. 权威性

批复表示的是上级机关的结论性意见，下级机关对上级机关的答复必须认真贯彻执行，不得违背，批复的效用在这方面类似命令、决定，带有很强的权威性。

3. 简明性

批复的内容要具体明确，以利下级机关贯彻执行。用语精练简洁，行文简明扼要。

（三）分类

按照批复的性质和内容，批复可分为批准性批复和指示性批复。

1. 批准性批复。这是批准请求事项的批复。这类批复内容单一，不涉及其他问题。
2. 指示性批复。这种批复在答复下级机关请示的同时，就某一工作情况提出意见和要求，相对来说，篇幅较长。

（四）格式与写法

批复的结构通常由标题、主送机关、正文、落款构成。

1．标题

批复标题的写法最常见的是完全式的标题，即由"发文机关＋批复事项＋文种"构成。例如《国务院关于同意苏州市和徐州市为"较大的市"的批复》。还可以由四部分组成：发文机关＋批复事项＋批复对象＋文种，如《国务院关于同意××市城镇住房制度改革试行方案给安徽省人民政府的批复》。

2．主送机关

批复的主送机关为报送请示的直属下级机关。

3．正文

批复正文包括引叙来文和作出批复、结束语三部分。如果同意下级来文的意见和要求，就要明确表示肯定意见，并作出必要的指示。如果不同意或者只是部分同意下级机关的意见，就需要简要说明情况或原因，以便下级机关重新考虑其他的解决办法。

4．落款

落款即批复的发文机关和成文日期。

（五）注意事项

批复的写作要求，主要有以下四点：

1．慎重及时

批复既是上级机关指示性、政策性较强的公文，又是对下级单位请求指示、批准的答复性公文，因此，撰写批复要慎重及时。批复机关收到请求后，要及时进行周密的调查了解，掌握有关情况，根据现行政策法令及办事准则，经认真研究后，及时给予答复。

2．针对请示答复

请示要求一文一事，批复也应有针对性地一文一事，请求要求解决什么问题，批复就答复什么问题，上下行文互相对应。

3．明确态度

批复意见不管同意与否，必须十分清楚明白，态度明朗。不能含糊其辞，模棱两可，以免下级无所适从。

批复的主送机关明确只有请示机关一个，如果所请示问题有普遍性，或需告知其他一些机关，可用如下办法处理：一是除批复原请示单位外，并转有关单位。二是将批复抄送有关单位。三是将有关意见另用"通知"行文，将本机关对一些普遍性的意见及时传达下去。

4．不能同复函混用

批复与复函由于都是回复来文的公文，有时也会被混用。两者的区别在于：从行文关系看，批复是上级机关向下级机关答复用文，属下行文；复函一般是向不相隶属机关答复用文，属平行文。从行文内容看，批复多属于对重大原则和政策性问题作出决定、批复，复函多用于一般性事项的回复。从文种来看，批复仅针对于请示，而复函针对发函。

例文一

国务院关于组建
中国铁路总公司有关问题的批复

交通运输部、财政部、国家铁路局:

原铁道部关于报请审批中国铁路总公司组建方案和公司章程的请示收悉。现就组建中国铁路总公司的有关问题批复如下:

一、原则同意《中国铁路总公司组建方案》和《中国铁路总公司章程》。

二、中国铁路总公司是经国务院批准,依据《中华人民共和国全民所有制工业企业法》设立,由中央管理的国有独资企业,由财政部代表国务院履行出资人职责,交通运输部、国家铁路局依法对公司进行行业监管。

三、中国铁路总公司以铁路客货运输服务为主业,实行多元化经营。负责铁路运输统一调度指挥,负责国家铁路客货运输经营管理,承担国家规定的公益性运输,保证关系国计民生的重点运输和特运、专运、抢险救灾运输等任务。负责拟订铁路投资建设计划,提出国家铁路网建设和筹资方案建议。负责建设项目前期工作,管理建设项目。负责国家铁路运输安全,承担铁路安全生产主体责任。

四、中国铁路总公司注册资金为人民币10 360亿元,不进行资产评估和审计验资;实有国有资本数额以财政部核定的国有资产产权登记数额为准。

五、中国铁路总公司的领导班子由中央管理;公司实行总经理负责制,总经理为公司法定代表人。

六、中国铁路总公司为国家授权投资机构和国家控股公司,财务关系在财政部单列,并依照国家有关法律和行政法规,开展各类投资经营业务,承担国有资产保值增值责任,建立健全公司的财务会计制度。

七、同意将原铁道部相关资产、负债和人员划入中国铁路总公司,将原铁道部对所属18个铁路局(含广州铁路集团公司、青藏铁路公司)、3个专业运输公司及其他企业的权益作为中国铁路总公司的国有资本。中国铁路总公司的国有资产收益,应按照国家有关法律法规和有关规定执行,历史债务问题没有解决前,国家对公司暂不征收国有资产收益。在保证有关企业合法权益和自身发展需要的前提下,公司可集中部分国有资产收益,用于再投入和结构调整。

八、建立铁路公益性运输补贴机制。对于铁路承担的学生、伤残军人、涉农物资等公益性运输任务,以及青藏线、南疆线等有关公益性铁路的经营亏损,研究建立铁路公益性运输补贴机制,研究采取财政补贴等方式,对铁路公益性运输亏损给予适当补偿。

九、中国铁路总公司组建后,继续享有国家对原铁道部的税收优惠政策,国务院及有关部门、地方政府对铁路实行的原有优惠政策继续执行,继续明确铁路建设债券为政府支持债券。对企业设立和重组改制过程中涉及的各项税费政策,按国家规定执行,不增加铁路改革成本。

十、中国铁路总公司承继原以铁道部名义签订的债权债务等经济合同、民事合同、协议等权利和义务；承继原铁道部及国家铁路系统拥有的无形资产、知识产权、品牌、商标等权益，统一管理使用。妥善解决原铁道部及下属企业负债，国家原有的相关支持政策不变，在中央政府统筹协调下，综合采取各项措施加以妥善处理，由财政部会同国家有关部门研究提出具体处理方式。

十一、中国铁路总公司组建后，要加强铁路运输调度集中统一指挥，维护良好运输秩序，保证重点运输、公益性运输，确保铁路运输安全和职工队伍稳定。要有序推进铁路建设，按期完成"十二五"规划建设任务。要根据国家产业政策，完善路网结构，优化运输组织，强化安全管理，提升服务质量，提高运输效率和效益，不断增强市场竞争力。要继续深化铁路企业改革，按照建立现代企业制度的要求，推进体制机制创新，逐步建立完善的公司法人治理结构，不断提高管理水平和市场竞争力。《中国铁路总公司组建方案》和《中国铁路总公司章程》由财政部根据本批复精神完善后印发。

组建中国铁路总公司是深化铁路管理体制改革、实现政企分开、推动铁路建设和运营健康可持续发展的重要举措，各地区、各有关部门要积极支持，做好组建中国铁路总公司的各项工作，确保铁路体制改革顺利、平稳实施。

国务院（盖章）
2013年3月14日

【简析】 这虽是一篇较长的批复，但格式上仍然是由引述语和批复内容组成。其中批复内容涉及的问题有11条之多，这类批复其实更多含有指示的内涵。

第六节 函 纪要

学习要点
　　函、纪要的适用范围、特点、分类、格式与注意事项
能力要求
　　函、纪要这两种公文的适用范围的判断能力、评价鉴赏能力、规范拟写能力

一、函

（一）适用范围
《条例》规定，函是一种"适用于不相隶属机关之间商洽工作，询问和答复问题，请求批准和答复审批事项"的公务文书。

（二）特点
1. 主体的平等性
函主要用于不相隶属机关之间互相商洽工作、询问和答复问题，体现着双方平等沟通的关

系,这是其他所有的上行文和下行文所不具备的特点。即使是向有关主管部门请求批准,在双方不是隶属关系的时候,也不能使用请示和批复,只能用函,并且姿态、措辞、口气也跟请示和批复大不相同。

2. 适用范围的广泛性

函对发文机关的资格要求很宽松,高层机关、基层单位;党政机关、社会团体、企事业单位,均可发函。

3. 内容的单一性

函的内容一般要求一文一事。函不需要在原则、意义上进行过多的阐述,只需务实说明事项即可。

（三）分类

根据函的内容及作用,通常可分为以下四种:

1. 商洽函

主要用于不相隶属机关之间商洽工作、联系有关事宜,如洽谈业务、商议事务等用商洽函,如《北京市教育局关于×××同志的商调函》。

2. 询问函

用于不相隶属机关之间相互询问有关事项,如湖南省教育厅与湖南省财政厅是平行机关,两者之间询问事项必须以函来行文。

3. 请批函

用于发文机关向不具有上下隶属关系的有关主管职能部门请求批准的事项。

在写作请批函的时候,要注意将它与"请示"的写作区别开来。请批函与请示都是请求批准的公文。如果是向具有隶属关系的直接上级机关请求批准,必须用"请示";如果是向不存在隶属关系的有关主管职能部门或平级单位请求批准,只能用"请批函"。

4. 知照函

用于将自己管辖范围内的某些一般事项主动告知其他有关单位。此类函一般无须作答,如《××市××企业关于正式挂牌办公的知照函》。

根据函的行文方向,可分为去函和答复函。去函,又称来函,是发文机关的一种主动行文。答复函,又称复函,是用于对去函的一种答复,是发文机关的一种被动行文。

在写作答复函的时候,要注意将"答复函"与"批复""报告"区别开来。

(1)"答复函"与"批复"。

答复函与批复都讲求时效,要求及时行文。批复适用于上级机关答复直接管辖的下级机关的请示事项,答复函则适用于回复不相隶属机关来函提出的事项。两者的区别在于:下级机关向具有隶属关系的上级机关呈送请示,上级机关以本机关名义回复需用"批复";如果上级机关责成内辖某部门以部门名义回复,则应该用"答复函"。

(2)"答复函"与"报告"。

上级机关向下级机关询问有关情况,可以用询问函。发文机关用于回复不相隶属机关来函提出的事项需使用答复函,发文机关针对直接上级领导机关的询问及要求必须使用答复报告。上级机关向下级机关催办有关事宜,如要求下级机关呈报有关报表或材料时,也可以用函,也可以用通知,下级机关向直接上级领导机关报告报表或材料时,必须使用报送性报告。

（四）格式与写法

1. 标题

根据《条例》规定，函的标题"由发文机关名称、事由和文种组成"，如《国务院办公厅关于羊毛产销和质量等问题的函》。

2. 主送机关

函的行文对象一般情况下是明确、单一的，所以多数函的主送机关只有一个。

3. 正文

（1）发函缘由。这是函的开头部分，主要用来说明发函的根据、目的、原因等。如果是复函，则先引用对方来函的标题、发文字号，然后再交代根据、说明缘由。这部分结束时，常用一些习用的套语转入下一部分，如"现将有关情况说明如下""现就有关问题函复如下"等。

（2）事项。这是函的主体部分，有关某项工作展开商洽、有关某一事件提出询问或作出答复、有关事项提请批准等主要内容，都在这一部分予以表达。要尽可能写得周全、具体、清楚、中肯。

（3）结语。这是结尾部分，向对方提出希望或请求。最后，另起一行以"特此函商""特此函询""特此函达""特此函告""请即复函""特此函复"等惯用结语收束，也可以在这些用语之后再加上"为荷""为盼""为感"之类表示和婉的词语。

4. 落款

落款包括发文机关和日期。

（五）注意事项

（1）内容单一明确。要做到一函一事，内容集中，不旁及其他，便于对方尽快回复与办理。

（2）行文简洁明快。正文内容直切主题，开门见山，直陈事项，字约义丰，摒弃假话、空话、套话。

（3）态度诚恳，用语得体。发函要态度诚恳，语气平和，讲究平等协商，文明礼貌，不露虚浮和媚态；复函用语明快，以诚待人，不显生硬和冷漠。

 例文一

空军第××军后勤部关于商请列席飞行改革后勤保障现场会的函

××军区空军后勤部：

据悉，你们将要召开飞行改革后勤保障现场会，我们也在摸索这方面的路子，为吸取你们的成功经验，把飞行后勤保障工作做好，我们拟派人员前往列席见学，如可行，请酌情安排并函告现场会的具体时间、地点及要求为盼。

空军第××军后勤部（盖章）
××××年×月×日

简析　这是一篇商洽函，正文开门见山，直陈其事，提出商洽事项："拟派人员前往列席现场会"，然后以希望请求作结，"函告现场会的具体时间、地点及要求为盼"，简洁明快，用语庄重恳切。

 例文二

国务院办公厅关于进一步促进服务外包产业发展的复函

商务部、发展改革委、教育部、科技部、工业和信息化部、财政部、税务总局、知识产权局、外汇局：

你们关于进一步促进服务外包产业发展的请示收悉。经国务院批准，现函复如下：

一、延续并完善示范城市发展服务外包的政策措施。

（一）2013—2015年，中央财政继续安排示范城市各500万元资金，用于服务外包公共服务平台建设。资金支持范围增加示范城市建立服务外包信息安全及知识产权保护体系、国际市场品牌推广、开展产业研究等。

（二）将示范城市离岸服务外包业务免征营业税和技术先进型服务企业减按15%的税率征收企业所得税、职工教育经费不超过工资薪金总额8%的部分税前扣除两项政策延续至2018年底。

（三）中央财政继续对地方安排补助资金，对符合条件的企业、单位开展服务外包人才培训、资质认证等给予补助。各地方可结合本地实际情况，优化操作模式，简化申报程序，调整申报条件，确定支持重点和支持标准。要加强制度建设和绩效评估，确保资金使用安全有效。

（四）积极推动服务外包企业提高技术创新和集成服务水平，通过国家科技计划（专项）等引导和支持企业开展集成设计、综合解决方案及相关技术项目等研发。进一步放宽技术先进型服务企业认定条件，将离岸外包业务收入占企业总收入的比例由50%调整为35%，先在苏州工业园区试点，根据试点情况适时研究推广。

（五）完善服务外包中高端人才鼓励政策，科学界定中高端人才标准，对中高端人才培训加大补助力度。总结江苏、浙江两省高校服务外包人才培养试点经验，逐步在示范城市推广。建立包括高等学校、社会培训机构和企业基地等在内的社会化开放式服务外包人才培养体系，继续深化校企合作，重点支持一批办学规范、实力强、效果好的高等学校和社会培训机构。

二、加快国际营销网络建设。支持服务外包企业通过境外并购建立营销和交付网络，吸纳境外中端人才，符合条件的企业可申请对外经济技术合作专项资金支持和出口信贷优惠利率。进一步简化服务外包企业境外并购核准程序，提高工作便利化程度。加大国际市场开拓力度，打造中国服务外包产业整体形象，树立"中国外包"品牌。

三、促进服务外包离岸在岸协调发展。进一步研究在岸与离岸服务外包协调发展政策措施，支持有条件的服务外包企业承接国内服务项目。积极培育服务外包在岸市场，鼓励政府机构和各类企业创新管理运营理念，购买专业服务。

四、完善服务外包产业发展环境。加强服务外包信息安全法律法规体系建设，推动示范城市所在省（区、市）尽快研究出台服务外包知识产权和信息安全保护等方面的地方法规。开展服务外包信息安全认证评估，引导和支持企业建立内控机制。继

续加强服务外包产业基础研究,出台相关行业标准。鼓励地方政府在员工住宿、物业租赁等方面对服务外包企业给予支持。

五、原则同意《中国服务外包示范城市综合评价办法》,由商务部会同相关部门组织实施,并在实践中不断完善。

六、商务部要会同相关部门进一步加强对地方发展服务外包产业的指导与服务,对相关政策措施落实情况进行督促检查,切实推动我国服务外包产业健康发展。

国务院办公厅(盖章)
2013 年 2 月 5 日

简析 这是一篇答复函。答复函的标题一般应载明三项内容:答复机关名称、答复事项和文种。正文部分一般应当载明三层内容:①复函引据。说明对方来函收悉,然后用过渡句"经……研究,现答复如下"提领下文。②答复意见。针对来函的内容,给予明确具体的答复。③结尾。一般以"此复""特此函复""谨作答复"等作结,有时也可不用结语,如此文,干脆利落。

二、纪要

(一)适用范围

《条例》规定,纪要是"适用于记载会议主要情况和议定事项"的公务文书。纪要是将会议的主要情况和研究解决的主要问题进行归纳、概括而成的一种公文,它的作用是用来传达会议的议定事项和主要精神,要求与会者共同遵守和执行。在行文关系上,可采取转发或直接发出的形式,类似于通知,发给下级贯彻执行。也可报送上级,类似于会议情况报告。还可以发给平级机关,类似于函,使对方知晓,相互沟通情况。

(二)特点

1. 纪实性

纪要必须是会议宗旨、基本精神和所议定事项的概要纪实,不能随意增减和更改内容,任何不真实的材料都不得写进纪要。

2. 纪要性

纪要必须精其髓、概其要。体现为选择性、提要性和显要性,选择性是指纪要只选择重要会议撰写;提要性是指不同于会议记录,必须摘其要点,舍弃芜杂;显要性是指表述要凸显会议的主要精神和重点内容。

3. 指导性

纪要集中地反映了会议的精神实质,对工作有一定的指导和约束作用,要求与会者以此为据展开工作。

(三)分类

1. 办公会议纪要

办公会议纪要是用以传达由机关、单位召开的办公会议所研究的工作、议定的事项和布置的任务,要求与会单位和有关方面、有关人员共同遵守、执行。行政约束力很强,具有明确的指示性。

2．其他会议纪要

这类纪要指专门工作会议、专题讨论会、座谈会、学术研究会等形式的,有的起到通报会议情况的作用,使有关人员尽快知道会议的基本情况和主要精神;有的具有指导作用,它所传达的会议精神,可对有关方面的工作予以指导。

(四)格式与写法

纪要的格式一般由标题、成文日期、正文构成。

1．标题

纪要的标题由"机关名称＋会议名称＋文种"组成,如《××市人民政府第××次办公会议纪要》。

2．成文日期

一种写于标题下,居中,用圆括号括住;一种写于正文末落款处。

3．正文

一般由前言、主体、结语三部分组成。

(1)前言,也称导语,实质是会议概况。主要包括会议时间、地点、名称、主持人、与会人员、基本议程、开会的形势、背景等。

(2)主体,即会议的精神和议定事项。这部分讲述会议的主要内容,是纪要的核心,要求准确简明地记载讨论的问题及结果、会议议决的事项,今后工作的指导思想、工作步骤、采取的措施等。

纪要主体结构安排常用三种方式:

一是条项式,就是分条列项表达讨论的问题和议定的事项。依照内容主次,使用序号"一、二、"等表达,使内容一目了然,层次清晰,行文简明扼要。

二是综合式,就是对会议的内容或议定的事项进行综合概括,然后分成若干类别分别述说。要分清主次,突出主要内容,前置,详写;次要内容,后置,略写。多使用以下句式领起内容,如"会议讨论了""会议通过了""会议认为""会议决定"等。

三是摘要式,即把与会者具有典型性、代表性的发言要点摘录出来,按发言顺序或内容分类写出。

(3)结语。一般提出希望和号召,也有的不写结语,自然结束。

关于"参加会议人员"的补充说明:

纪要的印发主要有两种形式:一是用专用发文机关标志印发,二是用通用发文机关标志印发。用通用版头印发的,参加会议的单位及人员,在正文的开头部分撰写;用专用版头印发的会议纪要,参加会议的人员,在正文之后一一写明。

(五)注意事项

(1)分清主次,抓住要点,有详有略,突出最重要的内容。

(2)叙议结合,善于归纳。

(3)精心构思,层次分明。

 例文一

2013年第五次××市人民政府常务会议纪要
(2013年7月14日)

6月28日,市长夏××在市行政中心501会议室主持召开2013年第五次政府常务会议,对项目争取及铁路建设等3项工作进行了专题研究,形成一致意见。纪要如下:

一、关于项目争取及铁路建设

会议听取了市发改局局长杨××关于项目争取及铁路工作有关情况的汇报。会议决定:

(一)尽最大努力争取项目的思路始终不能变。要在目前争取项目数量高速增长的基础上,进一步加大高质量项目的争取力度,以缓解我市财政资金不足的困难。年底要对此项工作结硬账。

(二)项目实施要讲究规范和绩效。要坚决杜绝在招投标等方面的运作不规范行为;要加强对项目实施的跟踪审计,本级财政资金配套要尽力跟上,资金拨付严格按相关规定执行,严禁任何单位或个人套取项目资金;分管领导按照"谁分管、谁负责"的原则,加强对项目的管理,确保项目建设的质量和绩效,专项资金的实施方案必须经市政府常务会议讨论通过。

(三)发改部门要加强××市中长期发展的规划,策划好决定××市发展方向、牵一发而动全身的重点项目。

(四)铁路建设要抓紧向前推进,认真做好开工之前的所有准备工作。

1.成立项目建设领导小组,市长夏××任组长,常务副市长胡××、副市长王××任副组长,领导小组办公室设在市发改局,杨××同志兼任办公室主任,办公室工作人员从现有事业单位中抽调2~3人;

2.有关部门要提早做好铁路沿线控制性规划,及早谋划实物核查等工作,提前预防沿途"种房"等行为;

3.经费问题以保障工作开展为原则,铁路前期工作经费安排30万元。

二、关于物价管理工作

(一)会议听取了市物价局局长吕××关于××市价格基金征收情况的汇报。会议决定:

1.基金征收工作按省有关规定执行,同时比照周边县市情况,做好有关工作;

2.价格临时补贴发放工作在年底实施较为适宜,基金总额要保持收支平衡。

(二)会议听取了市物价局局长吕××关于××市城市客运出租车价格调整情况的汇报。会议决定:

1.物价部门确定出租车价格调整方案时要充分征求各方意见,可在召开各方代表恳谈会的基础上举行听证会,副市长王××同志参加。

2.要充分做好相关基础工作,恳谈会代表要涵盖普通市民、人大代表、政协委员、出租车司机及管理人员等各个方面,价格调整方案公布后在电视台、广播台宣传两个

月方可执行。

3.规范出租车日常行为管理,价格表要张贴于驾驶台醒目处,严格按规定打表,否则对出租车公司及司机进行严肃处理。

三、关于交通工作

会议听取了市交通运输局局长杨××关于××市出租车管理和打击非法营运车辆有关情况的汇报。会议决定:

(一)认真开展客运市场"打非治违"专项整治行动,由副市长王××任组长,相关单位参加,大力配合;经费适当安排。

(二)筹备出台《××市出租车管理暂行办法》,强化出租车公司的职责,管理不到位要处罚公司,不合格的取消其经营资格,重新竞标;同时,支持组建出租车行业协会,协助加强对出租车的管理。

(三)加强出租车文明行驶教育,摒弃出租车司机行驶过程中接打电话、乱按喇叭、乱掉头、闯红灯等不文明行为。

(四)运力调增问题要根据城市公共交通发展需要确定,结合各方代表恳谈会进行充分协商,规范操作程序;车辆经营权到期后,新增车辆必须由有实力的公司持有,经营权限暂定为5年一轮。

出席:夏××、胡××、王××、付×、熊×、刘××、项××、唐××、陈×。

请假:王××、叶××。

列席:吴××、刘××、戴××、肖××、陈××、李××、夏××、罗××、李××、陈×、吴××、刘××、王××、廖××、陈××、曾××、白××、杨××、吕××、杨××、叶××。

【简析】 这是一篇办公会议纪要。开头部分概述会议概况,然后直接导入主要内容纪要:"纪要如下"。主体部分采用条项式归纳,主题集中,层次清晰,事项内容明确,用语规范,表意清楚。

练习题

一、填空题

1. 公文处理工作是指公文_____、_____、_____等一系列相互关联、衔接有序的工作。
2. 公文根据行文方向,大致可分为_____、_____和_____。
3. 下行文是指_____的行文。
4. 请示适用于向上级机关请求_____、_____。
5. 请示应当_____;一般只写一个_____,需要同时送其他机关的,应当用_____形式,但不得抄送其_____机关。
6. 报告不得夹带_____项。

7. 行文关系根据隶属关系和职权范围确定。一般不得_____行文,特殊情况需要越级行文的,应当同时抄送_____的机关。
8. 通报适用于_____、_____、传达重要精神和告知重要情况。
9. 通知适用于发布、传达要求_____执行和_____周知或者执行的事项,批转、转发公文。
10. 函适用于_____机关之间商洽工作、询问和答复问题、请求批准和答复审批事项。
11. 批复适用于_____下级机关的_____事项。
12. 议案适用于各级_____按照_____向同级人民代表大会或者人民代表大会常务委员会提请审议事项。
13. 纪要适用于记载会议_____和_____。
14. 通告是适用于_____公布应当遵守或者周知的事项。
15. 公告是适用于向_____宣布_____或者法定事项的公文。
16. 平行文是指_____的同级机关或不属于同一系统的机关之间的行文。
17. 向下级机关或者本系统的重要行文,应当同时抄送发文机关的_____。
18. 公文的格式要素包括_____、_____、_____三部分。
19. 公文版头,由份号、密级和保密期限、紧急程度、_____、_____、签发人等6个项目组成。
20. 紧急公文应当根据紧急程度分别标明_____、_____。
21. 发文机关标志由_____加"文件"组成,也可以使用发文机关全称或者规范化简称。
22. 公文主体格式包括:标题、_____、正文、附件说明、_____、成文日期、印章、附注、附件等9个项目组成。
23. 公文标题三要素包括:_____、_____和_____三个部分。
24. 有_____的普发性公文和电报可以不加盖印章。
25. 版记部分,通常由_____、印发机关和印发日期、页码3个项目构成。
26. 通知是下行文,有时也用于平行文,是发文机关受限最少的公文文种之一,也是公文中_____最广、_____最高的文种。
27. 成文日期,一般署_____或者_____的日期。联合行文时,署_____的日期。
28. 除上级机关负责人直接交办事项外,不得以_____向上级机关负责人报送公文,不得_____名义向上级机关报送公文。
29. 公文中的成文日期用_____将年、月、日标全,年份应标全称,月、日不编虚位(即1不编为01)。
30. 2012年新颁布的《党政机关公文处理工作条例》(中办发〔2012〕14号),规定的公文种类共有_____种。

二、选择题(单选或多选)
1. 下列属于指令性的公文是(   )。

A. 命令和决定　　　B. 函　　　C. 公告　　　D. 通告
2. 向国内外宣布重要事项或者法定事项时使用(　　)。
A. 公告　　　B. 通告　　　C. 通报　　　D. 决定
3. 向上级机关汇报工作,反映情况,答复上级机关询问时用(　　)。
A. 报告　　　B. 决定　　　C. 总结　　　D. 请示
4. 不相隶属机关之间请求批准,用(　　)。
A. 请示　　　B. 报告　　　C. 函　　　D. 批复
5. 受双重领导的机关向上级机关行文,应当这样处理(　　)。
A. 写明主送机关和抄送机关　　　B. 主送一个上级机关
C. 报送两个上级机关　　　D. 主送并抄送两个上级机关
6. 联合行文的机关应该是(　　)。
A. 两个以上的机关　　　B. 两个及以上的同级别机关
C. 上下级机关　　　D. 不相隶属的两个机关
7. 公文标题一般由(　　)名称(作者)、文件的主题(事由)、文种(文件名称)组成,除加书名号外,一般不用标点符号。
A. 发文机关　　　B. 单位　　　C. 机构　　　D. 民间团体
8. 公文的紧急程度分为(　　)。
A. 特急　　　B. 急件　　　C. 火急　　　D. 加急
9. 发文字号应当包括机关代字和(　　)。
A. 年份　　　B. 序号　　　C. 简称　　　D. 全称
10. 公文在以下情况(　　)可以联合行文。
A. 同级政府　　　B. 同级政府各部门
C. 各级政府　　　D. 政府与同级党委
11. 下列符合行政公文行文规则的是(　　)。
A. 向上级请示、报告时,不得同时抄送下级机关
B. 向上级请示、报告时受双重领导的机关,在向一个机关主送时,应同时向另一个机关抄送
C. 上级机关向受双重领导的下级机关行文,必要时应当抄送其另一上级机关
D. 行政级别高的机关可以向行政级别低的机关发文
12. 意见是"适用于对重要问题提出见解和处理办法"的公文,从行文关系而言,意见是比较特殊的文种,可作(　　)使用。
A. 上行文　　　B. 下行文　　　C. 平行文　　　D. 应用文
13. 议案的特点包括(　　)。
A. 议案只能是人民政府向同级人民代表大会及其常委会制发
B. 议案的提交和受理均有严格的程序要求,议案的内容范围、提出和处理时限等在法律上也有严格规定,必须遵照执行
C. 议案要遵循"一文一案"的原则,不能将不同事项写进同一议案
D. 议案被同级人代会或其常委会受理后,必须给予处理和答复
14. 通报的分类有(　　)。

A. 表彰性通报　　　　B. 批评性通报　　　C. 情况通报　　　　D. 专题性通报
15. "不相隶属机关"包括（　　）。
   A. 同一系统内的平级机关
   B. 双方在行政或组织上没有领导与被领导关系、业务上没有指导与被指导关系的机关和单位
   C. 上级机关
   D. 下级机关
16. 下级机关向上级机关呈送请示，正确的回复方式包括（　　）。
   A. 若上级机关以本机关名义亲自回复需用"批复"
   B. 若上级机关责成内辖某部门以部门名义回复，则应该用"答复函"
   C. 意见书
   D. 通报

三、简答题

1. 公告和通告的区别。
2. 通告、通知、通报的区别。
3. 请示和报告的区别。
4. 请示与请批函的区别。
5. 答复函与批复的区别。

四、写作题

（一）给下面标题填写文种。
1. 国家安全监管总局关于三起较大以上运输事故情况的_____。
2. 关于印发《中央补助廉租住房保障专项资金管理办法》的_____。
3. ××市××区关于报送计划生育工作情况的_____。
4. 国务院办公厅关于同意调整国家人口和计划生育委员会兼职委员的_____。
5. ××市商业局关于增设地下消火栓所需资金的_____。
6. ××省人民政府关于实行封山禁牧的_____。
7. 中共中央关于加强和改进新形势下党的建设若干重大问题的_____。
8. 中国共产党第十七次全国代表大会关于《中国共产党章程》（修正案）的_____。
9. 中国国家质量监督检验检疫总局关于禁止旅客携带×国"××"饮料入境的_____。
10. 北京市人民政府关于查处违法建设的_____。

（二）根据以下内容提示，拟写公文标题。
1. "十一五"期间，北京、天津、山西、内蒙古、吉林、江苏、山东、湖北等8省（区、市）人民政府，在节能工作中成绩突出；山东、江苏、广东、河南、浙江、辽宁、上海、陕西等8省（市）人民政府，在减排工作中成绩突出，国务院欲对此进行表彰，并使各省周知。
2. 某省人民政府发文要求所属单位认真贯彻执行国务院关于调整纺织品价格的规定，以便保持市场的稳定。

3. 新疆伊宁市历史悠久,文化底蕴丰厚,历史遗存丰富,城市传统格局保存完整,民族文化特色突出,为此,新疆维吾尔自治区政府向国务院行文,请求将伊宁市列为国家历史文化名城。

4. 山东省政府为了进一步发展青岛经济,努力开创山东半岛蓝色经济区发展的新局面,向国务院行文,请求设立青岛西海岸新区,国务院做出了同意的批复。

(三)根据指定要求撰写适当的公文。

【要求】 只写出公文的主体部分,省略版头和版记部分。主体部分标题结构要正确,事由和文种要准确。总体上体式要正确,措辞得体,简洁明了。

1. 根据下面材料,拟写一份通报。

张丽莉,女,28岁。黑龙江省佳木斯市第十九中学初三(3)班班主任。

张丽莉出生在一个教育世家,2006年哈尔滨师范大学毕业后,被分配在佳木斯市第十九中学任教。

2012年5月8日,放学时分,张丽莉在路旁疏导学生。一辆停在路旁的客车,因驾驶员误碰操纵杆失控,撞向学生,危急时刻,张丽莉向前一扑,将车前的学生用力推到一边,自己却被撞倒了。

车轮从张丽莉的大腿碾压过去,肉被翻卷起来,路面满是鲜血,惨不忍睹。在送医院的途中,她一时清醒一时昏迷,清醒时还对大家说:要先救学生。她昏迷多天后醒来的第一句话是:"那几个孩子没事吧!"

经过抢救,张丽莉被迫高位截肢。她的亲人和医护人员都不敢想象她知道真相的后果会是怎样,但张丽莉很快接受了事实,还反过来安慰父亲说:"当时车祸的场景我还记得,很幸运,如果车轮从我的头碾过去,你们就看不到我了,我救了学生,也保住了命,今后一定会幸福的。"

有人问张丽莉,"你后悔吗?"她回答:"不后悔。这样做是我的本能。我已经28岁了,我已和父母度过28年的快乐时光。那些孩子还小,他们的快乐人生刚刚开始。"

为表彰张丽莉的先进事迹,教育部决定授予其"全国优秀教师"荣誉称号,并向全国教育系统发出表扬性通报,请代拟此通报。

2. 根据下列材料,拟写一份请示。

长沙某大学在建一实验楼,面临资金短缺,需请求上级主管部门增拨资金。原拨资金3 000万元,因为低碳经济节能减排需要,该校应长沙市建设两型城市建设(资源节约型、环境友好型)的需求,在施工建筑上采用了新材料和新设备(管线空调),以致资金超出预算。请代长沙某大学向其上级部门拟写一份请示。

3. 请合理扩充下面提供的材料,以××分公司的名义向总公司起草一份不超过500字的情况报告。

a. ××××年6月4日凌晨2时40分,××分公司江南百货大楼发生火灾事故。

b. 事故后果:未造成人员伤亡,但该大楼二楼商品被全部烧毁,直接经济损失350万元。

c. 事故原因:二楼某个体裁缝未经二楼经理同意从总闸自接线路,夜间没断电导致电线起火。

  d.施救情况：事故发生后，分公司领导马上拨打火警，市消防队出动了 8 辆消防车，至清晨 6 点，火灾才被扑灭。

  e.善后工作：分公司经理、副经理多次到现场调查，并对事故进行了认真处理。

4. 请根据下列材料写一份函。

  ××大学新闻学院今年面临大四学生毕业实习的问题，目前尚有不少学生没有落实实习单位。经调查发现，××省电视台及其下属单位正需要若干名大学实习生。请以××大学新闻学院的名义向××省电视台拟写一份函。

第二章 事务管理文书

第一节 事务管理文书概述

一、事务文书的含义及特点

事务管理文书是党政机关、企事业单位、人民团体或个体,在日常工作或生活中普遍使用的法定公文之外的各种事务管理性文书的统称。事务管理文书主要用于信息沟通、工作指导、调查研究、工作安排、经验总结、成果汇报、考核管理等方面,用途十分广泛。

事务管理文书具有以下几个方面的特点:

(一) 实用和时效性

事务管理文书是针对具体实际工作或某个特定问题而制发的,特别注重实用、讲求时效。比如工作计划,一般时间有限,事务针对性较强;而撰写各类调查报告,一般都有较强的实用功利性,或者为领导决策作为重要依据,或在实践工作结束不久或问题正处于发生阶段,这样才能迅速发挥指导、沟通和宣传的功用,写作形式的运用也要讲求效用。

(二) 种类繁多

事务管理文书的繁富性是指其内容丰富、种类繁多。其写作涉及日常事务的方方面面,从个别工作到系统工作,都需要使用一系列事务管理文书以指导和辅助管理,致使其内容十分丰富;其次,事务管理文书由于适用范围广,内容丰富,因而在种类和数量方面大大超过了法定公文,经常使用的事务管理文书就多达数十种。

(三) 格式的程式化和表达的灵活性

事务管理文书虽不像党政机关文书那样有严格的格式要求,但在长期的使用过程中,各类事务文书大都形成了比较固定的惯用格式,文书的结构要素以及各要素的具体写法,也都形成了一定的规则,有固定的写作要求,具有相对稳定性,不得随意更改。另一方面,事务管理文书虽然格式上比较严格,但在表达方式上,不同文种则具有表达上的灵活性,叙述、议论和说明相互结合。

二、事务管理文书的种类

按照文书性质和作用的不同,可分为以下几类:

(一) 计划类文书

计划类文书是单位或个人对未来一定时期内的工作进行安排、设想、部署、规划和筹措时所使用的文书,包括计划、规划、设想、安排、方案、预案等。

(二) 总结类文书

总结类文书是反映工作情况和经验,对过去一段时间内的工作进行全面、系统的回顾和研究,从中得出经验、教训,用以指导今后工作的一种事务文书,包括总结、调查报告、述职报告、考察报告、工作研究等。

(三) 规章类文书

这类文书是用于规范某一特定范围内人们的行为而制定的具有法规性和约束力的事务文书,包括条例、规定、办法、章程、细则、守则、公约等。

本章主要介绍计划、总结、述职报告等的写作。

第二节 计 划

学习要点
  1. 计划的适用范围
  2. 计划的特点
  3. 计划的写作要领

能力要求
  1. 切实认识与领会制订计划的重要性
  2. 根据实际需要制订一份可行的计划

一、计划的适用范围

计划是机关、团体、企事业单位或个人对未来一段时期的工作预先作出打算与安排,以确保完成任务时所使用的一种实用性文书。

计划是该类文书的统称,因计划内容、期限不同,往往使用不同名称。"规划"适用于对长远的、全局性的工作作出整体布局。"方案"则是对某项工作阐述指导思想,并提出具体要求与措施。"设想"只表示对长远工作的一种非正式的、粗线条的构想。"安排""打算"等常用于对近期工作作具体的布置。

二、计划的特点

(一) 前瞻性

计划是对未来活动所作的安排,从活动目标、过程和步骤等各方面进行周密的考虑与预估,力求把握事物发展中可能出现的问题与困难,进而提出可行的办法。

(二) 指导性

计划一经制定,就成为一段时期工作的指南,绝不是一纸空文。好的计划,它能推动今后的工作朝着保质、保量,按时完成的方向进行。

三、计划的类型

(1) 按内容分,有综合计划、专项计划等。
(2) 按性质分,有生产计划、学习计划等。
(3) 按范围分,有国家计划、部门计划、单位计划、科室计划、班组计划、个人计划等。
(4) 按时间分,有年度计划、季度计划、月度计划等。
(5) 按表达形式分,有表格式计划、条文式计划等。

四、计划的写作要领

(一)标题

计划的标题一般用单行式标题,有两种表达形式:其一是完全式标题,由计划单位名称、时间、内容和文种构成,如《××大学2012年下学期工作要点》《××电力局2011年度工作计划》;其二是省略式标题,如《2012年下半年工作安排》。如果是非正式计划,必须在标题下方标明"草案""征求意见稿""讨论稿"等字样。

(二)正文

条文式计划的正文一般由前言、主体、结语组成。

1. 前言

计划的前言简明表述对基本情况的分析,或依据某方针、政策及上级的指示精神,制订这个计划,概括本计划的总任务与总要求等。这是制订计划的基础,力求简明扼要。

2. 主体

计划的主体内容就是计划事项,一般包括目标、措施与要求三项内容,此三者称为计划的"三要素"。目标,即回答"做什么"的问题,可以是总体目标,也可以是具体任务或指标。措施,即回答"如何做"的问题,包括组织分工、进程安排、物质保证、方式方法等。要求,即回答"做得怎样""如何做完"之类的问题,主要是质量、数量、时间上的要求。

计划"三要素"是有逻辑关联的。没有目标,或者目标不明确,措施要求就成了无的放矢;而没有具体的措施,目标就难以实现;有了具体要求,实现目标的效率、质量才有了保证。在写法上,三方面的内容可以进行板块组合,尤其是表述计划的措施与要求时,可以围绕目标展开来写。

3. 结语

计划的结语旨在总结全文,提出希望与号召。有的计划写完计划事项后自然结束,也未尝不可。

(三)署名与日期

计划的正文后要写上制订单位名称与制订日期,如果标题中已标明单位,则只写制订日期即可。

 例文一

共青团湖南省委青农部 2009 年工作计划

2009年,全省青农工作将深入贯彻团的十六届二中全会、全国农村共青团工作会议和团省委十三届三次全委(扩大)会议精神,按照全省青农工作要点,继续深入推进农村共青团工作和建设、深化"青春建功新农村——我们手拉手,共建新农村"主题活动和保护母亲河行动,努力推动我省农村共青团工作实现新发展,再上新台阶。

一、深入学习贯彻团的十六届二中全会精神

深入学习贯彻团的十六届二中全会精神,是2009年农村共青团工作的首要政治任务。我们将组织全省农村各级团组织深入学习贯彻团的十六届二中全会精神,通过培训班、演讲比赛、文艺演出等多种形式把学习贯彻团的十六届二中全会精神与继续学习贯彻团的十六大精神相结合,与深入贯彻落实科学发展观相结合,与全面贯彻落实省团委十三届三次全委(扩大)会议及全国农村共青团工作会议精神相结合,与党政中心工作相结合,切实抓好各项工作的落实;着力于解决农村共青团工作和建设中的重点和难点,认真查找工作中存在的不足,进一步完善工作思路和工作方法,采取有效措施,全面推动全省农村共青团工作实现新的发展。

二、继续推进农村共青团基层组织建设

1. 探索农村基层团组织建设新模式。充分发挥团县委综合协调作用,探索构建以团县委、乡镇团委、村团组织为核心,以县域青年协会、青年中心、专业合作社为延伸的新型组织模式,不断巩固县、乡、村三级团组织体系。加强小城镇、"两新组织"、民营经济园区等农村青年聚集的行业和区域的团建力度,优化组织设置,创新组织模式,努力扩大团组织和工作覆盖面。

2. 加强基层团干部队伍建设。积极参与大学生村干部的推荐选拔、学习培训、指导管理和宣传举荐等工作。推动大学生志愿服务西部计划,让志愿者、选调生担任或兼任乡镇团委书记、副书记和青年中心秘书长,充分发挥他们在农村团的工作中的积极作用。探索乡镇团委班子直选和村团干部海选等方式,配齐配强农村团干部队伍。

3. 加强农村青年专业合作组织等青年组织建设。通过典型示范、政策支持、提供服务等方式,凝聚和培育一批农村青年专业合作社、专业协会等农村青年专业合作组织。发挥好农村青年专业合作组织联系青年、服务青年的作用。

三、深化"青春建功新农村——我们手拉手,共建新农村"主题活动

1. 以扶持农村青年自主创业和城乡结对活动为重点,建设新农村。继续实施"百千万农村青年创业计划",围绕各地支柱产业,结合农村灾后恢复重建工作重点,大力培养农村青年创业致富带头人,完成在全省100个县(市、区)、1 000个乡镇、重点扶持10 000名农村青年自主创业的目标。联合涉农科研院所、金融机构,通过创业项目示范引导、技术辅导扶持、设立创业基金、开展小额贷款等方式,为农村青年创业提供帮助;动员各级杰出青年农民、创业致富带头人以及农业产业化龙头企业,发挥自身优势,开展结对创业活动。积极鼓励引导大学生等有志青年到农村创业和外出务工青年返乡创业。以"乡情、亲情、团情"为纽带,以城乡互助、青年能人帮扶、企事

业单位结对帮扶、名誉村主任等模式,动员各级青联委员、青年文明号、青年企业家、青年科技工作者、青年志愿者等力量及情系乡村发展的社会各界爱心人士和爱心企业,开展"三湘儿女乡村行"等多种形式结对帮扶活动,帮助农村青年增收致富,服务农村社会事业发展。

2. 大力选树农村青年先进典型,培育新青年。积极争取有关职能部门支持,广泛整合社会资源,面向农村青年开展科技培训和职业技能培训。整合城乡青年中心、团内培训机构、青年乡镇(民营)企业家的企业和产业基地,城乡协作,开展订单培训,完成年内培训新型青年农民10 000人以上的目标。选拔具有一定文化素质、技术基础和发展潜力的农村青年,通过到学校学习培训、农业产业化企业挂职锻炼、参观考察等方式,培养1 000名创业致富带头人,形成一支推动农村发展的青年骨干力量。做好全省创业致富带头人等评选表彰工作。

3. 繁荣乡村青年文化,展示新风采。结合民族节日、体育比赛和民间歌会,广泛开展乡村青年才艺风采大赛、歌手大赛、民间工艺品大赛等丰富多彩的青年文化活动,引导农村青年弘扬主旋律,传承民族文化,努力打造乡村青年文化品牌,引导农村青年推广科学文明的生产生活方式,促进农村基层民主政治实践和社会治安综合治理。

四、深化保护母亲河行动

1. 以节水爱水为主题,开展资源节约、生态环保的宣传实践活动,引导教育青少年牢固树立生态文明观念。联合省环保局、省水利厅等单位联合开展以"珍爱生命之水,共建生态文明"为主题的保护母亲河实践活动。

2. 以青少年生态环保社团为重点,培育和壮大保水护水的青少年绿色队伍。做好青少年生态环保社团和绿色(环保)志愿者注册工作,广泛联系、凝聚一批青少年生态环保社团和绿色(环保)志愿者开展生态环保活动。进一步聘请保护母亲河顾问团、专家团、记者团、爱心使者,充分发挥其作用,为保护母亲河行动的发展提供人才保障。逐步形成以青年志愿者为基础,青少年生态环保社团为中心,民间生态环保组织为外围,各行业专家、知名人士广泛参与的青少年保水护水的绿色队伍体系。

3. 以抓保护母亲河工程项目为重点,严格做好各项工作,积极争取新的工程项目。继续做好解放军青年万亩林的建设工作,严格按照工程要望书的要求实施,配合好团中央和解放军总政治部的检查验收工作,争取第三期工程建设如期完工。继续做好"中日青年湘阴生态绿化示范林"二期工程的建设工作,大力争取"小渊基金"在我省设立新的环保工程项目。

(选自 www.cryn.net.cn)

【简析】 这是一份年度工作计划。该计划的前言表明制订计划的依据与目的,简短而有概括力。主体部分具体表述目标与任务、办法与措施,可谓"有的放矢"。同时,正文中第三部分的计划事项写得较为详尽,可谓详略得当。

例文二

2012年中央企业工会工作要点

2012年是实施"十二五"规划承上启下的重要一年,下半年将隆重召开中国共产党第十八次全国代表大会。面对新形势新任务,中央企业工会工作的总体要求是:以邓小平理论和"三个代表"重要思想为指导,深入贯彻落实科学发展观,认真学习贯彻中央以及全国总工会、国资委党委关于工会工作的方针政策和工作部署,贯彻落实中央企业负责人会议和全国总工会十五届六次执委会精神,学习宣传实践中国特色社会主义工会发展道路,围绕做强做优中央企业、培育具有国际竞争力的世界一流企业这一中心任务,以建设一流职工队伍,创建和谐发展环境为工作目标,以激发创造活力为重点,深入实施职工素质、企业民主管理、职工关爱、创新创效、党群共建工程,广泛开展"面对面、心贴心、实打实服务职工在基层"活动,努力提升中央企业工会工作科学化水平,以优异成绩迎接党的十八大胜利召开。2012年中央企业工会工作要点如下:

一、统一思想,提高认识,深入学习实践中国特色社会主义工会发展道路

1. 深入学习贯彻党的十七届六中全会、中央经济工作会议精神、中央企业负责人会议和全国总工会十五届六次执委会精神。通过举办中央企业工会干部学习活动、形势报告会、研讨班等,推动职工群众和工会干部队伍深入学习党的十七届六中全会精神、中央经济工作会议精神,以及国资委、全国总工会有关重要会议精神,抓好中央企业"十二五"规划纲要的落实,把思想统一到保增长、保稳定上来,工作重心要集中到推动企业转型升级、降本增效和风险管控等重点任务上来,进一步激发昂扬向上、奋发有为的精神状态,增强新形势下中央企业工会工作的责任感和使命感。

2. 精心策划、周密部署迎接党的十八大胜利召开的各项工作。以各种形式深入宣传中国特色社会主义道路、理论体系和制度,深入宣传中央企业广大职工在党的领导下为全面建设小康社会作出的卓越功绩,深入宣传职工中优秀共产党员和劳动模范的先进事迹和高尚品质,大力弘扬工人阶级的伟大品格和劳模精神,积极培育劳动光荣、知识崇高、人才宝贵、创造伟大的时代新风,团结动员广大职工以优异成绩迎接党的十八大胜利召开。在党的十八大胜利召开后,要按照中央和国资委党委的要求和部署,结合企业实际,认真学习宣传贯彻党的十八大精神。

3. 深入学习、广泛宣传、积极实践中国特色社会主义工会发展道路。把学习这条道路作为中央企业工会干部培训的重要内容,各级工会组织和领导干部要在把握科学内涵和精神实质上下功夫;要着力研究、勇于破解制约中央企业工会工作创新发展的难题和瓶颈,把这条道路的基本要求落实到各项工作中去。

4. 广泛深入开展"面对面、心贴心、实打实服务职工在基层"活动。围绕这一活动,面对面地与职工交流,倾听职工意见、反映职工诉求,增强工作的主动性、针对性;心贴心地做职工思想工作,了解实情、释难解惑,增进感情;实打实地为职工和企业服务,出实招、办实事,促进企业发展、维护职工权益,保持职工队伍稳定、促进社会和谐。国资委将以座谈会、交叉检查和走访调研的方式进行工作督导,并于年底对活动

情况进行总结。

二、服务中心,激发活力,围绕企业改革发展中心任务做贡献

5. 深入学习和大力推广宝钢"蓝领创新"工作经验,广泛开展技术革新、技术攻关、发明创造、合理化建议等职工经济技术创新活动。扩大小发明、小改造、小革新、小设计、小建议的职工参与面,加强技术培训,组织技术比武,促进职工技能水平提升。提升自主创新能力,促进创新型班组、创新型企业建设。组织开展好职工职业技能大赛,促进高技能人才培养和职工技能水平提高。国资委群工局拟于今年9月召开中央企业深入推广宝钢"蓝领创新"工作经验交流座谈会,印发有关深入开展职工经济技术创新活动的指导意见,举办中央企业职工技能大赛。

6. 大力推进班组建设,夯实企业管理基础。进一步加强工作指导,建立和完善工作机制,加大表彰奖励力度,宣传推广班组建设典型经验,推动基层班组管理创新实践,提升班组管理能力。要进一步抓好班组长通用管理能力远程培训项目,采用构建班组长胜任力模型等管理科学方法,进一步提高班组长培训工作的针对性和有效性。今年,国资委群工局将继续做好优秀班组长赴境外培训工作。国资委群工局将编印《中央企业班组建设文件选编》等工具书。

7. 按照"创先争优"活动的要求,认真贯彻落实《中央企业劳动竞赛指导意见》,广泛深入地开展职工劳动竞赛活动。组织动员广大职工紧紧围绕加快转变经济发展方式、推动产业结构优化升级,广泛开展多种形式的劳动竞赛。国资委将印发《中央企业劳动竞赛指导意见》,并采取适当方式,加强对中央企业劳动竞赛活动的指导。

8. 做好劳模管理和评选表彰工作。加强劳模选树和培育,开展好劳模的推荐、评选、表彰和宣传工作,充分发挥劳模的示范引领作用。组织劳模疗休养,做好全国劳模专项补助资金发放,积极推动企业落实省部级劳模相关待遇。探索建立集团公司劳模管理平台,积极推进劳模管理服务工作电子化。国资委将于今年6月份集中开展中央企业劳模培训和疗休养活动。

9. 加强女职工工作。推进《中国妇女发展纲要(2010—2020)》的实施,进一步加强中央企业女职工工作,切实保障中央企业女职工权益。贯彻落实中央企业女领导干部座谈会精神,研究起草《关于进一步加强和改进中央企业女职工工作的意见》。以"为民服务创先争优"活动为载体,深入开展"巾帼建功"活动,充分发挥中央企业女职工的工作积极性和创造性,为实现做强做优中央企业,培育具有国际竞争力的世界一流企业目标做贡献。协助全国妇联组织开展2011年度经济女性人物评选活动和全国女性书画摄影大赛。积极向全国妇联推荐表彰"全国三八红旗手(集体)"等先进集体和个人。

三、完善制度,加大力度,深化企业民主管理,积极构建和谐劳动关系

10. 深化创新厂务公开民主管理工作。进一步提高职代会,特别是集团公司职代会的建制率。已建立集团公司职代会的企业,要进一步完善各项工作制度,落实好职代会各项职权,并加强指导,确保二级企业职代会建制率达到100%。结合实际开展创建厂务公开民主管理示范单位活动,完善厂务公开民主管理运行标准和工作程序,推进厂务公开、职代会和职工董事职工监事制度化、规范化、法制化建设。国资委群工局将编印《中央企业厂务公开民主管理法律法规汇编》,并以参加第七次全国厂务公开民主管理调研检查活动为契机,对未建立集团公司工会组织和职代会的企业进行调研督导。

四、履行基本职责,关爱企业职工,积极开展困难职工帮扶工作

11. 促进送温暖活动和帮扶工作创新发展。今年,要以工会组织送温暖活动开展20周年为契机,深入开展元旦春节送温暖活动等帮扶困难职工家庭的工作,进一步研究提出加强和改进工会帮扶工作的措施办法,加强帮扶资金的管理,努力实现工会帮扶工作常态化、长效化。国资委群工局拟于今年4月份召开中央企业职工帮扶工作座谈会。

12. 积极参与做好维稳工作。参与建立和完善企业预防预警、信息报送、应急处理和舆论引导等维稳工作机制,及时了解职工队伍稳定情况,要参与对重点地区、重点行业、重点企业和特殊职工群体不稳定因素的调研排查工作,加强与相关职能部门的沟通合作,严密防范敌对势力渗透破坏活动,坚决维护职工队伍稳定。

五、切实做好职工思想政治工作,建设先进职工文化

13. 团结凝聚广大职工,加强和改进职工思想政治工作。要以开展职工思想主题教育活动和组织劳模巡回报告等方式,引导广大职工学习践行社会主义核心价值体系,在职工中广泛深入开展社会公德、职业道德、家庭美德和个人品德教育。要深入调研职工思想状况,及时准确掌握职工思想动态。

14. 发挥工会组织特点和优势,弘扬先进,凝心聚力。大力弘扬雷锋精神,广泛深入开展学雷锋活动。结合企业改革发展和生产经营,广发开展"岗位学雷锋、争做好员工"活动,努力把雷锋精神转化为企业精神和企业文化。充分发挥各企业郭明义爱心团队的作用,广泛开展各种志愿服务活动,努力为职工群众办实事、做好事、解难事。国资委群工局将推动中央企业开展优秀职工典型的学习宣传活动。

15. 积极组织开展职工文体活动。积极倡导各中央企业广泛开展各具特色的企业文体活动。加强企业职工文体协会的建设,发挥企业体协、文艺俱乐部等工会文化阵地作用。国资委群工局指导有关中央企业举办第六届中央企业乒乓球比赛。

六、不断推动工会工作改革创新,努力提高工会工作科学化水平

16. 强化工会自身建设。加强集团公司工会组织和职代会建设,进一步提高集团公司工会和职代会建制率。进一步加强工会领导班子建设,提高领导班子成员的政治素质,做到讲党性、重品行、作表率。按照有关法律法规和国资委、全国总工会提出的要求,切实加强基层工会制度化、规范化建设。进一步完善和规范工会会员(代表)大会制度,深入开展职工之家创建活动。做好推荐工人先进模范党员作为党的十八大代表人选相关工作。国资委群工局将于今年9月份举办中央企业工会主席和职工董事培训班。积极探索中央企业工会工作总结表彰的具体形式和办法,以推动中央企业工会工作创先争优。于明年2月份召开中央企业工会工作会议,总结2011年工作,研究安排2012年工作。

17. 探索新形势下工会工作重要理论和实践活动问题。把握职工队伍变化状况、特点,分析发展趋势,提出有关对策建议。加大马克思主义工运理论以及劳动法律、就业工资、保障、劳动关系等问题研究力度,在理论上、思想上和工作上做到与时俱进、改革创新。建立健全规划编制、课题选择、调研组织、论文评审、成果运用、绩效激励、经费保障等机制,建设高素质工会理论研究队伍,打造更多的工会理论研究精品力作。国资委群工局拟在《群众工作通讯》上,逐期编发中央企业提升工会工作科学化水平的理论文章和典型经验,年底汇编成集。

今年是我国发展进程中具有特殊重要意义的一年。中央企业各级工会组织和广大工会干部务必坚定信心、开拓进取、扎实工作,团结动员广大职工在推进中央企业改革发展和服务广大职工全面发展中做出新的更大的贡献!

(选自 www.sasac.gov.cn)

【简析】 这是一份工作要点,对短期内的工作从6大方面作了安排,具体要求与措施共列17条,计划正文的"三要素"表达较具体。写作这类计划,须注意条款中的具体要求与工作目标在外延上的一致,以免造成逻辑紊乱。

第三节　总　　结

学习要点
1. 总结的适用范围
2. 总结的特点
3. 总结的写作要领

能力要求
1. 能运用叙述与议论相结合的表达方式来处理总结的材料
2. 结合自身的情况写一份总结

一、总结的概念

总结是单位或个人对以往某一时限内的某项工作加以总回顾、总分析,找出经验和教训,引出规律性的认识,进而指导今后工作的一种事务性文书。常用的小结、体会实际上也是总结,只是所反映的内容较简单,经验不够成熟而已。

总结是机关、部门或个人改进工作方法的重要途径。

二、总结的特点

1. 自评性

从总结的写作内容来看,它局限于本系统、本单位或本人在以往某阶段的活动,对实践中的成功经验与不足予以分析评价,并得出相应的认识结论,这就是一种自我评价。

2. 说理性

总结不仅要概述工作情况,举出确凿事例,更要揭示理性认识。能否进行理性分析,能否找出带有规律性的东西,是衡量一篇总结写作优劣的重要标准。一些单位的工作总结往往只罗列做了些什么,或采取了哪些措施与办法,缺少分析与思考,因而显得较粗浅。

3．指导性

好的总结是对自身工作实践的深入分析与评估，所得出的认识结论对今后的工作是有指导意义的。尤其是专题总结，它的针对性更强，对专项工作有非常重要的指导作用。

三、总结的类型

总结的分类方法与计划相似，可按性质、内容、时间、范围等来划分。按写法和内容，把总结划分为综合性总结和专题性总结两大类。

（1）综合性总结是对工作进行全面总结。既要概述工作中的成功经验与存在的问题，还要举出较为具体、有力的事例。但不能面面俱到，要有所选择，突出主要工作和重要经验。

（2）专题性总结是对一定时期的某项工作或某一方面的问题进行专门性总结。这类总结往往偏重于总结某一方面的成绩、经验，其他方面则可少写或不写。

四、总结的写作要领

总结一般由标题、正文、落款三部分组成。

（一）标题

常见的标题形式有两种：

1．公文式标题

公文式标题由"机关名称＋时间＋事由＋文种"组成，如《××市财政局2011年工作总结》，也可省略机构名称或时间，如《2011年上半年工作总结》《××厂工作总结》等。

2．新闻式标题

新闻式标题又称为文章式标题，旨在亮出观点，引人注意。它分为单行式标题与双行式标题两种。

单行式。单行式标题须点明该总结的中心，如《建设企业文化是加强和改进企业思想政治工作的必由之路》。

双行式。双行式是主标题加副标题，主标题概括总结主题，副标题补充说明。如《加强医德修养，树立医疗新风——南方医院惠侨科精神文明建设的经验》。

（二）正文

总结的写作结构因内容不同可作不同安排。就综合总结而言，一般采取总分式，首先概述总的情况，然后分若干项主要工作——进行总结。在每一部分对每一项工作进行总结时，同样要求把做法、成绩、经验、教训等有机地结合在一起写。这种写法力戒就事论事，要在分析中提炼出带有理论性的观点；同时要求材料翔实，主次分明，切忌面面俱到。

专题总结的写法则相当灵活，一般以总结内容的逻辑性来布局，各部分之间则体现出某种逻辑关系，或以主次为序，或以轻重为序，或以因果为序，等等。表达方式多夹叙夹议。

（三）落款

以主要负责人的名义所作的总结，署名在标题下；以单位名义进行的总结署名可在标题下，也可在文末；若标题中出现了单位名称或时间，则可省略署名；总结日期可加括号放在标题下，也可不加括号放在文末。

 例文一

共青团湖南省委青农部2008年工作总结

2008年青农部在团省委党组和团中央农村青年工作部的正确领导下,在各兄弟部室和各级团组织的大力支持下,认真贯彻落实全国农村共青团工作会议和团省委第十三届二次全委(扩大)会议精神,按照"大团建、大调研、大维权、大服务、大活动"的总体要求,区域化推进农村共青团工作和建设,坚持党建带团建,以"组织建设、队伍建设、机制建设"为重点,完善区域化农村共青团组织格局。以"新农村·新青年·新风采"为主题,深化"青春建功新农村——我们手拉手,共建新农村"主题活动,在服务新农村建设和发展、促进农村青年增收成才、推动农村和谐社会建设上取得了新成效。以"节约水资源,保护水环境"为重点,紧紧围绕灾后重建和"两型社会"建设,注重环保宣传,弘扬生态文明,培育绿色队伍,打造品牌项目,推动保护母亲河行动迈上新台阶,整体活跃了全省农村共青团工作。

一、以区域化推进农村共青团工作和建设为主题,推动了农村共青团工作和建设实现新发展

青农部按照团中央区域化推进农村共青团工作和建设思路,坚持党建带团建,以县域为主要工作区域,强化县域资源整合,加强团县委的领导和统筹能力,发挥乡镇团委的基础作用,积极探索新时期活跃农村共青团工作的新路子,逐步建立起与经济社会发展相适应,与农村青年群体分布相协调的区域化推进农村共青团工作和建设的组织格局、项目载体及机制保障,推动农村共青团工作和建设实现新发展。

1.召开了全省农村共青团工作会议,安排和部署区域化推进农村共青团工作和建设。为落实全国农村共青团工作会议提出的"区域化推进农村共青团工作和建设"的总体思路,安排和部署全省青农工作,3月31日,我们召开全省农村共青团工作暨"青春建功新农村——我们手拉手,共建新农村"主题活动推进会议。会议根据当前的形势及农村共青团工作的特点,就如何区域化整体推进农村团的工作,实现团的工作城乡统筹协调发展提出了要求,会议要求全省青农工作要以服务社会主义新农村为主线,以"新农村·新青年·新风采"为主题,以深入推进"青春建功新农村——我们手拉手,共建新农村"活动为载体,以增强县级团委的统筹和运转能力为核心,巩固团县委在农村团工作的主体地位,发挥乡镇团的基础作用,上下联动,城乡互动,在县域范围内重点实现"工作部署、活动开展、组织建设、资源配置"四个方面城乡统筹,区域化整体推进农村团的工作和建设,走出一条农村共青团工作城乡统筹协调发展的新路子。

2.建立了区域化推进农村共青团工作和建设首批联系点。全省农村共青团工作会议结束后,为积极探索区域化推进农村共青团工作和建设的方式和途径,推动全省区域化推进农村共青团工作和建设的深入开展,青农部下发了《关于开展区域化推进农村共青团工作和建设首批联系点工作的通知》,并在各市州自行推报的基础上,从中确定14个县(市、区)作为全省首批区域化推进农村共青团工作和建设联系点。

3.召开了区域化推进农村共青团工作和建设现场会,全省农村共青团基层组织

建设得到了加强。为切实做好区域化推进农村共青团工作和建设,加强团的基层组织建设,我们在常德市开展了乡镇团委书记公推直选试点工作,按照坚持党管干部的原则,不拘一格选人才的原则,公开、公平、公正,竞争、择优的原则在临澧县合口镇开展了公推直选镇团委书记、副书记、委员试点工作并召开了区域化推进农村共青团工作和建设现场会。通过公推直选试点,进一步加强了农村共青团基层民主建设,增强了基层团组织对团员青年的吸引力和凝聚力,促进了基层团工作的整体活跃,提高党建带团建的工作水平,为全省乡镇团委公推直选提供了宝贵的经验。随后,邵阳市、益阳市、湘潭市、张家界市、长沙市、衡阳市等市的直选试点工作都开展得有声有色,14个市州农村共青团基层组织建设得到了加强。

二、以"新农村·新青年·新风采"为主题,深化了"青春建功新农村——我们手拉手,共建新农村"主题活动

以"新农村·新青年·新风采"为主题,广泛整合各种社会力量,着力培养新型青年农民、丰富农村青年文化、服务农村困难青年、促进农村公共事业发展、创新青年组织形式,积极服务社会主义新农村建设。

1. 开展了"农村青年转移就业服务月"活动。下发《关于开展"农村青年转移就业服务月"活动的通知》。《通知》下发后,各级团组织迅速行动起来,一是抓宣传,引导农村青年树立正确的就业观念。抓住春节期间外出务工青年返乡的时机,按照"组织化发动、市场化运作、规模化转移、一体化服务"的工作机制,充分利用广播电视、报刊、互联网、宣传栏等阵地,通过举办座谈会、经验交流会、外出务工返乡青年典型表彰会、图片展览、联欢会、节日集会等青年喜闻乐见的形式,大力宣传转移就业的重要意义和农村青年转移就业的典型事迹,帮助引导农村青年树立正确的就业观念。二是抓服务,帮助农村青年就业创业。通过发放调查问卷、慰问信,召开座谈会等方式,了解本地农村青年就业状况,做好求职信息采集,并主动到工商企业、建设工程、社区等了解用工需求信息,多渠道收集真实可靠的劳务用工信息,在长沙市宁乡县举办了农村青年大型招聘会,有计划、有规模地组织农村青年转移就业1 300余人。长沙市、常德市、郴州市、衡阳市、岳阳市、益阳市、怀化市、娄底市、湘西自治州等市州团委积极服务农村青年就业创业,全省14个市州全年共帮助17 000多名农村青年就业创业。三是抓基地,大力培训农村青年。联合有关部门,借助社会力量和资源,按照市场化、规范化、事业化发展的原则,命名了"衡南县职业中等专业学校"等21个青年农民培训基地为湖南省青年农民培训工程示范基地,全省14个市州各级团组织通过各种形式共培训农村青年36 800多人,为农村青年成长成才提供了实实在在的服务。四是抓维权,切实为农村青年进城务工提供帮助。为及时解决农村青年外出务工思想、工作、生活上的实际困难,我们对进城务工青年的情况进行了广泛、深入的调查,认真倾听了进城务工青年的心声,详细了解了进城务工青年的学习、工作、生活等方面的情况,并形成了调查报告,向省直有关厅局提出了建议,维护了进城务工青年的合法权益。我们和省移动公司联合编印了150万册《进城务工青年服务手册》,并组织志愿者在农村集镇、车站、码头、售票服务窗口等地进行广泛宣传和发放,有效地服务了进城务工青年。

2. 开展了湖南省第十届乡村青年文化节活动。下发了《关于开展第十届"湖南乡村青年文化节"的通知》,各市州团委按照《通知》要求,制定了活动详细的实施方案,以县(市、区)为单元精心组织,县、乡、村层层发动,迅速在全省掀起了农村青年文化活动高潮。一是举办乡村青年文化节启动仪式。在长沙市宁乡县横市镇界头村举行了"宣传贯彻十七大,共建美好新农村"第十届湖南乡村青年文化节启动仪式,启动仪式现场演员们用花鼓戏、小品、相声、舞蹈等多种艺术形式向大家宣传了党的十七大精神,生动体现了农村的新生活,展示了农村青年朝气蓬勃的精神面貌。二是开展宣传党的十七大,促进农村新发展活动。元宵节当日,青农部在湘潭县河口镇发放了《农村青年学习十七大精神简易读本》,并组织现场群众开展党的十七大知识猜灯谜、有奖问答等活动,把十七大知识用农民喜闻乐见的形式展示出来,受到了农村群众的热烈欢迎。三是开展弘扬文明新风活动。依托全省农村青年中心,积极开展环境整治、卫生扫除、绿化美化等活动,推广科学、文明、健康的生产生活方式。各青年中心在春节前后,组织团员青年以村镇街道、农贸市场、商业街区等群众经常聚集的活动场所为重点,清理乱堆乱放易燃物品、拣拾白色垃圾、卫生扫除、清洁消毒、绿化美化等环境整治活动。使当地面貌焕然一新。四是表彰了文化节活动先进个人和集体。团省委下文表彰了团长沙市委等5个"湖南省乡村青年文化建设先进单位",共青团长沙县委等27个单位"湖南省乡村青年文化节10周年组织奖",授予易辉洪等25名同志"湖南省乡村青年文化节10周年贡献奖",命名《周末我登台》才艺展示活动等25个项目为"湖南省乡村青年文化节10周年优秀活动项目"。因我省乡村青年文化活动内容丰富,节目精彩,组织得力,团省委被评为"全国乡村青年文化建设先进单位"。

三、以"珍爱生命之水,共建生态文明"为主题,深入开展了保护母亲河行动

在省保护母亲河行动领导小组成员单位的大力支持下,我省开展保护母亲河行动在实施的内容上实现了以植树造林为主到全面参与生态环境建设的转变;在参与的主体上实现了由单一组织发动青少年到以青少年为主,牵动广大社会公众的转变;在项目运作方式上实现了由单一投入、管理为主向社会筹资、项目化推进、社会化运作的转变。探索出了一条群众性、基础性、公益性的生态环保工作新路子,在社会上引起了较大的反响。

1. 加强活动领导,全力改善工作环境。3月份,青农部召开了省保护母亲河行动领导小组会议,总结了去年的工作,对今年的保护母亲河行动做了全面的安排部署,进一步加强了各成员单位之间的协作配合,形成齐抓共管、资源共享的大好局面。同时,湖南省保护母亲河行动领导小组还积极向党政领导汇报,争取把保护母亲河行动纳入我省生态环境建设的总体规划和工作部署中,并邀请到了省委副书记、省长周强、省委副书记梅克保、副省长刘力伟、省政协副主席阳宝华、省军区政治部主任刘新等领导任省保护母亲河行动领导小组顾问。原省委常委、宣传部部长蒋建国也亲自参加了我们组织的"同饮湘江水,共造平安林"保护母亲河公益植树活动。

2. 注重营造声势,努力提高社会意识。我们充分利用各种节庆日和重大活动、重大事件,紧密围绕党政中心工作,广泛开展了一系列的主题宣传教育实践活动,逐步提高保护母亲河行动的社会影响力。我们紧紧对接我省灾后重建工作,与省林业厅、湖南交通频道共同主办了"同饮湘江水,共造平安林"保护母亲河大型公益活动,通过广泛发动社会力量,在湘江流域长沙、衡阳、株洲、湘潭、岳阳、郴州、永州、娄底8个市种下了平安树，建起了11片平安林，并充分利用媒体的宣传优势对保护母亲河行动进行为期三十天连续宣传；与省农业厅、省畜牧水产局、长沙市人民政府、株洲市人民政府、湘潭市人民政府共同开展了"全省春季禁渔暨长株潭湘江渔业资源养护联合行动"，在湘江流域开展渔业资源养护行动，实施湘江春季禁渔，增加鱼类种群规模、保护生物多样性、改善水域环境和生态条件、维护生态平衡；组织全省16家高校大学生环保社团开展"传递节能接力，共迎绿色奥运"大型环保宣传活动，通过模拟奥运火炬传递方式，免费发放环保购物袋，举行环保书画展等活动，向社会宣传环保知识，倡导节能减排；广泛组织青少年志愿者进社区、进街道，开展讲解节能减排知识、植树护绿、清除白色垃圾、回收废电池等宣传和实践活动；举行了"保护母亲河行动——中日青年湘阴生态绿化示范林"一期工程启动仪式。通过这些活动对社会公众进行面对面的宣传，使保护母亲河行动深入人心。

3. 坚持社会化运作，大力筹集活动资金。在省保护母亲河行动领导小组的努力下，成立了保护母亲河行动湖南专项基金。为了筹集资金，省保护母亲河行动领导小组通过开展"同饮湘江水、共造平安林"保护母亲河公益活动，在湘江流域八市开展"心愿树，平安林"活动，发动有车家庭、爱心人士、爱心企业认捐心愿树，共造平安林。在活动开展的短短20天里，共有1 000余位社会人士、近30家企业、团体参与认捐，认捐金额达638 000元，充实了活动基金，有力地保证了活动顺利开展。我们认为社会化运作，既使得保护母亲河行动深入人心，又使得企业在社会公众中树立了良好的形象，实现了企业与公益事业有机的紧密结合，它的经验是值得以后开展活动借鉴的。

4. 认真做好工程建设，积极打造精品项目。一是继续实施好全国保护母亲河行动解放军青年万亩林——怀化项目和邵阳项目，组织农业、林业、水利专家，加大了指导力度，力争把项目打造成湖南、甚至是全国的明星工程。二是继续加大对保护母亲河行动——中日青年湘阴生态绿化示范林工程指导力度，组织农业、林业、水利专家对工程进行了实地考察和加强对湘阴项目的技术指导。

一年来，全省青农工作得到了团中央和社会各界的好评，全国及省、市各大媒体纷纷报道了我省的青农工作，人民日报、中国青年报、新华社、中央电视台、湖南卫视、湖南经视、湖南公共频道、湖南日报、潇湘晨报、人民网、新华网、中青网、中国共青团网、红网、湖南青年在线等几十家新闻单位都多次报道了我省农村共青团工作，营造了良好的舆论氛围，有力地推动了全省青农工作的开展。2008年，全省青农工作虽然有了一定的成绩，得到了一定的发展，但离团中央和团省委党组的要求以及全省农村青年的期盼仍有一定的差距，主要表现在统筹资源不够多、服务水平不够高、工作力度不够大、调查研究不够深等方面，今后，我们将努力加以改进，扎实工作，大胆创新，以推动全省青农工作实现新发展，再上新台阶。

（选自 www.cryn.net.cn）

简析 这是省直机关一个部门的年度工作总结，它对过去一年所取得的成绩进行了总回顾与总评价，处理材料有点有面，主次分明；表达方式有叙有议，理据自见。不足的是，作为一份综合总结，有必要涉及工作中的问题与教训，除非撰写成功经验的总结。但成功经验的写作不宜套用综合性总结的写法，它更具灵活性。

 例文二

民政局社会管理创新工作总结

近半年来,我局在市委、市政府的正确领导下,在上级民政部门的关心指导下,按照省综治委《关于开展社会管理创新工作试点的通知》(×综治委〔2010〕17号)的文件要求,从加强民政事务管理的工作实际出发,立足岗位,发挥职能,认真实践,积极探索,创新管理,推进发展,促进社会管理和谐进步。

一、大力完善社会保障体系,夯实"社会管理创新"基础

坚持以民为本,关注社会弱势群体,以提高社会救助能力为抓手,不断完善社会保障网络建设,发挥民政工作构建和谐社会"稳定器"作用。

一是加强城乡低保。根据市政府统一要求,城乡低保标准进行了多次调整,及时将符合条件的困难居民纳入城乡低保范围。今年全市享受城镇居民最低生活保障2 323户、5 083人,占全市非农业人口的3.45%,城镇居民最低生活保障标准325元/月,人均月补差132.49元,年发放低保救助资金773.28万元;全市农村享受低保户7 797户、17 422人,占全市农业人口的2.98%,现全市低保人均月补差61.67元,年发放低保救助金1 291多万元。

二是扩大社会救助。今年1月1日起开始实施城乡医疗救助办法,进一步扩大家庭医疗救助覆盖面,增强医疗救助的及时性,提高医疗救助水平。去年全市共资助城乡低保户、五保对象、五老人员共1.93万人参加新型合作医疗保险,为552人次发放了医疗救助补助金,共计103.5万元,基本解决了城乡低保家庭困难人员看病难、医疗难的问题。认真做好重度残疾人生活补助资金发放工作,于去年11月底将城乡重度残疾人的生活补助资金发放到对象手中,城镇重度残疾每人每月补助70元,农村重度残疾人每人每月补助50元,对全市有重度残疾对象5 818人发放生活救助金达334万元。

三是加强临时救助。全市临时救济2 501人次,发放临时救济补助金52万元;为流浪乞讨、临时遇困人员发放路费503人次共15 248元;全年为558名困难家庭大学生提供助学等必要相关手续证明。为应对物价上涨,在第四季度和2011年第一季度为城乡低保对象发放临时物价补贴共计169万元(城市每人每月20元,农村每人每月10元)。春节前夕,配合有关部门给我市城乡低保对象、农村五保对象、重点优抚对象、革命"五老"等困难群体发放一次性生活补贴共计320.3万元。

四是提高五保供养。全市农村五保户1 751人,作为"民生工程"任务之一,从7月1日起每人每月增发90元,月发200元,年发放供养金325.68万元,现采取社会化方式发放到每个五保户手中。

二、着力规范社会事务管理,提升"社会管理创新"水平

加强推进规范化管理,促进社会发展,发挥民政工作构建和谐社会"助推器"作用。一是加强婚姻、收养登记工作的规范化建设。去年共办理结婚登记的6 290对,离婚登记的540对。加强应急管理,在情人节、七夕节、10月10日等具有特殊意义的日子,满足适婚青年喜结良缘的美好愿望。规范和加强收养登记工作,今年共办理

收养登记的44对,帮助解决了社会上一些无能力生育群众的家庭幸福问题,维护了当事人特别是被收养儿童的合法权益;将35个社会弃婴的户口落户到福利院,使他们"有家可依",帮助这些孩子解决了今后可能面临的就学、就业、医疗救助等问题。二是加强民间组织登记管理。全市社团、民办非企业单位的登记合格率100%。去年共新办理社团组织6个、民非组织8个。三是巩固殡葬改革成果。我市殡改工作,连年来一直位于全省的先进行列。去年全市死亡遗体火化4 802具,实现殡葬火化率和骨灰寄存两个百分之百。为切实有效减轻群众负担,市政府又出台了一项惠民新举措,从1月1日起,对全市死亡人口实行免收基本火化费,全年市财政投入资金580多万元。进一步规范公益性公墓的用地和收费标准的管理,制定了乡(镇)骨灰堂(公益性公墓)管理规定,对各乡镇骨灰堂(公益性公墓)的墓穴用地面积和收费标准进行明确规定。

三、致力推进社会协调并进,确保"社会管理创新"实效

认真落实惠民政策,协调社会利益关系,发挥民政工作构建和谐社会"调节器"作用。

一是推动基层组织建设。认真抓好农村村务公开和基层民主政治建设,指导城市社区居民委员会建设,加快全市文明社区建设步伐。加强民政信访和人大建议政协提案办理工作。认真贯彻落实《信访条例》,进一步规范了信访秩序,严格办结时限,及时解决了群众反映的实际问题;加大了疑难信访问题办理力度,组织专门班子对缠访、集体访实行了包案处理;领导带头办信访,较好地维护了社会稳定。

二是加强双拥创建工作。全面落实拥军优属各项优待政策,认真做好节日期间驻扎军队、现役军人家属等各类优抚群体的慰问工作。认真做好在乡老复员军人、残疾军人、烈士家属等重点优抚对象优抚资金的发放工作。全市现有抚恤补助对象达2 343人,全年共发放各类抚恤金1 212.56万元。为42名自谋职业退役士官和城镇退役军人发放一次性安置补偿金合计114.74万元。为242名重点优抚对象住院看病解决医疗救助费共52.71万元。高度重视做好军队退役人员特别是参战人员稳控工作,建立健全了军队退役人员矛盾纠纷排查调处机制和联席会议制度,主动协调各方面的力量,按照属地管理的要求,精心做好摸底排查,全力化解各种矛盾。拓宽就业渠道,促进复员退伍军人就业。组织复员退伍军人参加省复退军人培训中心免费技能培训,提高复员退伍军人就业率。

三是推进老龄事业发展。全市已创建36个老龄工作示范村,建立健全各项规章制度和工作活动制度。不断完善老年活动阵地建设,目前,全市村(居)老年协会已有办公室272间、活动室501间,室外活动场所161个,新办老年学校10所。为6 000名新增老年人免费办理和换发《××省老年人优待证》。去年市政府共拨款28万元,用于慰问全市1 211名90岁以上老人和100名特困老人,继续为24名百岁老人每人每月发放200元的长寿营养补贴。实施好农村幸福园建设项目,去年完成了5个幸福园的建设任务,提高全市集中养老水平。

四、努力加强民政队伍建设,建好"社会管理创新"平台

立足服务基层群众,关心基层群众,认真履好职责,维护社会安定稳定,发展民政工作构建和谐社会"共振器"作用。

一是加强组织领导。认真履行综治责任制,抓好"社会管理创新"工作,作为全局工作的一项重要工作来抓,健全领导机构,成立专门领导工作小组,成员由局领导成员和直属单位负责人共9名组成。党总支书记、局长吴×担任组长,亲自抓,负总责,为第一责任人;由分管党总支副书记、副局长庄××担任副组长,分工管,具体抓,为主管领导具体责任人;下设办公室,主任由庄××兼任,具体负责日常工作;3位副局长分3条线管三大片具体抓,形成局领导分工抓,上下齐抓共管,综治一步到位,责任到人,思想到家,做到一级抓一级,层层抓落实。结合"五五"普法,加强对社区单位和居民法制宣传教育,切实增强群众的法制观念。

二是健全工作机制。结合民政部门的职责,不断完善内部管理的各项规章制度和依法行政的有关规定,结合行风建设和评议,开展创安、创优服务活动,并将责任分解到机关各科室,落实到岗位,细化到人,做到职责明确,制度健全,责任落实。建立每月召开一次矛盾纠纷排查调处制度,正确处理人民内部矛盾,积极化解内部矛盾和不稳定因素;每季度召开一次稳定分析会制度,针对本单位、本行业治安问题、安全生产和不稳定因素进行阶段性的部署和组织专项治理、专项整改,及时解决突出问题,始终保持下情上报,上情下达,及时掌握各种倾向性、苗头性问题,做到早发现、早控制、早采取措施、早化解矛盾,增强了综治维稳工作的实效,确保信息渠道畅通。进一步修订完善应急处理方案,并认真组织了演练,进一步健全完善了处置集体上访、异常上访和群体性事件的各项工作措施,确保应急处置工作能够随时启动并顺利进行。健全节日值班制度,每逢"清明""端午""五一""中秋""国庆"和"春节"等重要节日,我局都坚持全体干部职工轮流值班,由局领导带班,确保节日的安全。

三是落实责任追究。结合本局实际,研究制定了《××市民政局抓好社会治安综合治理工作实施意见》,印发各直属单位贯彻执行。由局长第一责任人亲自在民政系统大会与直属5个单位领导第一责任人签订责任书,立军令状。把建设平安单位、落实综治目标责任制列入年终班子考核的重要内容,实行半年检查初评,年终总结评比,做到常年的建设"平安单位"与文明建设、经济、业务工作一起部署,一起检查,一起总结,一起评先,一起表彰、奖惩。

经过几年来的努力工作,我市民政事业长足发展,民生保障水平大步提高,取得较好的社会效应,但也存在一些困难和问题,主要有几方面:一是民政事业财政投入不足。随着经济的发展,社会主义新农村建设和构建和谐社会的逐渐深入,民政事业对加强社会行政管理、保障困难群众生活、确保社会稳定等起着越来越重要的作用,但财政投入比例仍然偏低,民政事业经费与民政对象保障资金仍然不足。二是民政基层基础相对薄弱。各乡镇民政工作发展不平衡,特别是乡镇民政工作力量明显不足,人员素质参差不齐,基层工作欠规范,装备手段较落后。三是民政管理规范建设缓慢。全市各类救助对象范围广、人员多,统计、查阅、跟踪管理的工作量十分大,但民政网络信息平台建设较慢,工作效率不高。四是民政基础设施仍存滞后。社会福利、社区服务、社会救助、民间组织服务场所与服务设施不能适应经济社会发展和人民群众多层次、多样化的需求;优抚事业单位建设滞后于服务军队和国防建设的需要,老年服务基础设施建设滞后于老龄人口急剧增长的实际需求,亟须加大投入,提高整体服务水平。

对于以上存在的问题和薄弱环节,在今后工作中,我们将坚持以邓小平理论为指导,认真落实和实践科学发展观,统筹兼顾,以人为本,开拓创新,努力推进民政事业科学发展、健康发展,为构建和谐社会积极贡献。主要是要做好以下四个方面工作。

一要进一步树立创新管理思想意识。民政工作是政府最重要、最基本的职能之一,是民心事业、稳定事业,是社会良性运行和协调发展的基础工程。民政工作要主动融入大局,找准社会建设和管理创新的结合点,努力加快推进社会和谐的进程。要时刻树立管理创新的思想意识,把创新之魂灵活运用于工作的各个岗位和各个环节当中,使之切实转化为实实在在的生产力,为我市经济的发展做出贡献。要提高民政工作的科学化水平,更好地树立民政形象是推进和谐、减少社会矛盾的治本之略。一是强化为民服务理念。要用严格执行党的民政方针政策的言行,影响和带动广大群众,把公正、廉洁、严谨的职业情操和道德作为民政工作人员的基本素质着力加以培养和提升;多做得人心、暖人心、稳人心的工作,多办顺应民意、化解民忧、为民谋利的实事,让群众得到更多实惠,使民政执政为民的理念得到树立。二是努力提高为民服务能力。主动适应不断发展变化的新形势,坚持改革的办法、创新的思路,扎实开展民政业务学习和岗位练兵活动,加强基层民政干部培训,通过多种方式培训,不断提高民政管理和服务的法制化、标准化、规范化、程序化水平。三是强化干部自身监督制约。依法行政是民政工作的重要基点,要把资金使用、行政审批、行政执法等工作放在完善民政业务法规和管理制度,推进廉洁自律同等重要的位置研究制定操作规范。

二要进一步加强城乡基层组织建设。充分发挥民政在"社会管理创新"工作中的重要作用。加强村(居)委会的组织建设,引导群众选配好人民调解委员会、治安保卫委员会工作骨干,为城乡社区"社会管理创新"工作奠定坚实的组织基础。要充分发挥各类群团组织和城乡社区社会组织在社区管理中的积极作用,大力培育服务性、公益性、互助性社区社会组织,发挥其提供服务、反映诉求、规范行为的作用。要推动农村社区建设与城市社区建设同步发展,指导城乡社区组织配合有关部门加强和改进对流动人口的服务管理、对非公有制经济组织和新社会组织的管理。要积极发挥城乡社区志愿者在"社会管理创新"工作中的重要作用,大力培育社区治安志愿者队伍,提高广大群众参与社会治安综合治理的积极性,努力形成社区社会治安综合治理人人参与的良好局面。

三要进一步提高社会事务管理水平。民政工作不仅业务多元、层次多级、单位众多,涉及民生、民主、民权,而且也面临工作水平低、发展不平衡的实情。机械、单一的工作方式与方法,不仅不能发挥好民政的社会功能,往往还会引发不必要的矛盾,甚至导致矛盾冲突升级。在新的形势下,要强化民生民政、法制民政、制度民政、服务民政的新认识,不断改进工作方式方法,做到政策宣传到位、亲情服务到家、跟踪督查及时、救助任务落实,使以民为本、为民解困、为民服务的核心理念,有机统一放在效率和公平的突出位置,最大限度兼顾群众需求和法、理、情实际利益,避免因工作方式方法问题而引发的矛盾。积极运用现代科学方法推进制度建设,把新知识、新理念与吸收借鉴实践经验结合起来,把加强制度建设的内容和公平公正的原则落实到每一个救助项目当中去,最大限度地保障人民群众得到主体权利平等、参与公平发展的机会均等、发展成果的公平分享,不断提高民政工作的管理服务水平。要妥善处理信访问题,积极解决矛盾。认真妥善处理民政信访,健全落实信访首办责任制和领导接访、下访制度,疏通群众表达意见渠道。对群体上访多、社会矛盾集中的地区要专题调研,查找症结,采取领导带队、部门协作、现场办公,教育疏导与救助救济相结合的措施,加大解决矛盾的力度,促进社会和谐稳定。

(选自 www.wenmi114.com)

【简析】 这是某民政局一份有关社会管理创新的专项工作总结,从四个方面总结了这一工作所取得的成绩,也涉及存在的问题。言之有物,条理清晰。只是总结正文中的"努力的方向"这一部分稍显冗长。

第四节 述职报告

学习要点
1. 述职报告的特点与作用
2. 述职报告的写作要领

能力要求
1. 了解述职报告的特点
2. 领会述职报告与总结的异同

一、述职报告的概念

述职报告是指党政机关、社会团体、企事业单位的领导者或工作人员,向所在工作单位的人事部门、主管领导,以及上级机关,陈述自己在一定时间内履行岗位工作的成绩和存在问题的自我评述性的文书。

述职报告是干部人事制度改革引进竞争机制后兴起的一种应用文体。

二、述职报告的特点

1. 自我评述性

述职报告的主要内容是陈述个人或部门的履职情况,带有明显的自我色彩,这一特点与总结相类似,但述职报告须针对任职标准作自我回顾与评价。

2. 时间限制性

述职报告受到两个时间的限制,其一是述职者本人的任职时间(部门述职指的是相应的工作年度);其二是报告时间,述职者必须在规定的考核时间内书面述职,向本部门群众宣读并上交上级人事部门。

三、述职报告的种类

(1)按时间分,有年度述职报告、任期述职报告、临时述职报告。

（2）按性质分，有例行述职报告、晋职述职报告。
（3）按述职者身份来分，有个人述职报告、集体述职报告。
（4）按表达方式分，有口头述职报告和书面述职报告。

四、述职报告的写作要领

述职报告由标题、称谓、正文、落款组成。

1．标题

（1）直接用文种名称作标题，即"述职报告"。

（2）全称标题。如《××教育厅×××任职期间的述职报告》《2018年述职报告》《××公司×××述职报告》。

2．称谓

称谓，即听取述职报告的对象、某个部门或负责人。

3．正文

正文由前言、主体、结尾三部分组成。

（1）前言：陈述述职人的基本情况。

（2）主体：述职者就德、能、勤、绩等方面的情况进行陈述和自评，其中包括所取得的成绩与存在的问题等，但前者是述职重点。同时宜围绕任职条件与要求，突出工作中的主要成绩，且以具体事例来强化，以点带面，点面结合。

值得强调的是述职报告不仅要以事实为依据，还必须对此作出分析与评价，在这一点上与总结的写作相同。尽管所用文字不需太多，但能体现述职者的思想认识与理论水平。述职报告是否具有理论认识高度是衡量其写作质量好坏的一个重要标志。

（3）结尾：表明述职人今后的努力方向。

4．落款

落款主要包括署名与成文时间两项内容。署名宜写明述职人的单位、职务及姓名，亦可放在标题之下。

例文一

述职报告

尊敬的各位领导、居民代表们：

大家上午好！我是×××。2010年8月底我通过北京市统一招聘考试来到××社区工作，至今已经半年了。在这段时间里，我经历了磨砺，从刚来到社区的踌躇满志到如今的踏实进取，我的思想悄然间发生了转变。来到社区，我给自己的工作方法定位为"三多一少"，即多听多看多做少说，学习老同志的工作方法，谦虚谨慎，甘于奉献。现在，我将半年的工作和思想汇报如下，如有不妥请各位领导、社区代表批评指正，我一定虚心接受。

一、深入了解社区基本情况，学习社区工作方法

在社区党委书记、主任的关怀和其他同事的帮助下，我全面了解了××社区的基本情况。利用工作间隙，我把各住宅楼的信息录入计算机，了解社区居住群众的情况。遇到社区志愿者时我主动和他们打招呼,介绍自己,希望可以更快地融入这个集体。我利用休息时间,阅读了《社区公共礼仪》《社区法律知识500问》《社区党务工作》等书籍,并在工作中处处留心,希望有机会能够利用这些知识为群众做点实事,做点好事。

二、努力做好本职工作,不辜负领导的信任

我到××社区后先后负责过民政、残联、武装、党建等工作。

1. 民政工作主要有:办理老年证25个,老年优待卡19个。安装"一按铃"4户,申请限价房、经济适用房入户调查12户,帮助××一家申请大病医疗救助,为9名困难老人办理了慈善医疗卡等。我与社区老人到蟹岛参加九九重阳节活动。组织社区居民为甘肃灾区捐款。民政工作政策性强,手续相对有些繁琐,遇到不理解的居民我耐心跟他们做解释工作,并分析利弊,我要求自己努力将本职工作做好,做精,做细。

2. 残联工作:为×××办理了残疾证。为98名残疾人更换了第二代残疾证。参加区残联组织的无障碍行走检查。和残联协管员一起到部分残疾人家中走访。组织残疾人参加东风地区残疾人运动会。组织轻残人员家属到昌平采摘苹果及集体生日会等活动。

3. 武装工作:每年一度的冬季征兵工作是武装部门的重点工作。宣传"有志青年投身军营"的理念更是重中之重,在正式体检前,我们利用板报、条幅、海报等多种形式,做宣传工作。今年,××社区共有4名适龄青年前来体检。最终,×××同志通过层层选拔通过各项考核,符合征兵条件,现已在四川武警入伍。

4. 党建工作:12月初,我接替田××同志担任××党委副书记,并兼任第三党支部书记。工作压力增加,任务加重。但是我坚定信念,坚信有组织的正确领导,我一定可以为社区党员服务好。这种压力鞭策着我努力提高自身的工作能力。年底党建工作主要是撰写2010年度工作总结及其他文字材料、准备年底"五个好"地党组织验收、整理老干部档案、年底党员大统等。

5. 其他工作:今年恰逢祖国60年华诞,我社区把国庆安保工作作为压倒性的工作展开。我协助有关工作人员进行国庆安保宣传并参加了安保志愿者队伍。在居民接待工作中,因为我刚来社区不久,对非本职的工作不是很了解,所以主要做的是上传下达工作。

三、工作感受

1. 坚定信念,做出成绩。刚到社区基层工作,面对陌生的工作环境,我感到担子重,压力大,我力求保持坚定的信念,在平凡的工作岗位上做出不平凡的业绩。

2. 认清形势,增强责任感。社区群体较为复杂,我应当认清现状,认清社区的形势,切实加强责任感,在党和政府的正确领导下,在广大群众的支持下,全心全意用知识、青春和热情服务一方水土,造福一方百姓,为社区的和谐发展作出应有的贡献。

3. 不怕苦,不怕难,不怕累。到基层任职,工作环境相对较差,更需要我们大学生社区工作者到基层发挥作用,改变面貌,树立不怕苦的精神,以饱满的热情投入到工作中去。

四、工作中的不足

1. 对许多突发事件,经验不足,需要向老同志多请教,多学习。

2.需要迅速努力提高业务能力,遇到不懂的问题多请教。对社区居民还要增加耐心,克制年轻人性子急的缺点。

最后,感谢乡政府、社区党委的关怀,感谢社区居民的宽容,感谢同事们的帮助,在今后的工作学习中,在座的都是我的前辈老师,年轻的我一定努力为大家服好务。谢谢大家!

××社区×××
2009年10月5日
(选自www.ceceo.cn)

【简析】 这是一位毕业半年的大学生对他所从事的社区工作的述职,文风朴实。述职者比较具体地陈述了他所负责的民政、残联、武装、党建方面的工作,有一般事实,也有个别事例。第三部分的"工作感受",属于述职者的思想认识,提升了这篇述职报告的理据性。

第五节 调查报告

学习要点
1. 调查报告的特点
2. 调查报告的种类
3. 调查报告的写作要领

能力要求
1. 了解常用的调查方法
2. 运用调查得来的材料写作调查报告

一、调查报告的概念

调查报告是针对某一情况或事件,某一经验或问题进行深入调查,对所获得的调查结果进行分析与研究,从中得出相应的结论后而写成的书面报告。

值得说明的是,此处的"调查"很大程度上指的是社会调查,偏重于对社会现象,诸如人的动机、人的行为以及人们之间的交往与相互影响等方面的调查,而市场调查与新闻调查是立足于经济视野与新闻视野的调查。因此,社会调查报告与市场调查报告、新闻调查文本的写作也是有差别的。

调查报告与公文中的"报告"也有所不同。前者是与社会生活、日常工作有关的重大情况、典型事件、经验或教训等带有普遍意义的问题,后者侧重于汇报常规性的工作。

二、调查报告的特点

1. 针对性

撰写调查报告,一是为了帮助领导机关了解情况,为决策者提供决策依据;二是为了发现典型,总结经验,以指导今后的工作。

2. 典型性

调查报告的材料不仅要真实,而且要有代表性。

3. 论理性

调查报告的表达采取叙议结合的方式,对获取的调查材料深入分析,并得出相应的结论。

三、调查报告的种类

调查报告可以依其性质、内容的不同而将其分成不同类型。

1. 按照社会调查的目的来分

可以将调查报告分为应用型调查报告与理论型调查报告。前者以了解与描述社会现实情况、解决具体的实际问题为目的,后者着重于对社会现象的理论探讨,以检验与建构某一理论为目的。

2. 按照社会调查的内容来分

可以将调查报告分为情况调查报告、经验调查报告、问题调查报告等。情况调查报告是针对某一个或某一类情况进行分析,写成个案性或综合性的调查报告。经验调查报告则着眼于某一部门、某一单位、某一方面的成功事例,进而分析出可供借鉴的经验。问题调查报告针对存在的问题进行调查,弄清问题的成因,揭示问题的实质,以引起人们的思考。

当然,还可以从调查、研究的广度与深度来划分,有综合性调查报告与专题性调查报告、描述性调查报告与因果性调查报告之分。综合性调查报告与专题性调查报告的区分是相对的,前者的内容较广、较全,后者反映的问题相对集中;描述性调查报告的内容较浅,是对社会的真实情况进行定量或定性的描述,回答"是什么"或"怎么样",而因果性的调查报告不仅要说明"是什么"或"怎么样",而且还要回答"为什么""怎么办"的问题。

四、常用的几种调查方法

1. 实地调查法

实地调查法是以亲身参与观察和访谈作为资料收集的方法,通过对这些资料的定性分析来解释社会现象。因为所考察的对象有限,所得结论只具有参考价值。

2. 问卷调查法

将研究对象以问题的形式设计出一套问卷,通过统计答案,从中得出带有普遍性或特殊性的结论。这种调查是一种定量调查,由样本统计量推断总体。同时也是一种抽样调查,即用选取样本的方式来确定调查对象。值得强调的是,运用问卷调查法的关键是问卷内容与调查对象(样本性质)的设计必须紧紧围绕调查目的来进行。

3. 文献调查法

通过书面材料、统计数据等文献对研究对象进行间接调查。这种方法便于对调查对象作纵向研究。

4. 网络调查法

网络调查是在网络环境下使用的传统调查方法,由电子邮件调查法、网上讨论法、网上测验法、基于 E-mail 的 Web 调查法等。它具有高效快捷、成本低廉、保密性较好、客观性较高的特点。

五、调查报告的写作要领

调查报告一般由标题、署名、正文三部分构成。

1. 标题

调查报告标题的形式有如总结的标题,有公文式标题与新闻式标题两种,不管用哪种形式,力求一语中的,发人深省。如《今日农村谁种田》《人情消费,让人如何承受你》《他山之石,可以攻玉——关于××市大规模引进先进技术的调查报告》等标题,较好地提炼了报告内容,令读者一目了然。

2. 署名

若署上单位名称与作者姓名,就安排在标题下一行;个人署名亦可署于文末右下方。

3. 正文

正文分为前言、主体、结尾三部分。

(1)前言。常用的形式有概括介绍式、议论式、提问式等。不管运用哪种方式开头,都应该简明精要,切入内容要旨。

(2)主体是正文的核心部分。主体部分的结构形式有以下几种方式:

① 横式结构。即把调查的内容加以综合分析,围绕主旨归纳成几个问题,每个问题又分若干个小问题,往往以小标题的形式标示问题。典型经验的调查报告一般采用这种结构。它利于表明观点,突出中心。

② 纵式结构。有两种形式,一种是按调查事件的起因与发展过程来布局,有助于读者对事物的发展有全面了解。揭露问题的调查报告多使用这种结构。另一种是按成绩、原因、结论层层递进的方式安排结构。综合情况的调查报告多采用这种形式。

③ 综合式结构。这种结构形式兼有纵式和横式两种特点,互相穿插配合,组织安排材料。运用时,一般是在叙述发展过程时用纵式结构,而写收获、认识和经验教训时采用横式结构。

总之,调查报告的主体部分不论采取什么结构,都应该做到主次分明,详略得当,层层深入,为更好地表达主题服务。

(3)结尾。调查报告的结尾或提纲挈领,或指出问题,提出建议;也可对所调查的现状作归纳性说明并指出其发展远景。有的调查报告主体部分结束了,意尽言止,也就自然结尾了。

六、调查报告的写作要求

(1)选择多种调查方法,深入调查,获取材料。

(2)认真分析材料,找出规律,概括出合乎事理的观点。

例文一

强化政策支持　　促进良性发展
——关于湖南省村镇供水工程运行管理情况的调研与思考

农村饮水安全工程是农村重要的公益性基础设施,湖南省委、省政府已连续七年将其列入为民办实事项目加快建设。随着大批农村饮水安全工程的建成和投入使用,如何加强运行管理,保障工程可持续利用成为日益紧迫的难题。为此,我们组织开展了农村供水工程运行管理情况典型调查,从调查情况看,目前我省已建农村供水工程普遍存在电价高、维修和运行成本高、税费负担重等问题,为数不少的工程经营困难,亟须采取政策扶持措施,确保这一惠民工程得以良性运行,长久发挥效益。

一、基本情况

我省从2000年开始实施国家农村饮水解困和农村饮水安全工程,共建成农村供水工程36 591处(规模较大集中供水工程8 190处),日供水能力新增93.72万吨,累计解决饮水困难和饮水不安全人数956.5万人。其中,从2000年至2004年,投入资金5.67亿元,建成各类农村饮水解困工程18 816处,日供水能力新增21.42万吨,涉及14个市(州)102个县(市、区)的10 583个村,解决饮水困难人口47.7万户214.39万人。2005—2009年,全省共投入建设资金33.85亿元,共建成农村饮水安全工程17 775处,日供水能力新增72.3万吨,解决了742.11万农村人口饮水不安全问题。

从调查数据分析,大部分工程的投资构成为国家投资、省市县财政配套、群众自筹;也有一小部分是以基层水管单位或民间资金投入为主,国家投资和地方财政配套为辅的。工程运行管理形式主要有三类。一是规模较大的集中式供水工程,以水管单位为依托,组建供水公司(或股份制公司),建立计量供水、有偿用水、以水养水的运行机制,按照补偿成本、适当受益的原则确定水价。据调查,我省农村饮水工程经物价部门审批的水价在0.55元/吨至1.8元/吨之间,受益农户每户水费负担在5元/月至10元/月之间。二是单村或联村小型集中供水工程,由村委会或用水户协会管理,部分工程收取水费建立了工程维护基金。三是单户联户供水工程,由受益农户自主管理,工程维护由受益农户自主承担。

通过调查发现,我省大部分农村饮水安全工程建设和运行管理举步维艰,工程亏损运行。我们对14个农村集中供水水厂的调查统计,有8个亏损,亏损面达57%,并且6个盈利水厂的盈利额很少,年盈利额最多水厂也只有1.8万元(不包括折旧费)。多数水厂没有按照要求缴足税费,提取大修和折旧费。如果按照有关规定缴足税费,那么,年盈利不足2万元的6个水厂就会进入亏损行业,亏损面将达到100%。

二、存在的突出问题

据调查,当前我省农村饮水安全工程建设和管理方面主要存在以下突出问题:

一是税费名目多,项目单位不堪重负。以娄底市娄星区万宝镇水厂为例,建设期间有108种费用,通过理顺关系实际缴纳50多种,仅国土部门就有17种,向公路局缴纳公路破损费就达55 000元。经测算,如果缴齐所有费用,光费用就占工程造价的45%,该工程实际发生的费用占工程造价的25%。运行投产后,费用名目繁多,主要有以下几种:(1)电费0.8元/度。包括电费附加费0.14元/度,变损208元/月,线损按用电量的1%计费。每方水电价为0.23元。每月电费在3 500元左右。(2)工商收费,每年代码费1 000元,还有录入费、公告费、财政收据等6个项目208元/年,非税收费收据150元/本。(3)卫生部门收费,卫生许可办证年检400元/年,水质检测费每个水样3 600元,每年4次。生产人员卫生培训100元/人·年。(4)税务,国税有增值税、企业所得税,增值费率为6%,所得税率为不含增值税收入的7.2%,若每月不含税收入是1万元,则每月需缴纳719.92元所得税。地税有:城建税按增值税的5%缴纳,教育附加费按增值税的4.5%缴纳,印花税每年按注册资本的万分之五征收,房产税按办公楼资产的1.2%征收,土地使用税按占用土地面积每年每平方米1.5元征收,工会经费按职工工资总额的1.2%征收,残联经费180元/人·年,防空基金按职工人数80元/人·年收取外,还需按企业总收入的万分之六征收。(5)安监局费用,安全生产许可证办证收费18 000～20 000元,风险抵押金50 000元。

该水厂2007年总收入为18万元,各种税费为纳税2万元,电费4万元,各种收费1.8万元,职工工资4.5万元,办公及维护费3万元,药剂费1.5万元。仅电费开支就占了该厂总收入的22%。除去各种开支水厂只能勉强维持。

二是维护养护资金缺乏,工程难以正常维修。由于供水工程运行成本高,水厂自身难以按标准提取大修和折旧费,工程维护费难以筹措。政府公共财政没有像城市供水一样可以从城市建设维护配套费中列支维护费用。从而导致农村饮水安全供水工程维护费无处落实。在调查中了解到,祁东县红旗石门水厂为维护供水管网,向县政府打报告请求从城市建设维护配套费中解决维护经费,主管县长批示到建设部门后至今仍分文未落实,理由是水利部门管的是农村供水工程不属于资金投放范围。致使工程无法全面维修,供水管网漏损率大。

三是管网受益人口密度小,建设维修成本高。据常德市对14个农村集中供水水厂的调查统计,供水管网总长度为476.2公里(其中主管161.5公里),受益人口9.67万人(学校为11.3万人),管网受益人口密度203人/公里(学校为237人/公里)。而常德市城区管网受益人口密度1 258人/公里。对比可知,该市农村集中供水水厂的管网受益人口密度只有城区的16%。在供水受益人口相同的情况下,农村集中供水水厂不仅要比城区水厂多支出几倍的管网材料及安装费,而且要多支出数倍的管网维修养护费。

四是成本水价高,收费标准低。据对14个农村集中供水水厂的调查统计,供水工程单位制水成本最高的达1.99元/吨(涟源市湄江水厂),最低的也达到1.47元/吨(娄星区万宝水厂),被调查的供水工程按实际收水费水量计算平均制水成本为1.69元/吨(不包括设备大修费)。而供水水价平均只有1.49元/吨。较高的单位制水成本以及与制水成本不相适当的供水水价,使得工程运行十分困难。

五是管理主体不明,监管不到位。根据国家有关政策,对以政府投资为主兴建的规模较大的村镇集中供水工程,应由县级及以上水行政主管部门为项目法人,负责工程的建设与管理,并对这类工程定权发证,作为政府出资人代管国有资产。然而,由于农村饮水工程建设资金渠道多样,大多以乡镇政府及私营业主管理,虽然明确了县级水行政主管部门为管理主体,但由于水行政主管部门没有明确专门机构,也无专项管理经费,导致主管部门的管理职责没有完全行使到位,就连工程的定权发证工作也基本上没有落实,工程国有资产的监管基本上处于放任自流状态,县级水行政主管部门管理缺位。

三、确保农村饮水安全工程良性运行的建议

1. 对农村饮水安全工程用电实行农业排灌用电电价或由各级财政实行电价补贴。一是农村饮水安全工程的公益性,决定了这类工程经营上的"保本微利"原则,也决定了政府对这类工程具有提供包括电价价格在内的优惠政策的责任;二是目前我省农村饮水安全工程的制水电费占到制水成本的50%左右,成为农村饮水安全工程亏损的主要

政策性原因。初步测算,如果将农村饮水安全工程制水电价由普遍执行的非普工业用电电价每度 0.686 元(若包括铜铁损,实际电价在每度 0.7 元以上),降低到居民生活用电电价每度 0.588 元,水厂每吨制水成本将降低 0.15～0.3 元;如果降到农业排灌用电电价每度 0.4 元左右,水厂每吨制水成本将降低 0.2～0.4 元。常德市已落实市县两级财政补贴电价办法,使较大规模的水厂全部扭亏为盈。

2. 合理核定农村饮水安全工程供水价格。根据《中华人民共和国水法》、国家发改委、水利部《水利工程供水价格管理办法》等法律、规章和政策,由物价部门会同市水利部门核定合理调整农村饮水安全工程供水价格。同时,为解决用水户偷漏水导致实际用水量大,收费水量偏低,水厂经营困难的问题。推行基本水价和计量水价相结合的两部制水价。较大的供水工程要逐步推行水价听证制度。以政府和社会资本投入兴建的跨村镇供水工程,其水价由县级物价部门商同级水行政主管部门按有关政策合理核定;对群众入股投资兴建的单村集中供水工程和几户联建的小型集中供水工程,其水价由村民委员会、受益户或用水者协会在广泛征求群众意见的基础上自主确定。

3. 对农村饮水安全工程建设用地实行农村公益性用地政策。农村饮水安全工程是社会公益性工程,是推进社会主义新农村建设和构建社会主义和谐社会的重要举措,对于保障广大农民群众身体健康和生命安全,改善农村人居环境,加快实现全面建设小康社会目标具有重要意义。因此,建议对国有的农村饮水安全工程建设用地执行公益性用地政策,属集体所有的由所在村组调剂解决。

4. 对农村饮水安全工程水费收入免征或减征营业税和所得税。《中华人民共和国营业税暂行条例》规定,对"农业机耕、排灌、病虫害防治、植保、农牧保险以及相关技术培训业务,家禽、牲畜、水生动物的配种和疾病防治"免征营业税。建议国家将农村饮水安全工程视同农业排灌免征营业税。如果不能免征,建议国家将农村饮水安全工程的营业税税率由目前的 6% 降为 3%。

根据《中华人民共和国企业所得税法》第二十五条规定,"国家对重点扶持和鼓励发展的产业和项目,给予企业所得税优惠"。第二十七条又规定,"企业的下列所得,可以免征、减征企业所得税:(一)从事农、林、牧、渔业项目的所得;(二)从事国家重点扶持的公共基础设施项目投资经营的所得;(三)从事符合条件的环境保护、节能节水项目的所得……"建议国家将农村饮水安全工程水费作为"从事国家重点扶持的公共基础设施项目投资经营的所得"免征、减征企业所得税。

5. 对农村饮水安全工程水质监测费由各级财政负担。国家卫生部、国家发改委、国家水利部卫疾控发〔2008〕3 号文《关于加强农村饮水安全工程卫生学评价和水质卫生监测工作的通知》要求,饮水安全工程卫生学评价费用可纳入工程前期工作和建设经费解决,常规水质监测费用由各级财政安排解决。建议监测费用由各级财政负责补贴。并且应严格控制新增水污染源,严禁在农村饮水安全工程水源地兴建各类项目;对已造成水污染的厂矿企业,必须责成其整改,并缴纳一定的补偿金用于污染地农村饮水安全工程建设。

6. 建立健全农村饮水安全工程运行管理体制。进一步明确农村饮水安全工程的管理主体及其责任。要进一步明确各级水行政主管部门是农村饮水安全工程的行业主管部门,负责制定农村饮水安全工程的建设与运行管理办法,监督检查农村饮水安全工程的管理养护和安全运行,对其直接管理的农村饮水安全工程负有监督资金使用和资产管理责任。凡利用各种渠道的国家补助资金、国内外贷款、社会捐赠、集体和群众自筹资金,以及其他社会资金兴建的各类农村饮水工程,建成后,都应纳入各级水行政主管部门的统一管理。

7. 建立农村饮水安全工程维修养护基金制度。在明晰工程产权、适当降低电价、适当减免税费、清理不合理收费、合理确定水价及水费收缴方式的基础上,以县为单位,建立农村饮水安全工程维修养护基金,用于解决工程的维修和更新改造,确保农村饮水安全工程能够正常维护、安全运行、长惠民生。

(选自 slt.hunan.gov.cn)

简析 这是一份有关农村供水工程现状的调查报告。该文首先概述了村镇供水工程的基本情况以及调查所得的初步结论;接着具体摆出农村饮水工程所存在的突出问题,有数据,有个例;最后又针对性地提出了相关建议。全文层次清晰,材料与观点相统一,具有说服力。

第六节 简 报

学习要点
1. 简报的特点
2. 简报的种类
3. 简报的编写要领

能力要求
1. 领会编写简报的作用
2. 学会编写简报

一、简报的概念

简报是党政机关、企事业单位或社会团体编发的反映情况、沟通信息、交流经验、指导工作的一种摘要性的内部文件,也叫作"情况反映""情况交流""简讯""动态""内部参考"等。

简报在日常工作中起着十分重要的作用。在行政机关内部,下级向上级反映情况,上级单位向下属单位转达某些指导性、倾向性的意见,沟通相关情况都可用简报。一些大型会议也用简报来交流情况,并向上级机关反映会议的进程和结果。

二、简报的特点

简报具有以下 4 个方面的特点:

1. 时效性

简报在机关文书中以讲究时效著称,尤其是那些突发性的动态简报,类似新闻报道中的

"快讯"。如果简报编写不及时,它的作用就会大大减小。

2. 简明性

简明扼要是简报的显著标志。简,不仅是指文字少,篇幅短(一份简报字数在1 000字之内,综合性简报不宜超过2 000字),更主要的是每份简报的内容较单一,编写主旨相对集中。即使是综合性简报,也应将同一主题的材料汇编在一起。

3. 新鲜性

"新"是简报的新闻价值所在。简报所反映的应是新情况、新问题、新经验,那些例行性的工作就不需用简报。

4. 机密性

简报只在机关、单位内部传阅,不公开发行,这是它与其他纸质媒介的主要区别。不同内容的简报,传阅的范围和机密程度也不相同。一般说来,简报发行范围越广机密程度越低。越是级别高的机关编写的简报,机密程度越高。

三、简报的种类

1. 综合性简报

综合性简报全面、综合地汇编了某些情况或问题,材料丰富,给人以全面、概括的认识。

2. 专题性简报

专题性简报集中于某重要一问题或某一重大事项,篇幅短小,语言简洁。

3. 会议简报

会议简报用于报道较大型会议的情况与主要精神,反映与会人员的观点与建议等。

四、简报的编写要领

简报的外在格式相对固定,由报头、报核、报尾三部分组成。

(一)报头

报头又称版头。一般占首页三分之一的上方版面,用横隔线(红色)与正文部分隔开。报头由简报名称、期数、编发单位、印发日期组成。

(1)简报名称:如《工作简报》《工作动态》等,在居中位置,用套红大号字体,要求醒目大方。名称确定后,往后沿用,不可经常更换。

(2)期数:排在简报名称的正下方。

(3)编发单位:在横隔线的左上方位置。

(4)印发日期:在横隔线的右上方位置。

(二)报核

报核是简报的核心部分。一般由按语、标题、正文组成。有的简报不编写按语。

1. 按语

按语是在正文之前加写的一段文字,以突出编发该期简报的目的与意义,或对简报内容加以提示性说明。

2. 标题

标题亦有单行式与双行式两种。须画龙点睛,让人见题知意。

3. 正文

简报的正文一般由导语、主体、结尾三个部分组成。

(1) 导语：简报的导语类似消息的导语，交代事件及其相关要素（"5W"）。

(2) 主体：具体表述相关事实或问题，材料须典型，层次须分明。

(3) 结尾：一般用一句话加以总结，也可省略。

(三) 报尾

报尾在简报最后一页的末尾，用横线将报尾隔开，写上发送单位名称和印制份数。

总之，简报的编写不像行政公文那样程式化，可以根据内容和行文的需要作适当调整。

 例文一

中国残疾人联合会创先争优活动
简　　报

2010 年第 7 期

中国残联创先争优活动领导小组办公室　　　　　　2010 年 12 月 7 日

中国残联召开创先争优活动经验交流会

12 月 6 日，中国残联召开创先争优活动经验交流会，总结创先争优活动开展以来的经验及成效，安排部署明年主要工作。中国残联党组书记、理事长王新宪同志出席会议并作重要讲话，中国残联党组副书记、常务副理事长王乃坤同志主持会议。中央组织部副调研员郭京胜和中央国家机关创先争优活动领导小组办公室副处长陈涛等同志到会指导。

交流会上，中国康复研究中心、中国聋儿康复研究中心、中国盲文出版社、中国残疾人体育运动管理中心、北京按摩医院等单位的主要负责同志，就紧密结合残疾人事业发展实际、扎实深入推进创先争优活动开展、促进中心工作任务完成等方面作了经验介绍。中国残联理事、人事部主任、直属机关党委常务副书记相自成同志宣读了《中国残联深入推进创先争优活动工作安排》，对明年创先争优活动的总体思路、目标任务、范围对象、方法步骤和组织保障进行了明确。

中央和国家机关创先争优活动指导组郭京胜同志在讲话中指出，在深入开展创先争优整个活动中，中国残联党组高度重视，措施有力，注意结合机关部门和直属单位实际，精心筹划，创新载体，不断推动了创先争优活动深入开展，取得了明显成效。他要求在下一步活动中，要注意把握好三点：一是坚持不懈，以高度的政治责任感进一步推进创先争优活动；二是突出重点，探索长效活动阶段化的创新举措；三是典型示范，带动全社会形成创先争优良好氛围。

王新宪同志在小结讲话中，总结了我会创先争优活动开展以来所取得的成效及存在问题，并对下一步活动开展提出了要求：一是各级党组织主要负责人要高度重视创先争优活动,精心谋划好活动的形式与内容;二是要进一步提高对创先争优活动重要性的认识,为残疾人"十二五"规划纲要的实施提供坚强的政治保障和组织保障;三是要紧密联系实际,切实做好分类指导。

王新宪同志特别强调,明年是"十二五"规划纲要的开局之年,要真正通过开展创先争优活动,不断提高各级党组织的向心力、号召力、战斗力,增强党员的荣誉感、紧迫感、责任感,实现单位有新气象、工作有新目标、事业有新业绩。在活动中,各级党组织还要正确处理好开展活动和推动工作、对组织的要求和对个人的要求、出效果与出机制、眼前与长远等四种关系,以开拓创新的精神、开诚布公的态度、开门见山的实效,力争达到"各项业务工作顺利推进、党风廉政工作扎实开展、干部人事制度改革取得新的成绩、机关作风进一步转变、基层组织建设得到加强"的活动目标,促进残疾人事业在新的起点上科学发展。

中国残联党组、理事会领导、机关副局级以上干部、直属单位和基金会领导班子全体成员参加了交流会。

(选自 www.cdpf.org.cn)

简析 这是一份会议简报。标题直接点出会议名称,导语首句概述了会议议题,接着交代了该会议的相关要素:时间、组织者及与会人员。主体则以三个方面的内容补足了导语中的"留白",披露了会议的主要精神与观点。

例文二

宣传工作简报

第 4 期

(共青团中央宣传部编 2007 年 12 月 17 日)

各地团组织扎实推进"我与祖国共奋进"主题教育实践活动

今年纪念建团 85 周年"青年月"活动以来,各地团组织围绕迎接、学习宣传贯彻党的十七大,以树立社会主义核心价值体系为根本、以理想信念教育为核心,面向基层,扎实推进"我与祖国共奋进"主题教育实践活动。

学理论,打牢与祖国共奋进的思想基础。江西团组织推行"井冈之星"优秀学生干部培训计划,组织全省大学生骨干集中进行理论学习、素质拓展、实践锻炼。河南团组织举办高校"双强双优"型学生干部培训班,对全省 28 所本科高校学生干部进行系统的理论培训和素质教育。中央企业团工委在中央企业青年网上开设理论交流专区,组织团员青年通过网络平台进行理论文章交流。安徽合肥举办第九期青年理论学习读书班,培训青年理论学习骨干 170 余名,推进全市青年学理论活动。辽宁铁岭举办全市乡(镇)村团干部培训班和青年骨干培训班,请党政领导和专家为团干部和青年骨干做理论辅导。山西长治举办"我与祖国共奋进"党团知识竞赛活动。特别是党的十七大胜利闭幕后,各地各级团组织按照当地党织的要求和全团的统一部署,普遍开展了形式多样、扎实有效的学习活动。

讲形势,坚定与祖国共奋进的信心。湖北举办"大学生就业创业服务月",邀请党政领导等为大学生做100场"学习贯彻十七大、我与祖国共奋进"形势政策报告。上海举办"党育青年成长,青年跟党前进"上海青年城市发展寻访系列活动,首批推出了包括大型企业、重点工程、重点院校、新农村建设、创意产业等与城市发展密切相关、青年高度关注的9个板块16条线路,在全市基层团组织中开展50场寻访活动。黑龙江通过组织青少年观看改革开放成就展、收集网上祖国和黑龙江成就资料、制作合订本、海报、漫画、电脑小报等方式,启迪青少年认识改革开放以来特别是党的十六大以来黑龙江取得的巨大成就。贵州结合青年关注的热点问题,举办每月一次的系列知识讲座,邀请省委讲师团、省委党校教授举办讲座,教育引导青年客观认识贵州省情和发展状况,唱响热爱贵州、建设贵州的主旋律。铜仁团地委编印《知党恩、跟党走》宣讲册,印发到农村青年手中,帮助他们了解近年来党的农村政策。广西河池举办"我与祖国共奋进,我与河池同成长"系列主题活动,开展了河池青年风采图片巡回展、"青春城市之星"电视挑战赛、"辉煌河池、希望河池"青少年征文竞赛等活动,组织动员了全市30余万名青少年参与。三峡总公司举办青工技能节英语大赛,职工紧扣"我与祖国共奋进,我与企业同发展"主题,结合公司发展的现状和形势,畅述思考,表达心愿。

抓实践,引导青年投身与祖国共奋进的实际行动。各地团组织采取多种措施,积极引导广大团员青年立足本职岗位勤奋工作,开拓进取,为推动经济社会又好又快发展发挥生力军作用。各地青年志愿者开展"绿手帕行动",向全社会普及节能减排知识,动员参与节能减排实践,仅在集中行动日的两天中就有全国40多个中心城市20万余名青年志愿者参与活动。辽宁丹东举办万名青年志愿者"我与丹东共奋进"志题服务活动,组建"青年卫士服务队",开展文明宣传、环保教育、行为劝导等活动。成都军区广泛开展"我与祖国共奋进,履行使命当尖兵""青春献打赢、岗位练精兵""爱军精武当标兵,当好'四个新一代'"等比武竞赛活动,今年全军区2 500多名青年官兵被师以上单位表彰为训练尖子、技术能手和业务标兵。浙江三门县举行"弘扬革命优良传统,树立社会主义荣辱观"誓师大会和"知荣辱、树新风,我与祖国共奋进"千名青少年宣誓仪式。江苏丰县组织各级青年文明号单位开展"我与祖国共奋进、我与丰县同发展"主题宣传服务活动。青海举办"我与祖国共奋进、共建和谐新青海"慰问进城务工青年文艺演出。贵州都匀市开展关爱农村留守儿童的"我与祖国共奋进——观抗日纪念园、览匀城发展貌、立成才报国志"活动,组织农村留守儿童参观家乡面貌、体验现代生活、接受爱国教育。

树典型,宣传一批与祖国共奋进的青年榜样。江苏举办"我与祖国共奋进,'四大行动'我争先"苏州青年群英会,各界青年英模近百人出席了活动。河南树立并大力宣传李学生、魏青刚、张尚昀、洪战辉等优秀青年典型,在青少年中开展道德实践教育活动。四川成立优秀青年报告团,到全省各社区、企业、学校、部队进行宣讲。长沙举办"我与长沙共奋进——我身边的故事"电视征文大赛,评选出在全市各行业各层面默默无闻、无私奉献的感人青年典型。云南玉溪举行玉溪青年"我与祖国共奋进"主题晚会暨第四四届"玉溪十大杰出青年"颁奖典礼,运用大型电视墙、现场访谈和文艺表演等形式,生动表现杰出青年的奋斗历程,在青年中引起强烈共鸣。

【简析】 这是一份工作简报。例文主体部分由"学理论……""讲形势……""抓实践……""树典型……"等四个自然段组成,每一自然段开头便以主旨句形式交代了行文内容。四个方面的内容完全符合各团组织开展"我与祖国共奋进"主题教育实践活动的要求,并体现了从理论到实践的写作思路,便于把握。例文尽管并未以序数结构标注正文层次,但结构十分有序。文中有选择地介绍了全国多个省份和城市开展主题教育实践活动的特色内容,既与主题吻合又言之有物,增强了简报的可阅读性。

第七节 规章制度

学习要点
1. 规章制度的概念
2. 规章制度的种类

能力要求
1. 了解常用规章文书的使用范围
2. 领会常用规章文书在行政管理中的作用

一、规章制度的概念

规章制度包括法规和规章两大部分。其中,法规主要包括条例、规定、办法,规章主要包括章程、规则、规程、守则、制度等。法规与规章的概念是不同的,法规是国家或地方行政机关为实施行政领导和管理,在其权限范围内按照法定程序制定并发布实施的、具有普遍约束力和强制执行性的规范性文书的总称。规章是各级领导机关及其职能部门、社会团体、企事业单位为规范某一工作、活动和有关人员的个人行为,在其职权范围内制定并发布实施的、具有行政约束力和道德行为准则的规范性文书的总称。

二、规章制度的特点

1. 权威性
规章制度的制定单位具有法定性,即依法能以自己的名义行使权利与义务的组织,其制定的内容是其权力意志的体现。

2. 强制性
规章制度一经制定,所涉部门及人员必须照办,否则就要受到相应的处罚。

3. 稳定性
规章制度是组织及个人的行为准则,一般来说,不宜频繁变动,具有相对稳定性。

三、规章制度的种类

规章制度主要包括:

1. 行政法规类

行政法规类主要有：条例、规定、办法、细则等，由各级行政机关制定颁布，具有法律规定性和行政约束力。

2. 制度类

制度类主要有：规则、规程、守则、须知、制度等，由各企事业单位或社会团体等制定，具有行政约束力。

3. 章程

章程是用于组织管理方面的规章制度，主要是对政党、社团或企事业单位的任务、宗旨、成员及活动原则等方面有具体规定的一种文书。

4. 公约

公约是人民群众或社会团体经商议所制定出来的共同遵守的道德准则。

四、规章制度的格式

规章制度一般由标题和正文两部分组成：

1. 标题

标题由制定机关、事由、文种等要素组成，如《宁乡县接送学生（幼儿）车辆管理暂行办法》《中国互联网络信息中心域名争议解决程序规则》等。

2. 正文

规章制度的正文一般有章条式和条款式两种形式。

（1）章条式：将内容分为若干章，每章又分为若干节。一般而言，第一章是总则，简要表述制定依据与目的；中间几章是分则，具体陈述规章内容；最后一章是附则，简要说明本规章的适用对象、生效日期、解释权限以及其他相关事宜。

（2）条款式：将内容以条目列出，不分章节，第一条相当于总则，最后一条相当于附则。这一结构适用于内容较为简单的规章。

 例文一

中共中央办公厅　国务院办公厅
印发《党政机关公务用车管理办法》

第一章　总则

第一条　为了进一步规范党政机关公务用车管理，有效保障公务活动，促进党风廉政建设和节约型机关建设，根据《党政机关厉行节约反对浪费条例》《机关事务管理条例》等有关规定，制定本办法。

第二条　本办法适用于党的机关、人大机关、行政机关、政协机关、监察机关、审判机关、检察机关，以及工会、共青团、妇联等人民团体和参照公务员法管理的事业单位。

第三条　本办法所称公务用车，是指党政机关配备的用于定向保障公务活动的机动车辆，包括机要通信用车、应急保障用车、执法执勤用车、特种专业技术用车以及其他按照规定配备的公务用车。

机要通信用车是指用于传递、运送机要文件和涉密载体的机动车辆。

应急保障用车是指用于处理突发事件、抢险救灾或者其他紧急公务的机动车辆。

执法执勤用车是指中央批准的执法执勤部门（系统）用于一线执法执勤公务的机动车辆。

特种专业技术用车是指固定搭载专业技术设备、用于执行特殊工作任务的机动车辆。

第四条　党政机关公务用车管理遵循统一管理、定向保障、经济适用、节能环保的原则。

第五条　党政机关公务用车实行统一制度规范、分级分类管理。党政机关公务用车主管部门负责本级党政机关公务用车管理工作，根据职责实行统一编制、统一标准、统一购置经费、统一采购配备管理；指导监督下级党政机关公务用车管理工作。

第二章　编制和标准管理

第六条　党政机关公务用车实行编制管理。车辆编制根据机构设置、人员编制和工作需要等因素确定。

机要通信用车、应急保障用车和其他按照规定配备的公务用车编制由公务用车主管部门会同有关部门确定。

执法执勤用车、特种专业技术用车编制由财政部门会同有关部门确定，并送公务用车主管部门备案。

第七条　党政机关配备公务用车应当严格执行以下标准：

（一）机要通信用车配备价格12万元以内、排气量1.6升（含）以下的轿车或者其他小型客车。

（二）应急保障用车和其他按照规定配备的公务用车配备价格18万元以内、排气量1.8升（含）以下的轿车或者其他小型客车。确因情况特殊，可以适当配备价格25万元以内、排气量3.0升（含）以下的其他小型客车、中型客车或者价格45万元以内的大型客车。

（三）执法执勤用车配备价格12万元以内、排气量1.6升（含）以下的轿车或者其他小型客车，因工作需要可以配备价格18万元以内、排气量1.8升（含）以下的轿车或者其他小型客车。确因情况特殊，可以适当配备价格25万元以内、排气量3.0升（含）以下的其他小型客车、中型客车或者价格45万元以内的大型客车。

（四）特种专业技术用车配备标准由有关部门会同财政部门按照保障工作需要、厉行节约的原则确定。

公务用车配备新能源轿车的，价格不得超过18万元。

上述配备标准应当根据公务保障需要、汽车行业技术发展、市场价格变化等因素适时调整。

第八条　严格控制执法执勤用车的配备范围、编制和标准。执法执勤用车配备应当严格限定在一线执法执勤岗位。

第三章　配备和经费管理

第九条　公务用车主管部门根据公务用车配备更新标准和现状，编制年度公务用车配备更新计划。

第十条　财政部门根据年度公务用车配备更新计划,按照预算管理有关规定统筹安排购置经费,列入公务用车主管部门预算。

第十一条　财政部门会同公务用车主管部门制定公务用车运行费用定额标准,统筹安排公务用车运行费用,列入党政机关部门预算。

第十二条　公务用车主管部门按照政府采购法律法规和国家有关政策规定,统一组织实施公务用车集中采购。

第十三条　党政机关应当配备使用国产汽车,带头使用新能源汽车,按照规定逐步扩大新能源汽车配备比例。

第十四条　地方各级党政机关确因工作需要超出规定标准配备公务用车的,必须报省级公务用车主管部门批准。

党政机关原则上不配备越野车。确因工作需要,按照程序报批后,可以适当配备国产越野车。越野车不得作为领导干部固定用车。

第十五条　除涉及国家安全、侦查办案等有保密要求的特殊工作用车外,党政机关公务用车产权注册登记所有人应当为本机关法人,不得将公务用车登记在下属单位、企业或者个人名下。

第四章　使用和处置管理

第十六条　党政机关应当加强公务用车使用管理,严格按照规定使用公务用车,严禁公车私用、私车公养,不得既领取公务交通补贴又违规使用公务用车。

第十七条　党政机关应当推进公务用车服务平台建设。各地区应当结合实际,将各类公务用车纳入平台集中管理,采用信息化手段统筹调度、高效使用,鼓励通过社会化专业机构提高平台管理运行效率。

第十八条　党政机关应当推进公务用车标识化管理。除涉及国家安全、侦查办案和其他有保密要求的特殊工作用车外,公务用车应当统一标识。

第十九条　党政机关应当建立公务用车管理台账,加强相关证照档案的保存和管理。

各省、自治区、直辖市以及中央和国家机关公务用车主管部门应当建立统一的公务用车管理信息系统,提高公务用车配备使用管理信息化水平。

第二十条　党政机关应当建立健全公务用车使用管理制度,严格执行,加强监督,降低运行成本。

严格公务用车使用时间、事由、地点、里程、油耗、费用等信息登记和公示制度。严格执行回单位或者其他指定地点停放制度,节假日期间除工作需要外应当封存停驶。

实行公务用车保险、维修、加油政府集中采购和定点保险、定点维修、定点加油制度,健全公务用车油耗、运行费用单车核算和年度绩效评价制度。

第二十一条　党政机关应当减少公务用车长途行驶,工作人员到外地办理公务,除特殊情况外,应当乘用公共交通工具。外事接待、会议和集体活动用车主要通过社会租赁方式解决。

第二十二条　公务用车使用年限超过8年的可以更新;达到更新年限仍能继续使用的,应当继续使用。因安全等原因确需提前更新的,应当严格履行审批手续。

公务用车按照规定更新后,可以采取拍卖、厂家回收、报废等方式规范处置旧车。处置收入按照非税收入有关规定管理。

第五章 监督问责

第二十三条 党政机关应当建立公务用车配备更新和使用情况统计报告制度。各省、自治区、直辖市公务用车主管部门负责统计汇总本地区公务用车配备更新和使用情况。国家机关事务管理局、中共中央直属机关事务管理局负责统计汇总中央和国家机关公务用车配备更新和使用情况。

第二十四条 党政机关应当严格执行公务用车配备使用管理各项规定,将公务用车配备更新、使用、处置和经费预算执行等情况纳入内部审计、政务公开和政务诚信建设范围,接受社会监督。

公务用车主管部门应当加强对党政机关公务用车配备更新、使用、处置等情况的监督检查,定期通报或者公示相关情况。

财政、审计部门应当加强对公务用车经费预算管理使用情况的监督检查,依法处理、督促整改违规问题,并将涉嫌违纪违法问题移送有关部门查处。

公安交通管理部门应当定期与公务用车主管部门交换公务用车注册登记信息、使用状态等情况。

纪检监察机关应当及时受理群众举报和有关部门移送的公务用车管理问题线索,严肃查处违纪违法问题。

第二十五条 公务用车主管部门有下列情形之一的,依纪依法追究相关人员责任:

(一)违规核定公务用车编制的;

(二)违规审批超编制、超标准配备公务用车的;

(三)违规审批未到年限更新公务用车的;

(四)违规安排公务用车经费预算的;

(五)有其他未按规定履行管理监督职责行为的。

第二十六条 党政机关有下列情形之一的,依纪依法追究相关人员责任:

(一)超编制、超标准配备公务用车的;

(二)违反规定将公务用车登记在下属单位、企业或者个人名下的;

(三)公车私用、私车公养,或者既领取公务交通补贴又违规使用公务用车的;

(四)换用、借用、占用下属单位或者其他单位和个人的车辆,或者擅自接受企事业单位和个人赠送车辆的;

(五)挪用或者固定给个人使用执法执勤、机要通信等公务用车的;

(六)为公务用车增加高档配置或者豪华内饰的;

(七)在车辆维修等费用中虚列名目或者夹带其他费用,为非本单位车辆报销运行维护费用的;

(八)违规处置公务用车的;

(九)有其他违反公务用车配备使用管理规定行为的。

第六章 附则

第二十七条 本办法所称小型客车、中型客车、大型客车等,依据中华人民共和国公共安全行业标准GA802—2014《机动车类型 术语和定义》界定。

第二十八条 各省、自治区、直辖市以及中央和国家机关各部门,应当根据本办法,结合实际制定具体管理办法。

第二十九条 中央和国家机关所属垂直管理机构、派出机构公务用车由行政主管部门依照本办法进行管理。

各民主党派机关公务用车管理适用本办法。

不参照公务员法管理的事业单位公务用车,按照本办法的原则管理。

第三十条 本办法由国家机关事务管理局、中共中央直属机关事务管理局会同有关部门负责解释。

第三十一条 本办法自2017年12月5日起施行。中共中央办公厅、国务院办公厅2011年1月6日印发的《党政机关公务用车配备使用管理办法》同时废止。

【简析】 这是一份由中共中央办公厅、国务院办公厅印发的办法,由总则、分则、附则三大部分构成,共6章31条。总则阐述了本办法的制定依据与适用范围,并对各种公务车的功能作了界定。分则从"编制和标准管理""配备和经费管理""使用和处置管理""监督问责"等四个方面对公务车的使用管理作了具体说明;附则补充说明相关事项。全文结构严谨,条理清晰,各章之间逻辑关系强。

例文二

中国共产党党务公开条例(试行)

第一章 总则

第一条 为了贯彻落实党的十九大精神,推动全面从严治党向纵深发展,加强和规范党务公开工作,发展党内民主,强化党内监督,使广大党员更好了解和参与党内事务,动员组织人民群众贯彻落实好党的理论和路线方针政策,提高党的执政能力和领导水平,根据《中国共产党章程》,制定本条例。

第二条 本条例所称党务公开,是指党的组织将其实施党的领导活动、加强党的建设工作的有关事务,按规定在党内或者向党外公开。

第三条 本条例适用于党的中央组织、地方组织、基层组织,党的纪律检查机关、工作机关以及其他党的组织。

第四条 党务公开应当遵循以下原则:

(一)坚持正确方向。坚持维护以习近平同志为核心的党中央权威和集中统一领导,认真贯彻落实习近平新时代中国特色社会主义思想,牢固树立"四个意识",坚定"四个自信",把党务公开放到新时代中国特色社会主义的伟大实践中来谋划和推进,把坚持和完善党的领导要求贯彻到党务公开的全过程和各方面。

(二)坚持发扬民主。保障党员民主权利,落实党员知情权、参与权、选举权、监督权,更好调动全党积极性、主动性、创造性,及时回应党员和群众关切,以公开促落实、促监督、促改进。

(三)坚持积极稳妥。注重党务公开与政务公开等的衔接联动,统筹各层级、各领域党务公开工作,一般先党内后党外,分类实施,务求实效。

(四)坚持依规依法。尊崇党章,依规治党,依法办事,科学规范党务公开的内容、范围、程序和方式,增强严肃性、公信度,不断提升党务公开工作制度化、规范化水平。

第五条 建立健全党中央统一领导,地方党委分级负责,各部门各单位各负其责的党务公开工作领导体制。

中央办公厅承担党中央党务公开的具体工作,负责统筹协调和督促指导整个党务公开工作。地方党委办公厅(室)承担本级党委党务公开的具体工作,负责统筹协调和督促指导本地区的党务公开工作。各地区各部门应当加强党务公开工作机构和人员队伍建设。

第六条 党的组织应当根据所承担的职责任务,建立健全党务公开的保密审查、风险评估、信息发布、政策解读、舆论引导、舆情分析、应急处置等工作机制。

第二章 公开的内容和范围

第七条 党的组织贯彻落实党的基本理论、基本路线、基本方略情况,领导经济社会发展情况,落实全面从严治党责任、加强党的建设情况,以及党的组织职能、机构等情况,除涉及党和国家秘密不得公开或者依照有关规定不宜公开的事项外,一般应当公开。

加强对权力运行的制约和监督,让人民监督权力,让权力在阳光下运行。

党务公开不得危及政治安全特别是政权安全、制度安全,以及经济安全、军事安全、文化安全、社会安全、国土安全和国民安全等。

第八条 党的组织应当根据党务与党员和群众的关联程度合理确定公开范围:

(一)领导经济社会发展、涉及人民群众生产生活的党务,向社会公开;

(二)涉及党的建设重大问题或者党员义务权利,需要全体党员普遍知悉和遵守执行的党务,在全党公开;

(三)各地区、各部门、各单位的党务,在本地区、本部门、本单位公开;

(四)涉及特定党的组织、党员和群众切身利益的党务,对特定党的组织、党员和群众公开。

第九条 党的中央组织公开党的理论和路线方针政策,管党治党、治国理政重大决策部署,习近平总书记有关重要讲话、重要指示,党中央重要会议、活动和重要人事任免,党的中央委员会、中央政治局、中央政治局常务委员会加强自身建设等情况。

第十条 党的地方组织应当公开以下内容:

(一)学习贯彻党中央和上级组织决策部署,坚决维护以习近平同志为核心的党中央权威和集中统一领导情况;

（二）本地区经济社会发展部署安排、重大改革事项、重大民生措施等重大决策和推进落实情况，以及重大突发事件应急处置情况；

（三）履行全面从严治党主体责任，坚持贯彻民主集中制原则，严肃党内政治生活，全面负责本地区党的建设情况；

（四）本地区党的重要会议、活动和重要人事任免情况；

（五）党的地方委员会加强自身建设情况；

（六）其他应当公开的党务。

第十一条　党的基层组织应当公开以下内容：

（一）学习贯彻党中央和上级组织决策部署，坚决维护以习近平同志为核心的党中央权威和集中统一领导情况；

（二）任期工作目标、阶段性工作部署、重点工作任务及落实情况；

（三）加强思想政治工作、开展党内学习教育、组织党员教育培训、执行"三会一课"制度等情况；

（四）换届选举、党组织设立、发展党员、民主评议、召开组织生活会、保障党员权利、党费收缴使用管理以及党组织自身建设等情况；

（五）防止和纠正"四风"现象，联系服务党员和群众情况；

（六）落实管党治党政治责任，加强党风廉政建设，对党员作出组织处理和纪律处分情况；

（七）其他应当公开的党务。

第十二条　党的纪律检查机关应当公开以下内容：

（一）学习贯彻党中央大政方针和重大决策部署，坚决维护以习近平同志为核心的党中央权威和集中统一领导，贯彻落实本级党委、上级纪律检查机关工作部署情况；

（二）开展纪律教育、加强纪律建设，维护党章党规党纪情况；

（三）查处违反中央八项规定精神，发生在群众身边、影响恶劣的不正之风和腐败问题情况；

（四）对党员领导干部严重违纪涉嫌违法犯罪进行立案审查、组织审查和给予开除党籍处分情况；

（五）对党员领导干部严重失职失责进行问责情况；

（六）加强纪律检查机关自身建设情况；

（七）其他应当公开的党务。

第十三条　党的工作机关、党委派出机关、党委直属事业单位和党组应当根据本条例第七条第一款规定，结合实际确定公开内容。

党的工作机关和党委直属事业单位应当重点公开落实党委决策部署、开展党的工作情况。

党委派出机关应当重点公开代表党委领导本地区、本领域、本行业、本系统党的工作情况。

党组应当重点公开在本单位发挥领导作用和落实党建工作责任制情况。

第十四条　党的组织应当根据本条例规定的党务公开内容和范围编制

党务公开目录,并根据职责任务要求动态调整。党务公开目录应当报党的上一级组织备案,并按照规定在党内或者向社会公开。

中央纪律检查委员会、中央各部门应当加强对本系统本领域党务公开目录编制的指导。

第三章 公开的程序和方式

第十五条 凡列入党务公开目录的事项,有关党的组织应当按照以下程序及时主动公开:

(一)提出。党的组织有关部门研究提出党务公开方案,拟订公开的内容、范围、时间、方式等。

(二)审核。党的组织有关部门进行保密审查,并从必要性、准确性等方面进行审核。

(三)审批。党的组织依照职权对党务公开方案进行审批,超出职权范围的必须按程序报批。

(四)实施。党的组织有关部门按照经批准的方案实施党务公开。

第十六条 党的组织应当根据党务公开的内容和范围,选择适当的公开方式。

在党内公开的,一般采取召开会议、制发文件、编发简报、在局域网发布等方式。向社会公开的,一般采取发布公报、召开新闻发布会、接受采访,在报刊、广播、电视、互联网、新媒体、公开栏发布等方式,优先使用党报党刊、电台电视台、重点新闻网站等党的媒体进行发布。

党的中央纪律检查机关、党中央有关工作机关,县级以上地方党委以及地方纪律检查机关、地方党委有关工作机关应当建立和完善党委新闻发言人制度,逐步建立例行发布制度,及时准确发布重要党务信息。

第十七条 党务公开可以与政务公开、厂务公开、村(居)务公开、公共事业单位办事公开等方面的载体和平台实现资源共享的,应当统筹使用。

有条件的党的组织可以建立统一的党务信息公开平台。

第十八条 注重党务公开相关信息监测反馈,对引起重大舆情反应的,应当及时报告。发现有不真实、不完整、不准确的信息,应当及时加以澄清和引导。

第十九条 建立健全党员旁听党委会议、党的代表大会代表列席党委会议、党内情况通报反映、党内事务咨询、重大决策征求意见、重大事项社会公示和社会听证等制度,发展和用好党务公开新形式,不断拓展党员和群众参与党务公开的广度和深度。

第四章 监督与追责

第二十条 党的组织应当将党务公开工作情况纳入向上一级组织报告工作或者抓党建工作专题报告的重要内容。

第二十一条 党的组织应当将党务公开工作情况作为履行全面从严治党政治责任的重要内容,对下级组织及其主要负责人进行考核。

党的组织应当每年向有关党员和群众通报党务公开情况,并纳入党员民主评议范围,主动听取群众意见。

第二十二条 党的组织应当建立健全党务公开工作督查机制,开展经常性检查和专项督查,专项督查可以与党风廉政建设责任制检查考核、党建工作考核等相结合。督查情况应当在适当范围通报。

第二十三条 对违反本条例规定并造成不良后果的,应当依规依纪追究有关党的组织、党员领导干部和工作人员的责任。

第五章 附则

第二十四条 中央军事委员会可以根据本条例,制定有关党务公开规定。

第二十五条 中央纪律检查委员会、中央各部门,各省、自治区、直辖市党委应当根据本条例制定实施细则。

第二十六条 本条例由中央办公厅会同中央组织部解释。

第二十七条 本条例自2017年12月20日起施行。

【简析】 这份条例分为总则、分则和附则,共五章27条。总则阐述了中国共产党党务公开的目的和依据,其内容范围、适用范围以及公开应遵循的具体原则;第二章至第四章分别从"公开的内容和范围""公开的程序和方式""监督与追责"等方面对于中国共产党党务公开作了具体规定。附则对中国共产党党务公开的适用范围、其解释权和施行日期作了补充说明。全文思维缜密,结构严谨,表述准确。

例文三

大学生诚信守则

立身诚为本,处世信为基。
养德始于真,修业成于勤。
忠诚报祖国,荣耻铭于心。
信仰须高洁,立场当坚定。
精诚探真知,独创著文章。
评奖要真实,考试应自警。
真挚敬师长,坦诚待同学。
文明行网络,是非应辨明。
花销要适度,兼职重信誉。
诚实求助贷,守信还款清。
客观荐自我,郑重许承诺。
踏实干事业,契约必践行。

【简析】 这一守则是西南大学党委书记黄蓉生教授主持的教育部2006年哲学社会科学研究重大课题《当代大学生诚信制度建设及加强大学生思想政治工作研究》的研究成果之

一。守则共有12句,1、2句是总述,其余10句分别从政治诚信、学习科研诚信、交往诚信、经济诚信、就业诚信等五个方面为当代大学生的学习、工作和日常生活提出了诚信规范。守则采用五言一句,音节明快、齐整,易于记忆。

练习题

一、填空题

1. 工作规划适用于对_____的工作作出整体布局,_____则是对某项工作从指导思想、具体要求到措施与办法等方面作出的具体安排。
2. 计划的主体内容包括目标、_____与_____。
3. 综合总结的主要内容包括整体情况概述、_____,以及今后努力的方向。
4. 述职报告的写作内容应该紧扣_____,并对此进行评析。
5. 简报兼具新闻的特性,那就是_____与_____。
6. 集中编发某一重要问题或重大事实的简报,叫_____简报。
7. 简报的正文由_____、主体与结尾三部分组成。
8. 党派或团体等组织,用于规定自身的组织结构、活动形式和行为准则,一般要用_____。
9. 从调查对象来分,有普遍调查与_____。
10. _____调查法具有高效快捷、_____与保密性较好等优点。

二、单项选择题

1. 下列各项中属于计划的前言部分的写作内容是(　　)。
   A. 措施　　　　　B. 步骤　　　　　C. 分工　　　　　D. 依据
2. 计划的措施包括在计划的(　　)中。
   A. 标题　　　　　B. 前言　　　　　C. 主体　　　　　D. 结尾
3. 下列文书中不属于"计划"范畴的有(　　)。
   A. 规划　　　　　B. 方案　　　　　C. 报告　　　　　D. 要点
4. 总结应就事论理,不能停留在对事实的叙述上,必须对客观事物的本质和内在规律进行概括,从实践中找出规律性的经验教训,因此,总结具有以下突出的一个特点,即(　　)。
   A. 客观性　　　　B. 主观性　　　　C. 理论性　　　　D. 指导性
5. 要使总结具有指导今后工作的实际意义,就必须(　　)。
   A. 突出成绩　　　B. 写出特色　　　C. 面面俱到　　　D. 找出规律
6. "述职报告"与公文的"报告"尽管是两种不同的文体,但它们在写作上却有一个共同点,就是(　　)。
   A. 语气谦恭　　　B. 以陈述为主　　C. 用数据说话　　D. 少讲缺点
7. 下列各项不属于简报写作要求的是(　　)。
   A. 新　　　　　　B. 简　　　　　　C. 快　　　　　　D. 深

8. 简报的语言力求（　　）
   A. 形象　　　　　B. 平易　　　　　C. 庄重　　　　　D. 古朴
9. 规定为了便于记忆,多采用（　　）。
   A. 条款式　　　　B. 表格式　　　　C. 综合式　　　　D. 概述式
10. 守则在写作时应考虑（　　）。
    A. 提出很高的要求防止每人都能做到　　B. 有针对性地拟定具体条文
    C. 内容全面,越多越好　　　　　　　　D. 文字描述尽量详细周全

三、简答题

1. 总结与述职报告在写作内容、表达方式上的区别有哪些？
2. 写好调查报告的前提是什么？
3. 制作一份调查问卷应注意什么？

四、修改题

按总结的写作要求先指出这份总结的不足,然后进行修改。

我的英语课程学习总结

  2014年,我在老师的指导下,在同学们的帮助下,顺利完成本学年英语课程的学习。

  在本学年英语课程的学习中,我认真对待每一堂课,坚持不落下任何一堂课,并且在上课的时间内,认真记录老师所说的知识点,如单词的释义、短语的搭配等。每天早晨,我坚持早起,读英语报,锻炼口语,通过一段时间的锻炼,自我觉得口语水平有很大的提升。

  在本学年里,我参加了多次英语比赛。在校级英语比赛中,我获得二等奖。

  在英语学习过程中,我仍有许多不足,例如在课堂上不能很好地展示自己的英语口语,不能与他人交流学习英语的感悟。鉴于此,今后,我将努力学习,让自己的英语水平再上新台阶。

五、写作题

1. 结合你所在班级的情况,拟写一份下一学年的班级工作计划。
2. 结合自己最近一个学年的课程学习与课外实践情况,写一份个人总结。
3. 以一位寝室长的名义拟写一份室友守则。

第三章 公关礼仪文书

第一节 公关礼仪文书概述

学习要点
1. 公关礼仪文书的含义和特点
2. 写好公关礼仪文书的要求

能力要求
1. 充分领会公关礼仪文书写作的意义、适用范围
2. 运用公关礼仪文书的写作来提高自身的能力

一、公关礼仪文书的含义及特点

公关,是公共关系或公众关系的简称。礼仪,则是人际交往中,以一定的、程式性的方式来表现的律己敬人的过程。简言之,公关礼仪文书就是组织内外部成员之间、组织之间以书面的形式传达旨在宣示某种良好或特定关系的文种。

公关礼仪文书应用范围较广,它适用于一切组织与组织之间、组织与个体之间、个体与个体之间的交际所需。它具有以下特征:

1. 交际互动性

人际交往中的主要方式是进行组织交往和个人交往,在中国文化中,礼尚往来多被视为交际中的个体或组织的精神文明内涵,在这方面公关礼仪文书用得最多,如书信、请柬、贺电、慰问信、感谢信等的应用。

2. 宣示性

在当代社会中,运用公关礼仪文书通过大众传播媒介和内部沟通方法,开展宣传工作,树立良好组织或个体形象已成了时代特色,如公开信、倡议书、贺词、开幕词、感谢信、悼词等的应用。

3. 程式性

程式性的特征既表现在各交际方之间应付对方的礼仪和约定俗成的"回礼",也表现在行文之中必要的礼仪修辞,如书信中开头和结尾的问候语、祝颂语,悼词和唁电写作中的礼仪程

式等。

根据文中内容的侧重点不同,公关礼仪文书大致可分为三类。

(1) 公关性文书:通过双(多)方的书面沟通交际,旨在建立一种良好关系或形象的文书。主要包括求职书、申请书、邀请书、请柬、聘书、慰问信、感谢信、表扬信、倡议书等。

(2) 礼仪性文书:这类文书更多表现出一种程式化礼仪特征。主要包括贺词、开幕词、欢迎(送)词、悼词等。

(3) 宣示性文书:其内容侧重于宣示。主要包括公开信、海报、启事等。

二、写好公关礼仪文书的要求

(一)公关文书

撰写公关文书不是一件可以任性的事情,其质量的高低,可以直接影响到组织或团队的形象。除了要求像党政机关文书的写作一样,要符合国家方针和政策,具有广博的知识以外,写好公关文书还有必要掌握和运用一些写作要领。

1. 要善于领会公关活动的意图

公关文书的写作大都具有被动性,命题写作居多,其针对对象与适用范围很明显。所以,要想写好一篇公关文书,事先一定要尽可能地领会相关公关活动的组织意图,包括开展此次公关活动的主要原因、活动的目的与意义,以及领导决策层对这次活动的具体要求,通过这次活动要解决的具体问题等。只有这样,写作者才能胸中有数,做到有的放矢,才能使写作的构思与组织符合相关公关活动的意图,获得良好的公关效果。

2. 要确定好主题

任何一种应用文书的写作都要求主题鲜明,公关文书自然也不例外。不过还是要注意,在主题表现方面,公关文书与文学创作不是一回事。文学创作可以要求主题鲜明但却不要求其直露,而是要隐含于意象、形象、叙事话语之中,甚至通过象征的方式来曲折地表达,这样可以引起读者多方面的艺术联想。而公关文书的主题则务必旗帜鲜明,情感直露,不能出现"复调"式的"多中心",也不能企图在一篇公关文中去说明很多问题。公关文书的写作目的,就是为了通过多种传媒手段与社会公众组织沟通,树立或塑造好自身形象。

3. 有利于沟通,传播效果好

互联网时代,公关文书写作传播,对内可以促进组织内部员工之间、部门之间、上下之间的沟通;对外可以促进组织与外部公众之间的沟通。但也可能起反作用。这就要求写作者认真钻研公关文书的写作艺术,从有利于协调关系,产生社会效益出发,不能唯我所需,要充分研究接受主体的精神需求和情感需求。

4. 避免长篇大论

公关活动对于时间和效益最为看重。因此公关文书的写作不能长篇大论,而要善于抓住中心,简明扼要,使其亮眼、易记、易于传播和易于操作。写作时开门见山,紧扣主题,不必过多地描写和议论,语言也要保持简洁精练。

(二)礼仪文书

礼仪文书使用范围非常广泛,小至人与人之间的应酬,大至国与国之间的交往。这里简要介绍几点写作注意事项。

1. 高瞻远瞩，审时度势

礼仪文书用于国与国之间、不同国家地区之间、国家与地区之间、特殊军事集团之间的贺信、贺电、唁函、唁电，用于外交场合的各种致辞等，兼有外交公文特点，具有一定政策性，写作时务必高瞻远瞩，审时度势。因为国际形势风云变幻，世界关系错综复杂，只有俯瞰全局，充分了解对方国情、民情，才能写出有利于增进友谊、促进友好合作的文书。这一点，读者平时阅读报上登的贺电、唁电、致辞之类，就可领会得到。不仅如此，只要涉及人与人之间关系的，也要遵循这个原则，如中国共产党中央委员会、苏维埃中央政府《致许广平女士的唁电》。鲁迅先生去世之时，全国人民的抗日热情正处于高涨阶段，但南京国民党政权还处心积虑地打内战。中国共产党及苏维埃政府针对这一情况，利用唁电悼念鲁迅先生的机会，高度评价鲁迅先生是"热情追求光明的导师，献身于抗日救国的非凡领袖，共产主义苏维埃运动之亲爱的战友"，通过悼念鲁迅，"深信全国人民及优秀的文学家必能赓续鲁迅先生之事业，与一切侵略者、压迫势力作殊死的斗争，以达到中国民族及被压迫的阶级之民族和社会的彻底解放"[①]。使得这篇唁电完全超越了普通的境界。

2. 要有对象感

现实生活中，人与人之间的应酬呈现多种关系。从职位看，有上级、平级、下级之分；从与本单位的关系看，有贵宾、一般来宾之别；从与个人的密切程度看，有挚友、普通朋友；从辈分看，有长辈、平辈、晚辈，等等。鉴于此，我们在交往中有必要根据上述关系，采取相应礼仪。总之，书写礼仪文书时要谨记：写给谁？给谁看？讲给谁？给谁听？要有强烈的对象感。

3. 应景性

礼仪文书应根据各种不同场合，写作时要适合于场景的气氛和谐融洽。如在公共关系中，致辞就使用得较多。新闻发布会、宴会、学术研讨会、展览会、开业或周年庆典会、舞会等，都离不开有关人士致辞。但不同场合的致辞，内容和写法不能没有差别。一般而言，大会致辞要庄重严谨，宴会致辞要活泼新鲜，答谢致辞要诚恳亲切。如匡亚明先生在《中美中心成立十周年庆典大会的致辞》，既庄重又有亲和力，既有庆典的喜庆，又有厚重的历史感。

4. 精括简明

礼仪文书要精括简明。题词、柬帖等要求文字简短就不必说了，即便是致辞，也应精简篇幅，因为说长了不免令人沉闷，冲淡气氛。如祝酒词，是在宴会开始之际主人向客人致意时的讲话，祝酒词只是宴会开场白，目的是引起赴宴者注意，表示主人庆贺、祝愿之情，营造酒会气氛，以便使宴会顺利进行。如果致辞过长，洋洋洒洒数千言，效果常常会适得其反。

5. 用语得体

用语得体包含两重意思：对某些礼仪文书指的是须有分寸感，对另一些礼仪文书指的则是形成某种风格。如庆贺信函，措辞宜典雅，合乎吉利要求，不能掺进个人牢骚乃至失意之事。

---

① 中国社会科学院文学研究所鲁迅研究室. 致许广平女士的唁电[A]. 1913—1983鲁迅研究学术论著资料汇编 第1卷[C]. 北京：中国文联出版公司，1985：1501.

第二节 求职书和申请书

学习要点
1. 求职书、申请书的含义
2. 求职书、申请书的特点
3. 求职书、申请书的写作及格式

能力要求
1. 能够运用相关的文体知识对例文进行解读、分析
2. 领会求职书、申请书的写作方法
3. 初步学会写作求职书、申请书

一、求职书

（一）求职书的含义

广义的求职书就是指求职者在求职过程中与招聘方进行沟通的文书。狭义的求职书是求职者向招聘单位介绍自己的学识、才干和经历以期获得某一岗位（职务）的书信。撰写求职书是求职过程中很重要的一环。在未与招聘方正式接触之前，求职书就是求职者与招聘方之间的媒体。文笔流畅，有自我推销意识，格式规范的求职书能给招聘者留下良好的印象，获得面试的机会就会增加几分。

（二）求职书的特点

1. 针对性和表现性

知己知彼，百战不殆。"知己"就是要充分认识自己的能力和特长；"知彼"就是要十分了解用人单位的职业性质、工种等情况并作出评价。在知己知彼的前提下，阐明用人单位之所需，正是本人之所有。尽量突出自己的优点和长处及与申请职位相关的资历，对你自己的知识水平、能力和价值作出恰当的评估，陈述你的兴趣和动机。

2. 真实性

求职者应该用真实诚恳的态度、实事求是的精神、真才实学的本事打动对方，让用人单位录用自己。求职者在介绍自己的基本情况、兴趣爱好、能力特长时，应该恰如其分。

（三）求职书的类型

从求职的过程来看，有可能会用到以下 7 种信函。

（1）求职申请信：这类信函适用范围主要是那些已有一定从业经历的求职者。它的作用是使招聘单位有兴趣看你的简历并增加为你安排面试的机会。求职者应考虑采取的策略是说明你是符合招聘要求的人选。仔细研究招聘要求，然后选择一个或几个能有力说明你适合这份工作的方面，如受教育程度、经历、兴趣或责任心，等等，还要将你过去的工作表现和经历与申请的工作联系起来。

(2)求职书:主要适用于大学毕业生求职者。写这类信件主要应注重从职业和所在机构的角度来陈述自己能够适应工作环境要求的理由。它的特点是求职者的求职范围有一定的宽泛和灵活性,针对性不及求职申请书强。

(3)求职信息型信函:主要指的是求职者向组织招聘方了解、咨询招聘信息的信函。这类信件可以为求职者提供一次参加咨询的机会,而不是一次面试。这类咨询会,也可以称之为人才交流会,现在非常盛行,但是许多求职者都不能很好地利用这样的机会。它虽然不会给求职者提供更多的就业机会,但是它要求精心地准备,诚恳地参与,以便用人单位更了解你的意图。

(4)求职感谢信:这是一个非常重要但却在求职过程中很少被运用的一种信函。它可以帮助你树立良好的信誉和形象,表达你的感激之情,即便不能增加你成功的概率。应该说,每一个帮助过你的人都值得你去感谢。

(5)接受信:如果你接受了对方提供的条件,应该发一封这样的信对此加以确认,也应该积极肯定用人单位的选择。

(6)撤回申请信:你一旦接受了一份工作,出于礼貌你应给你所申请的其他单位发一封信,表示要撤回你的申请。向这些单位对你的申请所给予的考虑表示感谢。你应从个人的角度来说明接受另一份工作的原因,千万不要说你选择了一个更好的工作。

(7)拒绝信:这类信函并非只有用人单位可以发。当求职者发现用人单位提供的条件与求职目标不符时,可以考虑巧妙地拒绝用人单位提供的条件,但是在采取这一行动之前,求职者应充分考虑那些条件,在认为确实不适合自己时才这样做。同时,也不要忘记拒绝的同时表达感激之意,对用人单位给予的机会表示谢意。

所有上述方法都是因人而异的。求职者首先对自己要有全面和正确的了解,才能在求职书中体现个人的特色,展现出才华与个性。由于篇幅所限,这里只重点介绍一般求职书的写作。

(四)求职书的写作

求职书包括标题、称谓、问候语、正文、致敬语、落款、附件等部分。

1. 标题

首行居中写上"求职信"或"求职书"3个字。

2. 称谓

在标题下第一行顶格写明收信者的名称、姓名。一般情况下,写给单位的人事部门。企业单位是人力资源部、人力部;事业单位是人事科、人事处。有时可以直接写给单位领导人,在领导人的姓氏后加上职务。称谓后加冒号,表示有话要说。

3. 问候语

问候语常常写成"您好!""打扰了!""感谢您在百忙之中审阅我的材料!"等字样。

4. 正文

正文包括求职缘由、自身条件、相应要求等。

(1)求职缘由:开门见山地向用人单位表达自己的求职意愿,阐述求职的理由。态度要诚恳,语言应简练。

(2)自身条件:自身条件包括基本情况、教育背景、能力特长、所获成果、实习情况等。基本情况主要有:姓名、性别、年龄、民族、籍贯、身高、政治面貌、身体状况等;基本情况可放到附件里介绍;教育背景包括毕业院校、所在院系、所学专业等;能力特长包括兴趣、爱好、组织协调能力、外语水平、计算机水平等;所获成果包括发表的作品、获得的专利、奖励、证书等;实习情况包括实习的时间、地点、内容、成绩等。

（3）相应要求：诚恳地提出要求，并希望用人单位回复自己的要求。

5．致敬语

致敬语常常写成"此致""敬礼"。

6．落款

落款处写上自己的姓名和写信的日期。

7．附件

求职信常常有各种附件，如个人简历、毕业证复印件、学位证复印件、专业成绩表复印件、发表的论文复印件、英语等级证书复印件、计算机等级证书复印件、获奖证书复印件。

（五）写求职书的注意事项

（1）切忌"饥不择食"。不作调研就随意发求职书，会使招聘单位没有任何准备，无法在短期内对你有所考察而将信将疑，并且，由于求职者对招聘单位缺乏了解，即便工作了也会后悔。

（2）切忌记流水账，想到哪里就写到哪里，既抓不住要领，又没有针对性。语言表达的逻辑性、条理性、明确性是写求职书的最起码的要求。

（3）求职是一个自我推销的过程，写求职书要"适度推销"，绝不可夸大其词。

 例文一

求职书

尊敬的负责人：

　　您好！我是一名×××大学××系应届本科毕业的女大学生，我希望应聘并且自认能够胜任贵单位此次的招聘岗位，在此，我首先要感谢您阅读我的简历和求职信，这是您给我介绍自己的一个宝贵机会。

　　我在城市长大，熟悉城市的人文环境和工商文明，但高考的发挥失误，使我未能跻身名校，为此我付出了四年的勤奋学习和积极地参加实践锻炼，希望能够弥补青春的第一次遗憾。

　　在×××大学××系四年的学习过程中，我是品学兼优的学生，连续四年获得奖学金，因积极参加校内学生工作表现良好而获得好评。让我更自豪的是，在我多次参加的实习工作中，工作单位对我的表现予以好评。

　　截至2010年1月，我实习工作的时间已经超过13个月，其中主要是在天津《今晚经济周报》和"滨海之声"广播电台。《今晚经济周报》是一份具备杂志特征的报纸，适合深度报道，我在报社的工作是负责社会新闻和经济新闻的专题采写，从选题策划、联络采访，到最后的主笔完稿，都是自己独立完成的，涉及的素材包括财经、教育、消费者权益等。我在电台的工作则是独立负责音乐节目的选题、编辑、撰写讲解，因为我在学校有长期负责广播站工作的经验，所以做这类时尚音乐节目得心应手。总之，在13个月的工作过程中，我勤奋积极地投入，把握住每一次机遇，努力锻炼自己。至今，就对纸媒和电台的了解，对经济和社会话题的选择策划、联络采访和文案撰写等，我都具备了一个合格工作者的认知水平和操作能力。

　　莱布尼茨说，"现在是伟大的，因为它有未来。"即将跨入职场的我，非常渴望得到贵单位的肯定和认可,渴望有机会与贵单位一起共同争取未来的进步。我自认为已初步具备一个入职者的知识结构和能力素质,不会辜负您和贵单位对入职者的希冀。再次向您表示衷心的感谢,希望得到您的进一步垂询,并祝您事业顺利。

此致

敬礼

×××

××××年×月×日

附件(略)

联系电话:××××××××××

【简析】 这份求职书的针对性极强,虽然求职书本身并没有说明具体的求职单位,但从逻辑上可以判断,求职者是在向一家媒体单位进行自我推荐。此外,这封求职书在处理自我表现性和真实性方面做到了统一。

 例文二

求职书

尊敬的领导:

您好!感谢您在百忙之中翻阅我的自荐材料!我是××科技大学××届化学工程与工艺专业的应届本科毕业生。真诚希望能成为贵公司的一员,为贵公司的事业发展尽我全力。

在大学的前三年中,我认真学习了化工专业及相关专业的理论知识,已具备了扎实的专业基础,系统地掌握了各种理论和操作技能,以优异的成绩完成了相关的专业课程,并连续六次获得"校综合奖学金",一次"国家奖学金",一次"省政府奖学金",一次"××市大学生市长奖学金",连续两次被评为"校三好学生标兵"。

在思想上,作为一名共产党员,同时作为本院本科生党支部组织委员,我时刻严格要求自己,积极组织有意义的支部活动,并被评为"院优秀共产党员";在生活中,我以勤俭朴素为荣,来自农村的我更懂得生活的艰辛。因此我努力学习和工作,决心以自己的双手来改变命运。

在校期间,我一直担任学生干部工作,从入学至今担任班级班长,并曾先后担任院学生会副主席兼学术部部长,08级学生班主任,院公寓管理委员会主任。三年的学生干部工作培养了我的团队协作精神,提高了我的领导组织协调能力。在组织学生活动的同时,我也积极参加学校和社会的各项活动,获得了老师同学的好评和省市校领导的认可,并先后被评为"××省优秀学生干部""××市大学生标兵""××市优秀大学生",连续两次获"百佳千优"特色奖学金,带领班级连续两次获得校"先进班集体"荣誉称号,2008年在"改革开放三十年社会发展和重大成果体验"社会实践活动获得"2008年××省大中专学生暑期社会实践活动优秀成果奖",所带社会实践团队获得2008年度××市大中专学生志愿者暑期社会实践活动"优秀服务团"和"优秀成果奖"等荣誉,并作为本校唯一候选人参与评选"××省华育十佳大学生"活动。这是对我的肯定,也是对我的鞭策,我不会停下奋斗的脚步,我会继续努力提高自己。

  与此同时,我尤其注重外语及 IT 技能的学习,一次性通过了 CET－4,CET－6 的考试,具备了良好的听、说、读、写能力。在科技迅猛发展的今天,我紧跟科技发展的步伐,不断汲取新知识,并顺利通过了国家计算机二级(C 语言)考试,并能熟练使用 Office 办公软件,同时我还在业余时间取得了机动车驾驶证。

  诚然,缺乏经验是我的不足,但我拥有饱满的热情以及"干一行爱一行"的敬业精神。在这个竞争日益激烈的时代,人才济济,我并非最优秀,但我拥有不懈奋斗的意念、愈战愈强的精神和踏实肯干的作风。请相信:你们所要实现的正是我想要达到的!

  此致
敬礼

×××
××××年×月×日

附件(略)

联系电话:××××××××××

【简析】 这份求职书的特点是行文流畅、结构清晰。作者对自己充满自信,表现出较强的求职欲。

二、简历

(一)简历的特点

简历是求职者向用人单位介绍自己的基本情况、教育背景和工作经历等情况的文书。简历的特点是完备性和真实性。

1. 完备性

简历应包括个人基本情况、教育背景、工作经历、奖励情况、技能及特长等内容,个人基本情况介绍应全面周到。同时,应有支持履历的证书、材料和身份证复印件。

2. 真实性

简历中所有的内容应真实无误。有分量的简历善于用事实说话,用充分的事实来征服、取信对方。在招聘过程中一旦被发现简历有造假的现象,应聘者将前功尽弃。虽然简历中写的东西原则上要真实可信,但如何让亮点更亮,还需要花点心思。

(二)简历的写作

简历一般采用表格式,表格式具有一目了然的效果。一份完备的简历,应包括下面几个方面的内容:

(1) 个人基本情况:包括姓名、性别、年龄、民族、籍贯、政治面貌、身体状况、住址、联系方式等。

(2) 教育背景:包括就读的学校、所学的专业、所获的学位、修读的主要科目和成绩等。有的项目也可放到个人基本情况中介绍。

(3) 工作经历:一般按时间顺序写上工作经历,有时可采用倒叙的方式。在校大学生的工作经历包括在校期间的学年实习、毕业实习、勤工助学、参加过的社会活动等。根据求职目的有重点、有针对性地介绍。

(4) 技能专长:包括中文写作、普通话、外语、计算机、汽车驾驶等方面的能力。

(5) 获奖情况:包括三好学生、优秀团员、优秀党员、优秀学生干部、奖学金、各种竞赛奖等情况。

(6) 附件:简历后面,可以附上身份证复印件、个人学历证明复印件、各种证书复印件等。

 例文

个人简历

姓名:×××	性别:女	出生年月:1990年7月
身高:166 cm	民族:汉	籍贯:×××
政治面貌:中共预备党员		学历:本科,学士学位
专业:英语(师范)		毕业学校:××师范大学
联系方式:××××××××××		E-mail:××××××
求职意向:××中学高中英语老师		
外语水平:专业八级。2008年7月以513分通过大学英语六级。2008年3月参加全国大学生英语专业组竞赛,获105分的高分		
计算机水平:省一级		
获奖情况:2008年3月参加全国师范院校学生语言文字基本功大赛,荣获一等奖;2008年4月参加全国大学生英语知识竞赛,荣获二等奖;2008年5月参加院第二届课堂技能大赛,荣获一等奖;2008年5月参加院外文歌曲大赛,荣获优秀奖;2008年11月参加首届校话剧团话剧基本知识竞赛,荣获一等奖;2009年11月参加第五届勤奋杯教师教育技能说课大赛,荣获二等奖;2010年参加女子鄱阳湖生态发展主题演讲比赛,荣获二等奖		
实践经历:2010年10月—2011年1月进行三个月的英语教学实习,深得学生喜爱,获得实习学校与指导老师的一致好评;2009年7—9月在××市"步步高"暑期辅导班担任英语老师和班主任;2008年7—8月在×××中学实习担任英语教师		
兴趣爱好:小提琴、看书、音乐、旅游		
自我评价		
我是一个很开朗、很自信同时又特别有爱心的人,在刚刚结束的"中博会"上,担任了翻译志愿者服务的重任,帮助别人的同时,自己也倍感愉快和满足。很高兴能有这次机会,认识各位领导和老师们。谢谢你们!		

附件(略)

三、申请书

(一)申请书的含义

申请书是个人或集体向组织、机关、企事业单位或社会团体表达愿望、提出请求时所使用的一种文书。申请书的使用范围相当广,种类也很多。按作者分类,可分为个人申请书和单位、集体公务申请书。

(二)申请书的特点

1. 请求性

无论是入党申请书,还是助学贷款申请书,抑或是专利申请书,都要提出请求事项,希望得到通过或解决。

2. 真实性与合理性

申请的事项要写清楚、具体,涉及的数据要准确无误;申请的理由要充分、合理,实事求是,不能虚夸和杜撰。

(三)申请书的写作

申请书一般由标题、称谓、正文、结语、落款5个部分构成。

1. 标题

首行居中写上"申请书"或"××申请书"字样。

2. 称谓

在标题下的第一行顶格处写上接受申请的单位、组织名称或有关领导。

3. 正文

正文是申请书的主要部分,首先提出要求,其次说明理由。理由要写得客观、充分,事项要写得清楚、简洁。

4. 结语

结语可用"特此申请""恳请领导帮助解决""希望领导研究批准"等,也可用"此致""敬礼"等礼貌用语。

5. 落款

落款写上申请人的姓名和提出申请的日期。

 例文一

入党申请书

敬爱的党组织:

我自愿要求加入中国共产党,因为共产党是中国工人阶级的先锋队,是中国各族人民利益的忠实代表,是中国社会主义事业的领导核心。

从孩提时起,电影里、课本上革命先烈的英勇行为就已让我感受到了党的神圣和伟大。那鲜艳的党旗如熊熊燃烧的烈火,温暖着我的心窝……那金色的镰刀和锤头砸碎了禁锢在劳动人民身上的铁链,打破了黑暗旧社会的枷锁,推翻了几千年来压在中华民族头上的三座大山,给处在水深火热中的中华儿女带来了新生活。带着这种对党的崇高敬意,我有了一个信念——梦想有一天我也能站在党旗下,向党宣誓,成为一名优秀的中国共产党党员。我努力学习,积极向上,8 岁加入少先队,14 岁加入共青团,在共青团的生活中严格要求自己,认真做一个合格的共青团员,争当先进。

　　这种发自内心深处的执着与崇高的信念,给了我克服一切障碍,追随中国共产党建设社会主义中国的勇气、信心和力量。

　　现在,我决心用自己的实际行动接受党对我的考验,我郑重地向党提出申请:我志愿加入中国共产党,拥护党的纲领,遵守党的章程,履行党员义务,执行党的决定,严守党的纪律,保守党的秘密,对党忠诚,积极工作,为共产主义奋斗终生,随时准备为党和人民牺牲一切,永不叛党。

　　我深知按党的要求,自己的差距还很大,还有许多缺点和不足,如我的政治理论水平还不是很高、在工作中处理问题有时还不够成熟等。希望党组织从严要求,以使我更快进步。我将用党员的标准严格要求自己,自觉地接受领导和群众的帮助与监督,努力克服自己的缺点,弥补不足。争取早日在思想上,进而在组织上入党。

　　即使组织上认为我现在尚未具备一个党员的资格,我也会按党章的标准,严格要求自己,总结经验,寻找差距,继续努力,争取早日加入党组织。

　　请党组织在实践中考验我!

申请人:×××
××××年×月×日

简析　这份申请书开头提出了入党的申请,接着简明扼要地陈述自己志愿入党的理由,结尾表达决心。全文结构比较严谨,语气恳切。

 例文二

助学贷款申请书

尊敬的××银行和学校领导:

　　我是××理工大学化工与能源学院××级硕士班的学生×××。家住××省××市。该市地处偏远的××省西部山区,交通不便,经济极不发达。

　　2002 年 8 月,当我接到××大学录取通知书时,真是喜忧参半:喜的是,终于可以进入梦寐以求的大学学习;忧的是,每年 3 100 元的学费从何而来?父母拿着我的录取通知书四处奔走,东借西凑,报到时仍差 600 元学费没有凑齐,是当时的母校以她宽容的胸膛接纳了我这个寒门学子。之后三年中,我获得学校一次性减免学费 2 400 元、××省政府奖学金 2 000 元及减免学费 1 550 元、校奖学金 500 元、考研奖金 1 000 元以及每年 500 元师范专业奖学金,并且通过自己平时做社会工作获取报酬,我不但圆满完成了大学本科阶段的学习,还考上了久负盛名的××理工大学的硕士研究生。

　　可是如今,父母不再年轻,体弱多病,家境亦无好转,面对每年 8 000 元的学费及××市高昂的生活开支,亲朋好友的帮助只是杯水车薪,而我除了要完成学业和科研工作之外,还兼任了社会工作,业余打工所得很是有限。但是,我依然坚定地选择了读研这条路,因为我知道,在求学成才面前,任何经济上的困难都是暂时的、都是可以战胜的,所以我不畏惧困难,更不讳言贫穷,在此郑重地向学校、向一贯以来支持寒门学子成长成才的××银行提出助学贷款申请。

我在大学本科学习期间积极上进,遵纪守法,无任何违法违纪行为,品学兼优,多次获得各类奖项,诚实守信,没有任何不良行为;担任过学生会主席等职务,对社会工作尽职尽责,并于2004年加入了光荣的中国共产党。我希望在××理工大学这个人才荟萃的大熔炉里,能够继续创造佳绩。获得助学贷款会使我在今后的学习和科研工作中投入更多的精力,早出成绩,早日成才,早日为国家和社会贡献自己的才智和力量。

离校后我一定按照协议规定按时偿还贷款,决不拖欠,因为我知道还有很多和我处境差不多的学子等着这笔贷款去交学费。请银行和学校领导相信我,我以我的人格作为担保。特此申请,望予批准。

此致

敬礼

申请人:×××
××××年×月×日

【简析】 这份申请书有两个特点:一是助学贷款申请的理由陈述比较充分,作者尽可能用数字真实地再现自己经济上的困境和社会资助情况;二是生活态度积极向上。这两点无疑增强了申请者的说服力和感召力。

例文三

廉租住房申请书

尊敬的社区领导:

本人1958年7月出生,1976年高中毕业后,曾在×××小学任民办教师,1979年转正并于1985年调回××小学当老师,于2001年11月退休,系××镇居民。

我于1984年结婚,1986年因感情问题离异,生一女孩当时由男方抚养,住房留给男方。本人至今未再婚。离婚后,学校出于同情,曾将校园旁边一间20平方米的土房卖给我,1999年校园扩建,校方出资5 200元又将房屋收回拆除。至今本人无个人住房,现居住在兄弟家中。

本人一直患有抑郁症,需定期到外地住院和长期服药治疗,退休工资仅2 575元/月,扣去应扣款项后,每月实际拿到手的仅2 000元左右,看病吃药基本花去本人工资的大半,2006年,孩子高中毕业考上大学,当时男方再婚后生活比较困难,加上种种原因,男方家中是不主张孩子读大学的,所以我只好省吃俭用承担起孩子上学的全部费用,供孩子读完大学,现在孩子在外地打工,还未成家,每月1 000多元的工资勉强够自己生活。所以至今本人无积蓄,有时生活费用还得靠弟兄姊妹来资助,面对现今不断上涨的房价,买房对我来说已经成为无望,现只能申请政府廉租住房一套,望给予批准为盼!

申请人:×××
××××年×月×日

(选自 www.wenku1.com)

这是一份廉租住房申请书,申请者首先简要介绍了自己的生活经历,接下来重点阐述了自己申请廉租房的主要原因,结尾提出了廉租房的申请。

第三节　请柬、邀请函和聘书

学习要点
　　1.请柬、邀请函、聘书的含义
　　2.请柬、邀请函、聘书的写作格式
能力要求
　　1.领会邀请函、聘书的写作方法
　　2.初步学会写作邀请函、聘书

一、请柬

(一)请柬的含义和类别

请柬又称请帖,是机关、团体、企事业单位或个人邀请有关人员参加会议、庆典或活动时发出的文书。按内容分,请柬一般有喜庆请柬和会议请柬。

(二)请柬的特点

1. 简约性
请柬的篇幅有限,行文多讲究达、雅兼备。达即准确,雅就是讲究文字美。

2. 庄重性
使用请柬,既表示邀请方对事物的郑重态度,也表明其对客人的尊敬,密切主客间的关系。

(三)请柬的写作
请柬一般由标题、称谓、正文、结语、落款五个部分构成。

1. 标题
在封面上写上文种"请柬"或"请帖",也可加上事由。

2. 称谓
顶格写清被邀请单位名称或个人称呼,其后加冒号。个人称呼可在姓名后加"先生""女士",也可在姓名后注明职务或职称。

3. 正文
正文写明活动的具体时间、详细地点、重要内容及其他应知事项。

4. 结语
结语写致敬语,常用"敬请光临""恭候光临""届时敬请光临指导""此致敬礼"等。

5. 落款
落款写上邀请者的单位名称或个人姓名,署上邀请的日期。

（四）写请柬注意事项

（1）用词要谦恭，要充分表现出邀请者的热情与诚意。

（2）语言要得体、庄重、精练、准确，凡涉及时间、地点、人名等关键性词语，一定要核准、查实。

例文一

请　　柬

×××先生：

　　兹定于10月21日晚7：00—9：00在市政协礼堂举行中秋茶话会，届时敬请光临。

　　此致

敬礼！

××市政治协商会
××××年×月×日

例文二

请　　柬

×××先生/女士：

　　我们定于×月×日下午×时假座××饭店××厅举行婚宴，届时恭请光临。

×××　×××谨邀
××××年×月×日

二、邀请函

（一）邀请函的含义、特点

邀请函又称邀请书、邀请信，是机关、团体、企事业单位或个人邀请有关人员参加纪念会、座谈会、博览会、学术研讨会等活动所使用的一种专用书信。

邀请函的特点是邀请性。邀请函与请柬一样，实际上是邀请有关人员参加某项活动时发出的书面通知书。

（二）邀请函与请柬的主要区别

（1）礼仪的隆重度不一样。请柬是中国传统礼仪文化中非常庄重的一种礼仪书信，而邀请函在礼节上要轻些；

（2）内容篇幅上有区别。请柬又称"请帖"，内容要求极为简约，而邀请函则可短可长；

（3）形式上有区别。请柬在款式和装帧设计上多追求精致、美观，而邀请函则可忽略这些因素。

（三）邀请函的写作

邀请函一般由标题、称谓、正文、结语、落款五个部分构成。

1. 标题

邀请函的标题可以由文种名单独构成，也可以由"事由＋文种名"构成，如"2011年××农资春季交易会暨新产业、新技术推广会邀请函"。

2．称谓

称谓写邀请的单位名称或个人称呼。个人称呼可在姓名后加"先生""女士""同志"，也可在姓名后加职务、职称。

3．正文

正文写明活动的名称和主要内容，交代清楚活动的具体时间、地点和对被邀请者的有关要求。

4．结语

结语写致敬语，常用"此致敬礼""敬请光临""恭候光临"等。

5．落款

落款写上邀请者的单位名称或个人姓名，署上邀请的日期。

 例文一

邀请信

尊敬的×××先生：

由××大学历史文化学院、香港××大学中国文化中心联合举办的"文化传承与历史记忆"国际学术讨论会将于2007年10月17日至20日在××市举行，素仰您在该研究领域的学术造诣，特邀请您拨冗参会，现将有关会议事项告知如下：

一、会议日程安排

2007年10月16日：报到（××市××大酒店，××区××××街99号）

2007年10月17日：大会（××大学××校区文华活动中心大礼堂）

2007年10月18日、19日、20日：峨眉、乐山、眉山等文化遗产地考察

2007年10月21日：离会

二、会议地点

××市××大酒店

三、会议规模

约30人

四、会议议题

1.考古发现与历史解释；2.重读古典经典；3.无形文化遗产的历史性；4.审美意识与中国文化遗产。

五、中、英文论文摘要收讫日期

2007年10月7日前

六、回函确认

请于2007年10月9日之前以电话或电邮的形式告知您是否参会，以便我们的会务安排。

七、联系方式

通信地址：××市××路29号，××大学历史文化学院、××藏学研究所

邮政编码：××××××

联系人：张××

电话/传真:＋86-28-8541××××

邮箱:scuzang_ue@163.com

××大学历史文化学院

香港××大学中国文化中心

2007年×月×日

简析 这份邀请信对于会议的相关事宜交代非常清晰,表现出准备非常充分,对受邀者以极大的诚意。

 例文二

关于举办2010年××市医药卫生人才大型交流会的邀请信

各位人才:

  为了做好民生工作,全力打造健康××,建设长江上游的医学中心,××市决定对全市2 500余个医疗卫生机构实施改扩建,并在2015年前新增13所三甲医院,使全市三甲医院总数达到30所。目前,××市已经启动了三甲医院创建计划,各级医疗卫生单位对于医疗人才需求急剧增加。××市卫生人才交流中心根据上级的有关决定和医院的人才需求,特此举办2010年医药卫生人才大型交流会,为广大的有志之士提供施展才华的机会和平台。我们热忱地欢迎各位才子,共展宏图!

  本次交流大会召开时间定为2010年11月21日(周日)上午9:00—15:00,地点在××人才大市场××街市场(××市江北区华新街农垦大厦四楼)。参加本次交流会的招聘单位有第三军医大学附属医院、××医科大学附属医院、武警××总队医院、××市中医院(市第一人民医院)、××市肿瘤医院等市级医疗机构,各区县卫生局及其医疗卫生单位(包括三甲医院创建单位)、医疗器械生产经营单位等近200家,其中部分区县卫生局和医疗卫生单位将招聘编制内人员,对部分本科专业和研究生以及中高级职称人才实行免考入编。此次交流大会将提供各类岗位5 000多个,是同学们择优就业的大好时机。

  详情请登录××医药卫生人才网(www.cqwsrc.com)查询,参会单位将随时更新。

  乘车路线:

  ×××火车站(汽车站):乘坐608、610、618、619、112、115等路公交车到××街站下;

  ××火车北站(龙头寺汽车站):乘坐818、601、611、138、461等路公交车到××街站下;

  ×××汽车站:乘坐609、608、603、114、112、120等路公交车到××街站下;

  ×××汽车站:乘坐815、318路公交车到××街站下;

  机场:乘坐机场大巴到加州站下,转乘610、619、112、818等路公交车到××街站下。

咨询电话:63631020,63651231

卫生部人才交流××中心
××市卫生人才交流中心
2010年11月9日

【简析】 这是一份招聘会的公开邀请信。信中对于××医药卫生系统人才招聘的背景、参与招聘的主要单位、招聘的时间、地点及参与招聘的条件等事宜作了比较周详的介绍。

三、聘书

(一)聘书的含义

聘书是聘请书的简称。它是用于聘请某些有专业特长或名望权威的人完成某项任务或担任某种职务时的书信文体。

(二)聘书的特点

1. 协作性

聘书使个人与聘用单位联系起来,加强了不同组织、集体之间的合作。

2. 郑重性

聘书是出于对受聘人极大的信任和尊重才发出的,同时受聘人往往是在某方面确有专长或能作出特殊贡献的人,所以聘书的授予也就彰显其郑重的特征。

(三)聘书的写作

1. 标题

聘书往往在正中写上"聘书"或"聘请书"字样,有的聘书也可以不写标题。

2. 称谓

聘请书上被聘者的姓名、称呼可以在开头顶格写,然后加冒号;也可以在正文中写明受聘人的姓名、称呼。常见的印制好的聘书则大都在第一行空两格写"兹聘请××……"。

3. 正文

聘书的正文一般要求包括以下内容:

首先,交代聘请的原因和请去所做的工作,或所要去担任的职务。

其次,写明聘任期限。如"聘期两年""聘期自2015年2月20日至2017年2月20日"。

再次,写明聘任待遇。聘任待遇可直接写在聘书上,也可另附详尽的聘约或公函写明具体的待遇。

另外,正文还要写上对被聘者的希望。这一点一般可以写在聘书上,但也可以不写,而通过其他的途径使受聘人切实明白自己的职责。

4. 结语

聘书的结尾一般写上表示敬意和祝颂的结束用语。如"此致敬礼""此聘"等。

5. 落款

落款要署上发文单位名称或单位领导的姓名、职务,并署上发文日期,同时要加盖公章。

(四)聘书写作的注意事项

(1)聘书要郑重严肃,对有关招聘的内容要交代清楚。

(2) 聘书一般要短小精悍,不可篇幅太长,语言要简洁明了、准确流畅,态度要谦虚诚恳。

 例文一

聘请书

　　为提高我院的科研水平,本院成立了科研项目评估委员会,特聘请×××教授为该委员会学术顾问,指导我院的科研工作。

　　此致
敬礼!

××市社会科学院(盖章)

院长:×××(盖章)

××××年×月×日

 例文二

聘任书

　　兹聘任:×××为××××有限公司总经理;×××为××××有限公司副总经理,任期三年。对上述人员的任职资格已审查,符合法律规定的条件。

　　特此聘任。

××××有限公司(盖章)

签字:×××

××××年×月×日

第四节　慰问信和倡议书

学习要点
1. 慰问信、倡议书的含义
2. 慰问信、倡议书的特点
3. 慰问信、倡议书的写作格式

能力要求
1. 能够运用相关的文体知识对例文进行解读、分析
2. 初步学会写作慰问信、倡议书

一、慰问信

(一)慰问信的含义

慰问信是有关组织或者个人,以组织或个人的名义在他人处于特殊的情况下(如战争、自然灾害、事故),或在节假日,向对方表示问候、关心的专用书信。慰问信包括两种:一种是表示同情安慰;另一种是表示问候。

(二)慰问信的特点

1．抒情性

慰问信要写得热情洋溢、真切感人,而这感人的力量来自于真情境、真事件、真感情。

2．鼓舞性

慰问信不仅要表示关切和问候,也常常提出希望、发出号召、鼓舞斗志、催人奋发。

(三)慰问信的写作

慰问信一般由标题、称谓、正文、落款四个部分构成。

1．标题

慰问信的标题主要有四种写法:第一种,只写"慰问信"三字;第二种,采用"慰问对象+慰问信"的形式,如"致广大教师和教育工作者的慰问信";第三种,采用"慰问者+慰问对象+慰问信"的形式,如"中国电信集团公司致全体员工的慰问信";第四种,采用"节日名称+文种"的形式,如"春节慰问信"。

2．称谓

称谓写上慰问对象的单位名称或个人姓名。

3．正文

首先写明慰问的背景和原因,然后叙述对方的先进事迹或者交代对方遭受的困难和损失,最后表示祝愿和慰问。

4．落款

落款写上慰问单位的名称或个人姓名,署上写慰问信的日期。

例文一

慰问信

奋战在施工一线的全体员工同志们:

你们辛苦了!

入夏以来,烈日炎炎,时值七月,既是最炎热艰苦的季节,也是我们生产最繁忙的关键时刻。感谢你们一如既往地坚守在生产一线,用你们的意志和汗水保证各项生产工作的顺利推进,为我们的事业挥洒青春和汗水。奋斗在生产一线的同志们在战高温、斗酷暑的奋战中,时刻谨记安全生产责任重大,认真站好每一班岗,发扬坚韧不拔、吃苦耐劳的精神,确保了生产安全运行和质量达标。你们是××××最值得尊敬的人!相信有了你们的奋斗,我们的事业将会更上一层楼。

为了感谢大家的辛勤工作,公司领导班子将带队到各项目部、基地表示慰问,同时为大家送上慰问品。礼轻情意重,每一件慰问品都代表公司对大家的关心和体贴,希望能为在高温下作业的同志们带来鼓励和支持。

  同志们,高温仍将继续,任务依然艰巨。在这样罕见的高温环境下,请大家在努力工作的同时要注意休息,保重身体,劳逸结合,严防中暑。管理人员要切实做好高温抗暑工作,关心员工身心健康,合理调配作息时间,确保全体员工一起安全度过盛夏酷暑。员工的健康就是公司最大的财富。我们相信广大员工一定能发扬顽强拼搏、团结互助、迎难而上的精神,确保安全生产,胜利完成生产任务。

  最后,衷心祝愿大家身体健康,家庭幸福!

××建设集团城市轨道建设公司
××××年×月×日

【简析】 这是一封很接地气的工作慰问信。这份慰问信突出了在"施工一线"工作的特殊性,紧扣"高温"主线,首先肯定了酷热环境下员工的事迹和精神,又对高温下坚持作业的员工表示慰问和关怀,接着针对持续高温下坚持工作的员工提出希望,鼓励他们再接再厉,最后表达祝愿。通篇语言得体,情感真挚。

例文二

中国青年志愿者协会致全国抗震救灾志愿者的慰问信

亲爱的志愿者战友们:

  我们永远不会忘记:5月12日14时28分,四川汶川发生了里氏8.0级强烈地震,给人民群众生命财产造成巨大损失,举国震动,世界震惊。人民利益高于一切,群众安危重于泰山。灾情就是命令,时间就是生命。在四川汶川特大地震灾害发生后,广大青年志愿者积极响应党中央、国务院的号召,在各级团组织的协调组织下,迅速行动,积极投身抗震救灾。其他各类志愿者也广泛参与,四川等灾区和来自各地20万人次的志愿者奋战在抗震救灾第一线。

  在各受灾地区,广大志愿者发扬"奉献、友爱、互助、进步"的志愿精神,急灾区人民之所急,解灾区人民之所难,不畏艰难困苦,不顾个人安危,深入灾区积极开展救治和辅助救治、心理调适、卫生防疫、伤残护理、孤寡老人和儿童救助、救灾物资分发、协助维护秩序等工作。哪里有灾情,哪里就有志愿者的身影;哪里灾情重,哪里就有志愿者提供帮助;志愿者的旗帜在灾区高高飘扬,为抗震救灾和灾区人民作出了实实在在的贡献。在抗震救灾工作中,涌现了一大批优秀的志愿者典型,志愿者勇于奉献、不怕疲劳、连续作战的精神得到了社会各界的高度认同。在未受灾地区,广大志愿者积极开展为灾区人民奉献爱心、义务献血、捐款捐物等活动,以实际行动间接为抗震救灾作贡献,集中展示了中国志愿者的高尚情怀。

  当前,抗震救灾工作正处于十分关键的时期。广大志愿者要坚决贯彻党中央、国务院的指示精神,按照抗震救灾指挥部的统一部署,在灾区抗震救灾志愿者工作机构的组织协调下,科学有序地发挥志愿者队伍的重要辅助作用,主动配合、拾遗补阙,进一步增强责任感和使命感,充分认识抗震救灾工作的艰巨性、紧迫性、专业性和长期性,以更加积极务实的姿态继续投入抗震救灾工作。作为15年来专门从事志愿服务,始终致力于弘扬志愿精神、推广志愿服务理念、广泛深入地开展志愿服务项目的全国性组织,我们将为你们杰出的工作提供更好的支持和帮助,做你们发挥作用的坚强后盾!

我们坚信,有党中央、国务院的坚强领导,有全国人民众志成城的支持,有灾区人民携手同心的奋斗,有广大志愿者的无私奉献,就一定能夺取抗震救灾斗争和重建美好家园的全面胜利!

谨向你们致以最崇高的敬意!衷心希望你们保重身体、注意安全、平安顺利!

中国青年志愿者协会
2008年5月22日

简析 这封慰问信首先扼要指明慰问的背景和原因,然后叙述全国抗震救灾志愿者的主要先进事迹,接下来提出对于广大志愿者的要求,最后表示祝愿和慰问。

二、倡议书

(一)倡议书的含义

倡议书是个人或集体公开提出某项建议,以倡导完成某项任务或开展某项公益活动的文书。

(二)倡议书的特点

1. 宣示性

倡议书是一种广而告之的文书。它就是要让广大的人民群众知晓和了解,从而激发他们的热情,让更多的人参与到活动中来。

2. 群众性

倡议书往往不是对某个人、某一小集体或某一小单位而言的,而是面向广大群众,或对一个系统部门的所有人发出,或对一个地区的所有人发出,甚至向全国发出。所以其对象广泛的群众性是倡议书的根本特征。

3. 鼓动性

倡议书就是一种广而告之的书信。它就是要让广大受众知道了解,从而激起更多的人响应,以期在最大的范围内引起共鸣。倡议书行文时,不但要讲清倡议的目的、意义,而且文章要富有感染力,从而让更多的受众参与到活动中来。

(三)倡议书的写作

倡议书一般由标题、称谓、正文、落款四个部分构成。

1. 标题

倡议书的标题可以由文种名单独构成;也可以由"事由+文种名"构成,如"创建节水型社会倡议书"。

2. 称谓

根据倡议的对象选用适当的称谓,如"广大的青少年朋友们""广大的妇女同胞们";如果倡议的对象是广大的群众,也可以不写。

3. 正文

正文先总述倡议的依据、目的和意义,然后写明倡议的内容和要求,最后表明倡议者的决心和希望。

(1)写倡议书的背景原因和目的。倡议书的发出贵在引起广泛的响应,只有交代清楚倡议活动的原因,以及当时的各种背景事实,并申明发布倡议的目的,人们才会理解和信服,才会自觉地行动。这些因素交代不清就会使人觉得莫名其妙,难以响应。

(2)写明倡议的具体内容和要求。这是正文的重点部分。倡议的内容一定要具体化。开展怎样的活动,都做哪些事情,具体要求是什么,它的价值和意义都有哪些,均须一一写明。倡议的具体内容一般是分条开列的,这样写往往清晰明确。

(3)在结尾要写上倡议者的希望和建议。

4. 落款

落款写上倡议者的单位名称或个人姓名,署上发倡议的日期。

倡议书

亲爱的同学们:

　　春暖三湘,花开四水,挑战的征程催人奋进,创业的梦想流光溢彩。××省第四届"挑战者"大学生创业计划竞赛将于4月23日正式拉开帷幕,此次盛会将持续至4月25日。在往届的比赛中,××理工大学师生展现了自己的风采,在各个项目中表现突出,取得了骄人的成绩。在全校师生的共同努力下,我校成功地获得了本届大赛的承办权。在此次竞赛中,我们不仅要展示出××理工大学学生的专业素养,而且要向××省其他高校广大师生展示××理工大学学子的良好精神风貌。在竞赛期间,我们要从自身做起,主动配合竞赛组委会的工作并积极参与"挑战者"竞赛期间的各项活动。我们要以饱满的热情、乐于奉献的精神展示××理工大学的特色,展示理工学子的风采,让××省其他高校的师生朋友们在竞赛之时感受到宾至如归。让我们携手努力,以最饱满的热情,以最崇高的奉献精神,在"挑战者"这个舞台上尽情展示理工学子的风采!

××理工大学校学生会
××理工大学志愿服务队
××××年×月×日

【简析】　这封倡议书的特点是突出了倡议的目的——以饱满、奋发向上的精神状态迎接××省第四届"挑战者"大学生创业计划竞赛。篇幅虽然不长,但具有一定的鼓动力。

献爱心捐款倡议书

全校广大师生员工、各单位及社会各界人士:

　　你们好!当我们安然有序地学习工作、安康幸福地享受天伦之乐时,一个不幸的家庭却在紧急呼救!

　　2007年4月,我校文学院教师金×的丈夫巴××因车祸不幸被包钢医院诊断为尿毒症,从4月份至今巴××依靠每周3次的透析治疗来维持生命,换肾是解决问题的较好办法,现在正在寻找肾源,筹措资金。从2007年4月到现在,各种医疗费用支出已近18万元。这让本来经济就不宽裕的家庭受到了沉重的打击。目前,巴××病情严重,需继续透析治疗。金×老师每月1 600元的微薄工资,既要支付丈夫高额的医疗费用(透析一次连带辅助治疗需要近600元),又要支付每月550元的房租,还要生活,实属困难。

　　当这一消息传开后,立即引起了校内师生员工和社会各方面的关注,他们纷纷伸出援助之手,慷慨解囊,不断地为巴××治病捐款。文学院组织了全院师生献爱心捐款活动,捐款18 000余元;××市残联捐款3 000元;国际学院教师及社会个人捐款2 000余元。××市各大媒体也对此事进行了广泛的宣传。基于治疗这种病的费用巨大,目前的捐款远远不能解决燃眉之急,为此,校工会、文学院向全校广大师生员工、校属各单位和社会各界人士发出倡议:发扬"一方有难,八方支援"的人道主义精神,伸出双手,奉献我们的爱心,以捐款方式为金×老师的家庭提供关怀和帮助。

　　愿我们的点滴付出汇成爱心的暖流,让暗淡的生命重新迸发出灿烂的霞光。我们热忱地期盼您量力援助!"爱人者,人恒爱之!"感知您的关爱,致以诚挚的谢意!

　　捐款接收处:各单位分会主席
　　　　　　　机关交至校工会
　　　　　　　文学院
　　捐款时间:3月24日—4月3日

工会　文学院分会
××××年×月×日
(选自www.imust.cn)

[简析] 本文中,倡议方为受助对象倡议捐款的原因阐述非常充分,并且极力营造出"一方有难,八方支援"的人道主义精神氛围,很有感染力。

第五节　感谢信和表扬信

学习要点
　1.感谢信、表扬信的含义
　2.感谢信、表扬的写作格式

能力要求
　学会写作感谢信、表扬信

第三章　公关礼仪文书

一、感谢信

（一）感谢信的含义

感谢信是对于支援、帮助、关心过自己的党政机关、企事业单位、社会团体或个人表示感谢的专用书信。

（二）感谢信的特点

1. 缘由的真实、感人性

感谢信的写作是建立在客观真实的事实基础之上，没有真实的事实也就没有感谢的真实性。

2. 感恩的情真意切

受恩者对于施恩者的感谢一方面要建立在对于对方的理解基础上；另一方面也不能随意夸大恩情，因为后者容易让人感到矫情和做作，也就失去了感人的基础。

（三）感谢信的类型

感谢信依据不同的内容可以有不同的分法。从感谢对象的特点来分，可分为：

1. 给集体的感谢信

这类感谢信，一般是个人由于在困难时，受到了集体的帮助，使自己渡过了难关，走出了困境，所以要用感谢信的方式表达自己的感激之情。

2. 给个人的感谢信

这类感谢信，可以是个人也可以是单位集体为了表达某个人曾给予的帮助、照顾而写的。

（四）感谢信的写作

感谢信通常有标题、称谓、正文、结尾和落款五个部分构成。

1. 标题

感谢信的标题写法通常有以下几种形式：单独由文种名称组成，如"感谢信"；由感谢对象和文种名称共同组成，如"致某某学校的感谢信"；由感谢双方和文种名称组成，如"××大学致××中学的感谢信"。

2. 称呼

称呼写在开头顶格处，要求写明被感谢的机关、单位、团体或个人的名称或姓名，然后加上冒号。

3. 正文

感谢信的正文从称呼下移一行空两格开始写，要求写上感谢的内容和感谢的心情。应分段写出以下几个方面：

（1）感谢的事由。精练地叙述事情的前因后果，交代清楚人物、事件、时间、地点、原因和结果，尤其重点叙述关键时刻对方的关心和支持。

（2）揭示意义。在叙事的基础上指出对方的关心支持和帮助对整个事情成功的重要性以及体现出的可贵精神，同时表示向对方学习的态度和决心。

4. 结尾

结尾要写上敬意的话、感谢的话。如"此致敬礼""致以诚挚的敬意"等。

5. 落款

感谢信的落款署上发文单位名称或发文者的姓名，并且署上成文日期。

(五)感谢信写作注意事宜

(1) 感谢信的正文务必写清感谢的原因,即得到哪些帮助又产生了哪些效果。

(2) 叙述事件时,要准确无误地叙述时间、地点、发生事件的其他详细情况。有时别人在做好事帮助他人时,可能自己并不在意,所以详细的叙述就显得尤其必要。

(3) 感谢信的重点是表达感激之情,因此感谢应真诚、朴素,表达谢意时要符合实际,说到做到。同时感谢时要照顾到感谢对象的一些诸如身份、年龄、性别、学历修养等情况,以使自己的感谢可以恰到好处、切实可行。

例文一

感谢信

支援四川抗震救灾和灾后恢复重建的广大救援与援建人员、志愿者和社会各界人士、港澳台同胞、海外华人华侨及国际友人:

2008年5月12日14时28分,汶川特大地震突如其来,地裂山崩,路断河改,数万鲜活生命顷刻消逝,无数美丽家园瞬间毁灭。365个日夜过去,我们沉痛悼念在地震中不幸罹难的同胞,深切缅怀在救灾中英勇献身的烈士!

一年安危与共,一年风雨同舟。地震发生后,党中央、国务院举全国之力组织救灾,解放军指战员、武警官兵、民兵预备役人员和公安民警冲锋在前,医疗人员、专业技术人员和新闻工作者奋战一线,广大援建人员、志愿者和社会各界人士倾情奉献,港澳台同胞、海外华人华侨和国际友人真诚援助,凝聚成万众一心、众志成城、不畏艰险、百折不挠,以人为本、尊重科学的伟大抗震救灾精神。我们永远铭记,在抢险救援的危急关头,你们与灾区人民血脉共搏,千里驰援、生死营救,创造了战天斗地的奇迹,谱写了感天动地的壮歌;我们永远铭记,在恢复重建的艰难时期,你们与灾区人民心手相连,无私无畏、超常付出,全力以赴救灾区所急,千方百计解灾区所难。无疆之爱昭示了大真大善大美,倾力之援展现了坚定坚强坚韧。抗震救灾斗争取得的重大胜利使我们更加深切地感受到:祖国大家庭最温暖,人民子弟兵最可爱,赤子之心最可贵,匹夫之责最可敬。在此,我们谨代表地震灾区及全川8 800万人民,对一年来你们给予的真诚关心和宝贵支持表示最诚挚的感谢,并致以最崇高的敬意!

承关爱自奋起,历磨难志愈坚。在中央的亲切关怀和社会各界的大力支持下,我们自立自强自救。在抢险救援阶段,从废墟中救出生还者8万多人,收治伤病员400多万人次。在安置群众阶段,震后第一时间对近1 200万群众进行了紧急安置,北京奥运会开幕前按"就地、就近、分散"原则解决了450万户住所问题,震后第一个冬季确保了安全过冬温暖过年,实现了受灾群众"安居、安定、安全、安稳、安心"。在恢复重建阶段,切实加大力度、加快进度,已开工建设重建项目19 702个、完成投资3 370.5亿元,已开工农村、城镇永久性住房重建分别占总数的99%和45.2%,已开工建设学校、医院分别占总数的76.9%和51.6%。全省经济社会发展逐步走出特大地震和国际金融危机的不利影响。遭遇特大地震,四川人民没有垮,抑制悲痛、隐忍哀思,从废墟中挺立、在危难中崛起;遭遇特大地震,四川没有垮,浴火重生、负重前行,正加快建设灾后美好新家园、加快建设西部经济发展高地。

一周年是重建家园的重要节点,更是加快发展的崭新起点。我们将继续弘扬伟大抗震救灾精神,坚持实事求是和群众满意,突出民生优先和科学统筹,攻坚克难,爬坡上行,力争灾后恢复重建三年目标任务两年基本完成,到2010年9月基本实现"家家有房住、户户有就业、人人有保障、设施有提高、经济有发展、生态有改善",灾区基本生活条件和经济社会发展水平总体达到或超过灾前水平,向历史和人民交出一份合格答卷。

　　灾后四川依然美丽,今日天府处处生机。我们坚信,有党中央、国务院的坚强领导,有亿万同胞和国际友人的巨大关怀,更加美好的四川一定会展现在世界面前!

中共四川省委 四川省人民政府
2009年5月12日

【简析】 这是在纪念四川汶川地震一周年之际,四川省人民政府给全国各界写的感谢信。文章首段表达了对在地震中的遇难者和在抗震救灾中牺牲的烈士悼念之情,第二段重点表达了对于全国各支持抗震救灾的单位和个人的感谢之情,第三段重点表现了自立自强自救的成果。结尾部分表达了继续重建家园的决心和对未来的憧憬。整体来说,文章之意其实是化全国支持抗震救灾的感谢之情为重建家园之力量和实际行动。

 例文二

致学生书

亲爱的姑娘们:

　　你们的纪念品使我深受感动。这还是有生以来第一次有人对我这么好,因此你们完全可以相信:你们给这个孤苦伶仃的人心上留下的印象,要比哲学2A这门课程的全部教学内容在你们头脑上留下的印象深刻得多。现在我认识到我的《心理学》这本书中遗漏了一项重要的内容——人性最深刻的原则是渴望得到赏识,而我在书中却把这一点完全漏掉了,原因是我的这种欲望直到如今才得了满足。我恐怕这辈子是你们把我身上的魔鬼放出来了,从今以后,我的一切行动恐怕都是为了博取这种奖赏了。然而,我还是忠于这棵独特而美丽的杜鹃树,那是我一生的骄傲和生活的乐趣。我将不分冬夏地照料它,为它浇水——哪怕是用我的眼泪呢。我决不允许詹姆斯太太走近它一步,或是碰它一下。如果树死了,我也会死去;我死了,它将栽在我的墓上。

　　别以为这些话都是戏谑之言;请相信你们给我带来了莫大的快乐以及我对你们的深切感谢。我现在是、将来永远是你们忠诚的朋友。

威廉·詹姆斯
1896年4月6日于剑桥

注:威廉·詹姆斯(1842—1910),美国心理学家、哲学家。他在哈佛大学执教时,班上的女学生在一次大学礼仪上赠予他一棵杜鹃树。詹姆斯以此信答谢。

【简析】 这封感谢信最突出的特点是感恩者的情真意切溢于言表,并传达了一个真理:人性最深刻的原则是渴望得到赏识。

二、表扬信

(一)表扬信的含义、特点

表扬信是机关、团体、企事业单位或个人对单位、集体或个人的先进事迹表示赞扬的专用书信。表扬信的特点是公开性和激励性。

1．公开性

公开表扬,彰显社会新风尚。表扬信可以张贴、登报,也可以通过广播、电台和电视台播放。

2．激励性

激励人们继续弘扬助人为乐的高尚品格,学习他们的先进事迹和模范行为。

(二)表扬信的写作

表扬信一般由标题、称谓、正文、结语、落款五个部分构成。

1．标题

标题首行居中写上"表扬信"3个字。

2．称谓

称谓顶格写上表扬对象的单位名称或个人姓名。

3．正文

正文首先概述事件的来龙去脉、交代表扬的理由,然后挖掘人物在事件中表现出来的可贵品质和崇高精神,最后表示向对方学习的态度和决心。

4．结语

结语一般写上"此致敬礼"。

5．落款

落款写上表扬单位的名称或个人姓名,署上写表扬信的日期。

 例文一

表扬信

××大学:

我们是中国人民解放军××部三连的全体官兵。2008年2月4日,我连干部陈×的妻子自杭州携三岁的女儿来部队探亲,不慎在某火车站丢失所有的现金和火车票。正当陈×母女俩万分焦急之时,你校的张×和施×同学向她们伸出了援助之手,这两位同学不仅掏钱为她们买了到××站的火车票,而且一路上为陈×母女俩买饭买菜,递茶递水,到站后还为她们叫好出租车并预先付了车费,使陈×母女俩平安到达部队驻地。

张×和施×同学这种助人为乐的"雷锋精神",令我们全体指战员感动万分。我们十分感谢张×、施×同学,我们号召全连干部战士向这两位同学学习,在建设四化、保卫祖国的工作中奉献青春,同时也希望学校领导对张×、施×同学予以表扬。

此致

敬礼

××部三连全体官兵
2008年2月10日

 **例文二**

表扬信

××中学：

 2007年×月×日,贵校初三学生施××在本公司大院出口处捡到一个钱包,里面有三千元现金和一张工商银行的银行卡。施××同学把捡到的钱包送往附近的派出所,因时值下午6：40,是吃晚饭的时间,没有找到人,于是她又急忙跑到另一个派出所,终于在派出所民警的帮助下找到了在本公司工作的失主,把拾到的钱包和款物如数点清,交给了失主。失主很是感激,向这位拾金不昧的同学送了一面锦旗。

 她拾金不昧的高尚品质使我们公司全体员工深受感动,请求校领导对这位同学进行表扬。倡议大家向这位同学学习,学习这位同学拾金不昧的精神,让我们的社会处处充满爱的温馨。

 最后让我们再次向施××同学表示感谢！

 此致

敬礼

××公司

2007年×月×日

第六节 贺词和开幕词

学习要点
 1. 贺词和开幕词的特点
 2. 贺词和开幕词的写作格式
能力要求
 初步学会写作贺词、开幕词

一、贺词

(一)贺词的含义、适用范围

 单位、团体或个人在喜庆的仪式上所说的表示祝贺的话,称为贺词。贺词是祝贺喜庆之事的一类应用文,以函件形式送达的贺词通常叫作贺信,借助电报发出的贺词通常称作贺电,贺年片也属贺词范畴。

(二)贺词的特点

1. 篇幅的灵活性

贺词的篇幅可长可短。少则几个字,多则几百字甚至上千字。

2．适用范围比较广泛

贺词种类繁多，风格多种多样。贺词有很多种，在不同的场合和节日要用不同的贺词，如乔迁贺词、升学贺词、企业贺词、新春贺词等。

3．感情真挚

贺词要求用语切合身份、准确恰当。

（三）贺词的写作

1．标题

书面贺词的标题一般采用"祝贺内容＋贺词"构成。

2．称谓

贺词的称谓主要根据贺词的具体受众来确定。

3．正文

开头：祝贺之词。

中间：对受众的属性或工作成就等予以赞扬。

结尾：表达你的愿望，加上祝贺语。

例文一

扬帆新征程 谱写新篇章
——在中央政府驻港联络办2018年新春酒会上的致辞

（2018年2月6日）

王志民

尊敬的林郑月娥行政长官，各位嘉宾，各位朋友：

欢迎大家莅临中联办一年一度的新春酒会，这是中联办与各界新老朋友欢聚一堂、共叙情谊的盛会。在这春意融融、喜庆祥和的美好时刻，我谨代表中央人民政府驻香港特别行政区联络办公室全体同仁，向出席酒会的各位嘉宾各位朋友，向730万香港市民，致以诚挚的问候和新春的祝福！祝大家新年吉祥，龙马精神，恭喜发财！

刚刚过去的2017年，是我们国家发展历程中具有里程碑意义的一年。这一年，举世瞩目的中国共产党第十九次全国代表大会胜利召开，确立习近平新时代中国特色社会主义思想为中国共产党必须长期坚持的指导思想，描绘了决胜全面建成小康社会、开启全面建设社会主义现代化国家新征程、实现中华民族伟大复兴中国梦的宏伟蓝图，吹响了新时代沿着中国特色社会主义道路奋勇前进的嘹亮号角。这一年，我们在经济民生上稳步前行，以人民为中心的发展思想和执政理念更加彰显。国内生产总值迈上80万亿元人民币的台阶，对世界经济增长贡献率超过30％，是世界经济名副其实的火车头和稳定器；社会养老保险覆盖9亿多人，95％以上的中国百姓拥有基本医疗保险；城镇新增就业1300多万，农村贫困人口减少1200多万。这一年，我们在科技创新上高歌猛进，中国人民的智慧和创造伟力一次次引发世人的瞩目和惊叹。"慧眼"天文卫星、"天舟一号"货运飞船遨游苍穹，C919大型客机和AG600大型水陆两栖飞机聚首蓝天，"海翼号"深海滑翔机刷新最大下潜深度记录，首艘国产航母下水，首次海域可燃冰试采成功，世界首台量子计算机在中国诞生，世界最大单体智能码头洋山港开港,世界最长的跨海大桥港珠澳大桥主体工程全线贯通。一个个国之重器挺起了大国脊梁。这一年,我们在国际舞台上更加从容自信,国际影响力、感召力、塑造力进一步提升。我们接连举办了首届"一带一路"国际合作高峰论坛、金砖国家领导人厦门会晤、中国共产党与世界政党高层对话会等主场外交活动,并在达沃斯世界经济论坛、二十国集团领导人峰会、亚太经合组织领导人非正式会议等多边外交场合,传递了构建人类命运共同体的中国理念,为全球治理体系改革和建设提供了中国方案和中国智慧。

这些伟大成就是以习近平同志为核心的党中央团结带领全党全军全国各族人民砥砺前行、共同奋斗的结果,彰显了中国共产党作为世界上最大的政党,所做的一切就是为中国人民谋幸福、为中华民族谋复兴、为人类谋和平与发展,赢得了包括香港同胞在内的全体国人的普遍认同、由衷拥护,赢得了国际社会的高度评价。

2017年香港"一国两制"成功实践也留下了浓墨重彩的一笔。步入20岁"成年礼"后的香港更加理性成熟,社会形势开始出现令人鼓舞的积极变化。这一年,习近平总书记"七一"亲临香港视察,一到机场就深情地说"香港发展一直牵动着我的心",还鼓励大家要"相信自己、相信香港、相信国家",并郑重宣示"我们既要把实行社会主义制度的内地建设好,也要把实行资本主义制度的香港建设好"。这些真情暖语,饱含着习近平总书记对香港对国家对民族的深厚情怀,也赋予了香港"一国两制"成功实践新的时代使命。十九大报告将"坚持'一国两制'和推进祖国统一"确定为新时代坚持和发展中国特色社会主义的基本方略之一,意义重大而深远,不仅彰显了中央对香港工作的高度重视,而且也表明了中央实行"一国两制"方针一以贯之、坚定不移的立场,为香港发展注入了强大正能量。这一年,林郑月娥行政长官带领新一届特区政府管治团队坚守"一国"之本、善用"两制"之利,依法施政、积极作为,聚焦经济民生推出一系列政策举措,加强同各界人士沟通,展现了新面貌,带来了新气象,实现了良好开局,得到了中央的充分肯定、内地民众的广泛认同和香港社会各界的普遍赞赏。这一年,香港经济增长3.7%,大大超过以往10年平均2.8%的增长率,在全球发达经济体中名列前茅;最新失业率降至2.9%,创近20年来新低;香港连续24年获评全球最自由经济体;治安状况更是一年比一年好,整体罪案率创近40年来新低,成为全球最安全城市之一。"家和万事兴"。香港市民有了更多的获得感、幸福感、安全感,对未来更是期待多多、信心满满。这一年,我们看到港专学院陈卓禧校长旗帜鲜明地慷慨阐述爱国爱港宗旨,看到科技大学唐本忠教授率两地科研团队荣获国家自然科学奖一等奖,也看到香港女教师曾燕红登顶珠峰圆梦,香港保龄球队勇夺世锦赛金牌让雄壮的国歌响彻赛场,还看到中文大学女生黄逸晴意切情真写信向驻港部队表达敬意。这一幕幕动人场景,都让我们感受到浓浓的家国情、满满的正能量,也让我们由衷为国家为香港自豪。"幸福都是奋斗出来的",这些靓丽的成绩,属于勤勉敬业的特区行政、立法、司法机构,属于无私无畏的香港纪律部队,更属于730万拼搏向上的香港市民。

各位嘉宾,各位朋友:

今年是国家改革开放40周年。40年来,中国共产党带领全国各族人民接力奋斗,坚持中国特色社会主义道路,让全球最大的发展中国家一跃成为世界第二大经济体,创造了世界奇迹。大家都是这段光辉岁月的参与者、见证者、亲历者。"吃水不忘掘井人"。回望历史,中共中央在召开十一届三中全会前,曾专门就香港等"亚洲四小龙"迅速发展的经验做了认真研究。1979年1月,一份关于香港厂商要求在深圳开设工厂的来信,引起了邓小平同志的高度重视。小平同志以超凡的政治魄力和战略眼光,当即在来信上批示:"这件事,我看广东可以放手干。"1979年4月,时任中共广东省委第一书记习仲勋同志率先向中央提出,在邻近港澳的深圳、珠海等地兴办出口加工区,得到邓小平同志的首肯,为改革开放打开了第一扇窗口。同年底,习仲勋同志还率团到港考察,探访九龙长沙湾批发市场、葵涌货柜码头、地铁控制中心和金融企业等,虚心取经求教。40年来,香港同胞用智慧、勤奋和专业精神,发挥香港独特优势,助力国家改革开放和现代化建设。习近平总书记去年7月视察香港期间曾经深情地说:"香港同胞一直积极参与国家改革开放和现代化建设,作出了重大贡献。对此,中央政府和全国人民从未忘记。"在中国革命、建设和改革的伟大征程中,香港的命运始终与祖国的命运紧紧联系在一起,香港同胞始终与祖国人民风雨同舟、携手前行。

回看走过的路,远眺前行的路。十九大关于"要支持香港、澳门融入国家发展大局"的重要决策为香港发展指明了战略方向。在2月3日北京举行的"国家所需、香港所长——共拓'一带一路'策略机遇"论坛上,张德江委员长勉励香港在积极融入国家发展大局的过程中,探索香港发展新路向,寻找发展新动力,拓展发展新空间。国家发展始终需要香港,也必将不断成就香港。林郑月娥行政长官也表示将积极参与"一带一路"和粤港澳大湾区建设。我坚信,只要我们始终聚焦发展这个第一要务,继续巩固和推进香港当前稳中向好的良好态势,就一定能在参与和助力"一带一路"建设、打造粤港澳大湾区"共同家园"中进一步融入国家发展大局,与祖国人民携手共创更加美好的生活,共担民族复兴的历史责任、共享祖国繁荣富强的伟大荣光。

各位嘉宾,各位朋友:

无论是过去在跑马地的新华社香港分社,还是现在在西环的中央政府驻港联络办,70年来,我们始终与香港在一起,与香港同胞在一起,"门常开、人常在、事常办",就像大家的老朋友好朋友,一点都不神秘。在这里,我想特别告诉大家,今年年初我们在官网上推出了"员工专栏",讲述中联办员工在香港的工作经历和生活感悟;接下来我们还要推出公众"开放日",欢迎大家届时来我们中联办大楼参观、做客。最后,我谨代表中联办全体同仁,对香港社会各界长期以来的关心与支持表示衷心的感谢!在新的一年,中联办将继续履职尽责,与国家同心、与香港同行,同大家行埋一齐、同特区政府行埋一齐、同730万香港同胞行埋一齐,让我们携手在"一国两制"的康庄大道上行稳致远。

谢谢大家!

(选自 www.locpg.gov.cn)

简析 这是一篇篇幅较长的贺词,系中央人民政府驻香港联络办公室主任王志民在新春酒会上,代表中央人民政府给香港特别行政区政府和香港市民发表的新春贺词。贺词开头向出席酒会的嘉宾和全体香港市民表示新春的祝贺,接下来用了四个"这一年"来重点阐述过去的2017年,中国人民在以习近平总书记为核心的中国共产党领导下,所取得的代表性成就。继之以习近平总书记在香港回归20周年亲莅香港视察以及十九大报告中相关的阐述,表达了我们对"一国两制"坚持的态度。再以2017年香港在"一国两制"下的成功实践案例,赞美了香港"幸福都是奋斗出来的"精神。再接下来,通过"回看走过的路,远眺前行的路",表达了香港的今天来之不易,明天将有更开阔未来愿景的主题。最后表达了中联办将和香港特别行政区政府、全体香港同胞"行埋一齐",共创"一国两制"辉煌的愿望。

 例文二

婚礼贺词

各位来宾,亲爱的朋友们:

在这美好的夜晚,让我们为这对幸福的恋人起舞,为快乐的爱侣歌唱,为火热的爱情举杯,愿他们的人生之路永远洒满爱的阳光。

在开局之前,我送在座的所有来宾一副对联。上联是:吃,吃尽天下美味不要浪费;下联是:喝,喝尽人间美酒不要喝醉;横批是赵本山的一句至理名言:吃好喝好!我也衷心地祝愿我们在场的所有来宾所有朋友,家庭幸福!生活美满!身体健康!万事如意!

最后,让我们举起杯中的酒,共同祝福这对龙凤新人,新婚愉快!白头偕老!永结同心!

(选自www.baihe.com)

简析 这段贺词充满了对新婚夫妇和来宾的祝福,语言俏皮诙谐,颇具喜庆色彩。

二、开幕词

(一)开幕词的含义

开幕词是党政机关、社会团体、企事业单位的领导人,在会议开幕时所作的讲话,旨在阐明会议的指导思想、宗旨、重要意义,向与会者提出开好会议的中心任务和要求。开幕词是在重要会议或重大活动开始时,为会议主持人或主要领导人讲话所用的文稿。

按内容可以分为隆重性开幕词和一般性开幕词两种。隆重性开幕词往往对会议召开的历史背景、重大意义或会议的中心议题等作重点阐述,其他问题一带而过。一般性开幕词则只对会议的目的、议程、基本精神、来宾等作简要概述。

(二)开幕词的主要特点

1. 宣告性和引导性

由主持人或主要领导人致开幕词,标志着会议或活动的正式开始。开幕词通常要阐明会议或活动的性质、宗旨、任务、要求和议程安排等,集中体现了大会或活动的指导思想,起着定调的作用,对引导会议或活动朝着既定的正确方向顺利进行,保证会议或活动的圆满成功,有着重要的意义。

2. 简明性

开幕词要简洁明了、短小精悍,最忌长篇累牍,言不达意,多使用祈使句,表示祝贺和希望。

(三)开幕词的写作

开幕词由首部、正文和结束语三个部分组成,各部分的项目内容与写作要求如下。

1. 首部

首部包括标题、时间、称谓三项。

(1)标题。一般由事由和文种构成,如"中国共产党第十九次全国代表大会开幕词";有的标题由致词人、事由和文种构成,其形式是"×××同志在××××会上的开幕词";有的采用复式标题,主标题揭示会议的宗旨、中心内容,副标题与前两种标题的构成形式相同,如"《我们的文学应该站在世界的前列——中国作家协会第四次会员代表大会》开幕词";也有的只写文种"开幕词"。

(2)时间。标题之下,用括号注明会议开幕的日期。

(3)称谓。一般根据会议的性质及与会者的身份确定称谓,如称呼通常用"同志们""朋友们""各位代表"等。

2．正文

正文包括开头、主体和结尾三部分。

(1)开头部分。一般开门见山地宣布会议开幕。也可以对会议的规模及与会者的身份等作简要介绍,如"参加这次大会的代表有×××人,其中有来自……"并对会议的召开及对与会人员表示祝贺。需要说明的是,开头部分即使只有一句话,也要单独列为一个自然段,将其与主体部分分开。

(2)主体部分。这是开幕词的核心部分。通常包括三项内容:

①阐明会议的意义,通过对以往工作情况的概括总结,和对当前形势的分析,说明会议是在什么形势下,为了解决什么问题和达到什么目的召开的;

②阐明会议的指导思想,提出大会任务,说明会议主要议程和安排;

③为保证会议顺利举行,向与会者提出会议的要求。

(3) 结尾部分。提出会议任务、要求和希望。

3．结束语

开幕词的结束语要简短、有力,并要有号召性和鼓动性。写法上常以呼告语另起一段,用"预祝大会圆满成功"之类。

例文

"第五届中科院青年创业大赛开幕式"开幕词
中国科学院研究生院副院长 王颖

尊敬的各位领导,各位来宾,亲爱的朋友们:

在这个春暖花开的季节,我们迎来了第五届中国科学院青年创业大赛的开幕式,首先我谨代表中国科学院研究生院向莅临大赛开幕式的各位领导、嘉宾致以最崇高的敬意,向来自中国科学院各研究所的领导表示亲切的问候,向关心和支持本次大赛的朋友表示最诚挚的感谢,以及对媒体界朋友表示最热烈的欢迎!

中国科学院研究生院创办于 1978 年,是国务院批准的第一所研究生院,是一所专门从事年轻教育新型现代化的研究型高校。中国科学院研究生院半个多世纪的风

第三章　公关礼仪文书

雨历程,造就了科研和育人交融的研究生培养模式。由此形成了成立最早、规模最大、综合实力最强的研究生院。中国科学院研究生院拥有以研究所为基础的高水平的导师队伍和一流的研究实验条件,创立30多年来,培养了一大批高素质、符合社会发展需求的创新创业人才。为了引领青年强化创新意识,培养创业能力,提高综合素质,我们发起了中国科学院青年创业大赛,迄今已经成功举办了四届。在中国科学院党委领导下,由中国科学院团委、中国科学院研究生院团委共同发起主办,中国科学院研究生院学生会承办,其他知名高校学生会共同协力第五届青年创业大赛于2012年4月启动,至12月闭幕。为期八个月,本次大会将传承新时代、新思维、新力量的理念,聚焦可持续性绿色创业,高度引领青年创业者在节能环保、信息技术、新能源材料、生物产业等相关可持续发展领域把握时代脉搏,挖掘思维智慧,展现青春力量。开幕式的成功举办,标志着大赛正式启动,在此,我衷心地希望各位领导和嘉宾能够给予大赛更多的支持和指导。

最后我再次感谢各位领导和嘉宾的光临,同时祝愿各位领导和嘉宾,和亲爱的朋友们,身体健康,工作顺利,万事如意。谢谢大家!

(选自 finance.sina.com.cn)

简析 文章开头开门见山,宣布会议开幕并对相关与会人员表示祝愿。中间阐述了中国科学院研究生院的历史及本次会议的目的。结尾表达了召开本次会议的特别意义,对与会嘉宾表示再次的感谢。

第七节 欢迎词和悼词

学习要点
1. 欢迎词、悼词的特点
2. 欢迎词、悼词的写作格式

能力要求
1. 能够运用相关的文体知识对例文进行解读、分析
2. 领会欢迎词、悼词的写作方法

一、欢迎词

(一)欢迎词的含义、适用范围

欢迎词,是指客人光临时,主人为表示热烈的欢迎,在座谈会、宴会、酒会等场合发表的热情友好的讲话。欢迎词适合多种场合,用于为了提升形象、扩大影响、招商引资、促进发展,及各种内容和形式、不同规格和规模的节庆活动之中。

（二）欢迎词的类型

1. 从表达方式上可分为：

（1）现场讲演欢迎词。一般由欢迎人在被欢迎人到达时在欢迎现场口头发表的欢迎稿。

（2）报刊发表欢迎词。它一般在客人到达前后发表。

2. 从社交的公关性质上可分为：

（1）私人交往欢迎词。私人交往欢迎词一般是在个人举行较大型的宴会、聚会、茶会、舞会、讨论会等非官方的场合下使用的欢迎稿。通常要在正式活动开始前进行。私人交往欢迎词往往具有很大的即时性、现场性。

（2）公事往来欢迎词。这样的欢迎词一般在较庄重的公共事务中使用。要有事先准备好的得体的书面稿，文字措辞上的要求较私人交往欢迎词要正式和严格。

（三）欢迎词的特点

1. 欢愉性

"有朋自远方来，不亦乐乎"，致欢迎词当有一种愉快的心情，言词用语务富有激情和表现出致词人的真诚，真正让客人"宾至如归"。

2. 口语性

欢迎词本意是现场当面向宾客口头表达的，所以在遣词用语上要运用生活化的语言，即简洁又富有生活的情趣。

（四）欢迎词的写作

欢迎词一般由标题、称呼、正文和落款四个部分组成。

1. 标题

标题写法一般有两种。一种是单独以文种命名，如"欢迎词"；另一种是由活动内容和文种名共同构成，如"在××学术讨论会上的欢迎词"。

2. 称呼

称呼要求写在开头顶格处，要写明来宾的姓名称呼，如"尊敬的各位先生们女士们："" 亲爱的××大学各位同仁："。

3. 正文

欢迎词的正文一般可有开头、中段和结尾3个部分构成。

（1）开头。开头通常应说明现场举行的是何种仪式，发言者代表什么人向哪些来宾表示欢迎。

（2）中段。欢迎词在这一部分一般要阐述和回顾宾主双方在共同的领域所持的共同的立场、观点、目标、原则等内容，较具体地介绍来宾在各方面的成就及在某些方面作出的突出贡献，同时要指出来宾本次到访或光临对增加宾主友谊及合作交流所具有的现实意义和历史意义。这一段也可以根据实际情况进一步凝练主题、阐述意义。

（3）结尾。通常在结尾表达自己的良好祝愿。

4. 落款

欢迎词的落款要署上致辞单位名称、致辞者的身份、姓名，并署上成文日期。

例文

在清华大学博士研究生来随社会实践活动欢迎仪式上的致辞

随州市人民政府副市长 谭志勇

尊敬的各位领导、各位博士,同志们:

大家好!

在这万木葱茏、繁花似锦的美好时节,各位博士莅临随州,参与社会实践,破解技术难题,支持随州建设发展,在此我代表随州市委、市政府对各位的到来表示热烈的欢迎和最诚挚的谢意!

随州是一个古老而又年轻的城市,位于湖北省北部,全市总人口258万,国土面积9 636平方公里,辖一市一县三区。古老的随州是中华民族最早的发祥地之一,作为炎帝神农故里,这里开启了华夏五千年的农耕文明;作为编钟古乐之乡,随州出土的2 400年前的曾侯乙编钟改写了世界音乐史!随州又是一个非常年轻的城市。我们建立地级市仅10年时间,年轻的随州充满活力,生机无限。

随州区位优越,交通便捷,凸现了随州发展的优势。京广线、西宁线、汉丹线三条铁路,316、107、312三条国道,京珠高速、汉十高速、随岳高速和正在修建的麻竹高速四条高速公路,在随州纵横交错,穿境而过,使境内高速通车里程达到183公里,位居全省市州前列。京广、武襄铁路改造,动车组运行,使随州在湖北"两圈"、宜荆(门)荆(州)、襄十随城市群中的节点地位得到体现。从随州东到上海,西到成都,北到北京,南到广州,都在1 000公里的半径之内;从武汉天河机场到随州只有一个小时车程。

随州山川秀美,生态环境堪称一流。全市森林覆盖率达53%,其中南部地区高达70%。境内山水资源富集:国家级风景名胜区大洪山、国家森林公园中华山、全国十大水库之一徐家河、世界上保存最完整的古银杏群落——洛阳千年银杏谷、亿年火山温泉等一批风景名胜享誉华中地区,其中炎帝神农故里和玉龙温泉被评为4A景区。我们不断加大对城市的投入,城市功能明显得到改善、城市承载能力明显增强、城市框架已经基本拉开,建成了30平方公里的城东新区、10公里的"一河两岸"、20公里的专汽走廊,城市建成区面积扩大了近一倍,基本具备了中等规模城市的雏形。相继夺得"省级文明城市""省级卫生城市""湖北省城镇规划建设管理楚天杯优胜城市""湖北省园林城市""中国优秀旅游城市"五项殊荣。

随州经济快速发展,产业特色鲜明。现已形成汽车机械、电子信息、纺织服装、医药化工、食品加工五大产业板块,光伏、新材料、生物能源等战略性新兴产业得到培育,特别是专用汽车在全国品种最齐全、特色最鲜明、产业资源最富集,被中国机械工业联合会授予"中国专用汽车之都"称号。随州物产丰富,作为全国重要的商品粮和畜禽特产基地,农业有很好的基础和特色,食用菌、菜豌豆、大蒜等产量位居全省全国前列,是全省重要的粮仓和"菜篮子"基地之一,是中南地区最大的食用菌集散地和出口基地,被誉为中国香菇之乡、中国古银杏之乡、中国蕙兰之乡。2010年地区生产总值达401.6亿元,同比增长15.2%,是地级市成立10年来增幅最高的一年。全社会固定资产投资4年年均增长109.8%,累计达到750亿元。财政实力不断增强,年均增长32.9%,2010年完成财政总收入21.96亿元,同比增长25.8%,其中地方一般预算收入9.53亿元,增长25.5%。

2011年,全市上下秉承"包容、大气、自信、创新"的随州精神,坚持以科学发展观统领经济社会发展全局,以"工业兴市"为主战略、解放思想、开拓进取,艰苦创业,真抓实干,努力把随州建成"鄂西圈"的重要门户、"两圈"融合的重要节点、全球华人谒祖圣地,建成名副其实的中国专用汽车之都、全省最大的农产品出口基地、全省重要的光伏产业基地。

事实证明,要实现这些目标,实现随州经济社会跨越式发展,迫切需要大量的人才作支撑。我们真切地渴望人才,真心地为人才发展提供平台。清华大学人才济济、科技实力雄厚,是当代中国最著名的学府之一,在国内外享有盛誉。此次博士研究生社会实践活动是我市与清华大学的首次正式合作,我们将为来随实践的各位博士创造良好的工作和生活环境,充分发挥各位的聪明才智和专业特长,帮助我市相关企事业单位突破技术瓶颈,推动随州经济社会健康发展。

为确保活动顺利开展,在实践期间,各接收单位要按照《清华大学研究生社会实践接收单位须知》的要求,派专人负责参与实践博士生的管理、督促和接待工作,并提供必要的工具、资料及人员协助和指导;要高度重视博士生实践期间的安全教育和保障工作,为其工作、生活提供安全健康的条件;要对博士生往返交通费等相关费用给予报销,并做好实践期间的食宿安排。同时,我们也殷切希望各位博士能充分发挥所长,全身心投入工作,在实践中锻炼自我,在实践中提升自我,力争工作多出成果、出好成果。

我们深信,本次社会实践活动一定会取得圆满成功!我们更加期待,与清华大学的校地合作进一步深入开展!

最后,祝各位博士身心愉悦,工作顺利,万事如意!

中共随州市委
随州市人民政府
2011年6月27日

(选自 www.szzzw.gov.cn)

简析 这篇欢迎词虽然较长,但主题明确,层次清晰,用语得当。全文表达了四个层面的内容:一是对来宾表示欢迎;二是向来宾简要介绍了随州的历史文化、区位交通特点、经济发展成就和发展目标定位;三是表达了和清华大学合作的意义和措施保障;最后表达了合作愿望和祝语。

二、悼词

(一)悼词的含义

悼词是对死者表示哀悼的话或文章。它有广义和狭义之分。广义的悼词指向死者表示哀悼、缅怀与敬意的一切形式的悼念性文章;狭义的悼词专指在追悼大会上对死者表示敬意与哀思的宣读式的专用哀悼的文体。从应用文体写作的角度来看,我们多用的是后者。

(二)悼词的特征

(1)总结死者生平业绩,肯定其一生的贡献。悼词是一种具有高度思想性和现实性的文体,人们以此既寄托哀思又通过死者的业绩激励后来者。

(2)悼词的内容是积极向上的,情感基调是昂扬健康的。"化悲痛为力量"应成为其情感的主调。

(3)表现形式和表现手法的多样性。悼词既可以写成记叙文或议论文,又可以写成优秀的散文作品;既能以叙事为主,也能以议论为主,还可以抒情为主。同时既有供宣读的形式,又有书面形式。

(三)悼词的写法

悼词一般包括以下三个方面的内容:

(1)点明悼念对象,通俗介绍其生前身份、简历、因何逝世、逝世时间、终年岁数等。

(2)扼要地介绍逝者生前的事迹,突出其对社会的贡献,恰如其分地评价其一生。

(3)对逝者表示哀悼,并勉励生者化悲痛为力量,以实际行动做好工作来纪念逝者。悼词一般由较有威望或地位的人宣读。

宣读体悼词形式却相对稳定,这里主要介绍一下宣读体悼词的格式写法。宣读体悼词主要由三部分构成。

1. 标题

标题的组成方式有两种情况。一种是直接由文种名称承担标题,如"悼词";另一种由死者姓名和文种名共同构成,如"在×××同志追悼会上的悼词"。

2. 正文

悼词的正文通常由开头、中段、结尾三部分构成。

(1)开头。以沉痛的心情说明召开或参加此次追悼会的目的,尽可能全面而准确地说明死者的职务、职称和称呼,以示尊崇,要注意这些称呼之间的先后排列顺序。接着简要地概述死者何年何月何日何时何原因与世长辞,以及所享年龄等。

(2)中段。承接开头、缅怀死者。这是悼词的主体部分。该部分主要由两方面组成。一是介绍死者的生平事迹,即对死者的籍贯、学历以及生平业绩进行集中介绍,应突出死者对人民、对社会的贡献。二是对死者的思想、精神、作风、品质、修养等作出综合的评价,介绍其对他人和社会产生的积极影响。如鼓舞、激励了青年人,为后人树立了榜样等。该部分的介绍可先概括地说,再具体介绍;也可先具体地介绍,再概括地总结。

(3)结尾。主要写明生者对死者的悼念及如何向死者学习、继承其未竟的事业、化悲痛为力量,为国家、为社会作出更大的贡献等内容。最后要写上"永垂不朽""精神长存"之类的话。

3. 落款

落款一般只署上成文的日期即可。

南通县领导在张小圃烈士追悼会上所致悼词

今天,我们怀着十分沉痛的心情,参加革命烈士张小圃先生的追悼会,追忆他在抗日战争和解放战争中为革命作出的贡献。

张小圃先生,一八九四年一月出生于江苏省南通县金余乡杨家港,他虽属工商业者兼地主,但为人正直,富有民族正义感,一向热心地方福利事业,为群众排忧解难,是当地较有名望的开明人士。一九四〇年冬,南通建立抗日民主政权后,他积极拥护我党的抗日民族统一战线政策,支持其子女先后参加革命工作,积极支持组织抗日武装,带头减租减息。从一九四二年起被选为金沙区参政会副主席、县参议员,在协助民主政权建设、支持抗日武装斗争方面做了不少工作。一九四三年反"清乡"斗争中,日伪曾多次威逼他担任伪"清乡特区公署地方促进委员会"主任,乃至将他家房屋家具全部拆运到敌据点,他仍坚决拒绝,坚持了民族气节,对打击敌"伪化"阴谋,坚持反"清乡"斗争作出了贡献。一九四五年日寇投降后,他担任县惩奸委员会副主任,积极参加了惩治汉奸的运动,曾在大会上亲自控诉汉奸的罪行。正由于他立场坚定,正义凛然,坚持斗争,敌人恨之入骨,不幸于一九四七年一月三日夜晚惨遭国民党还乡团杀害,当时身中九弹而死。

张小圃先生为革命贡献了自己的生命,张小圃先生的牺牲,使我们党失去了一位亲密可靠的朋友,失去了一位热心于革命事业的好同志,为表彰他对革命作出的贡献,除经省人民政府批准追认为革命烈士外,今天我们为他隆重举行追悼会,开会纪念他,我们要继承革命烈士的遗志,继续发扬艰苦奋斗、不怕牺牲的革命精神,积极投身四化建设,为振兴中华,建设具有中国特色的现代化社会主义国家,为实现共产主义的伟大理想奋斗终生。

张小圃烈士,安息吧!

一九八五年四月二十二日

(选自宋廷铭著《鳌江潮——一个老新四军的回忆》,光明日报出版社,2012.10,第226页,有删节)

简析　这份悼词的开头以沉重的语气简要叙述悼念张小圃同志的原因;主体部分则是对张小圃同志一生的缅怀,主要包括对于其生平主要事迹的介绍及其社会评价;结尾主要表达继承张小圃同志未竟遗愿,为社会未来作出贡献的意愿,最后写上"安息吧"。

第八节　启事和海报

学习要点
1. 启事和海报的特点
2. 启事和海报的写作格式

能力要求
1. 能够运用相关的文体知识对例文进行解读、分析
2. 领会启事和海报的写作方法

第三章　公关礼仪文书

一、启事

(一)启事的含义

启事是机关、企事业单位、团体或个人,需要向公众说明某事或希望公众协助办理某事时使用的一种事务文书。

启事的本意是公开陈述事情。"启"即叙说、陈述之意;"事"即事情。目前有的人把"启事"写成"启示"。"事"和"示"读音相同,但意思不同。"启示"是启发指示,使有所领悟的意思。

(二)启事的种类

按内容分,启事有征文启事、招聘启事、招生启事、征订启事、开业启事、迁址启事、征婚启事、结婚启事、离婚启事、寻人启事、遗失声明等;按公布的形式分,启事有报刊启事、电视启事、广播启事、张贴启事等。

(三)启事的特点

1. 告启性

启事面向大众告知事宜。它只具有知照性,而没有强制性和约束力。

2. 简明性

启事要求写得简洁明了。无论是登报、广播、电视或张贴,启事都必须写得十分简明。有的启事三言两语;有的启事用单行单句排列内容,竭力做到一目了然。

启事的简明性,除了为读者提供方便之外,同时也受篇幅版面限制。张贴的启事不允许写得长。电台、电视、报刊启事就更要节俭字数,压缩版面,力求用更少的钱达到最优的启知效果,这更促成了启事的简明性。

(四)启事的写作要点

启事通常由标题、正文、结尾三个部分组成。

1. 标题

可用文种作标题,如直接以"启事"作标题;也可用内容作标题,如"寻租";内容和"启事"也可以组成标题,如"寻人启事";同样,启事者、内容和"启事"也可以组成标题,如"长沙理工大学招标启事"。

2. 正文

启事的正文有多种写法,如一段式写法。启事内容简单的通常一段成文;稍为丰富的通常分几个段落成文,要向受众说明或提请大家留意的事情,应包括目的、意义、方法、要求等项目。

3. 结尾

启事的结尾一般包括联系地址、电话、联系人姓名或者签署启事者姓名、时间等。

例文一

"志愿文学"征文活动启事

改革开放以来,党中央高度重视志愿服务事业,大力倡导志愿服务活动,参与志愿服务迅速成为一种社会潮流和时代风尚,散发出灿若星火的独特魅力。越来越多的人们参与其中,汇聚起磅礴的社会正能量。在志愿服务事业发展的长河中,志愿者做着平凡的事,积累和沉淀了许多有血肉、有梦想、有情感的故事。散落在亿万志愿者笔尖的感悟、日记、书信是志愿文学的源头活水,彰显着"奉献、友爱、互助、进步"的志愿精神。为学习贯彻习近平总书记文艺思想,高举志愿精神火炬,凝聚中国力量,用文学形态讲述志愿故事,塑造志愿者的群体形象,以"志愿文学"唱响新时代的真善美之歌,共青团中央和中国作家协会共同举办"志愿文学"征文活动。

一、征文主题

青春志愿行　共筑中国梦

二、活动时间

2017年10月12日至2018年12月31日

征文截稿时间:2018年8月31日

三、组织机构

1. 主办单位

共青团中央中国作家协会

2. 承办单位

中国青年志愿者协会

团中央青年志愿者行动指导中心

中国作家协会创作联络部

中国作家出版集团

3. 支持单位

中国青年报、文艺报、中华儿女杂志、青年文学杂志、人民网、新华网、光明网、中国作家网、中青在线、中国青年网、阅文集团

四、征文体裁及要求

1. 征文体裁:小说、剧本、诗歌(含歌词和古体诗)、散文(含书信和日记)、报告文学。

2. 征文要求:内容健康、积极向上,讲述志愿故事;情感真挚、视角独特,传承志愿精神。

五、评选机构及奖项设置

征文活动将邀请有关方面权威人士按征文体裁和类别成立评审组,经组委会同意后,按照公平、公正、择优的原则经初评、复评和终评程序评出优秀作品,并在媒体公示,接受监督。

每个评审组设一等奖3名,二等奖5名,三等奖8名,优秀奖50名。根据作品终评情况可以提名"最具潜力奖""最佳故事奖""最美语言奖"等奖项。

六、投稿须知

1. 本次征文活动不向参与者收取任何费用。

2. 投稿方式:

纸质来稿请寄:北京××××××信箱19分箱,请在信封上注明"志愿文学征文",在文稿首页注明"作品名＋体裁＋作者名"。电子来稿请发送至邮箱zhiyuanwenxue2017@×××.com,附件名称为:"作品名＋体裁＋作者名",并在"邮件主题"处注明"志愿文学征文"。

3. 投稿作品必须为作者本人原创作品,一人可投多篇稿件。一旦发现剽窃抄袭

将取消参评资格。参评者投稿作品应未与任何第三方签署相关电子(包括无线)、出版、影视等版权。主办方不承担包括(但不限于)参评作者因名誉权、著作权等纠纷产生的法律责任。符合以上条件,已发表、出版的志愿文学作品,征得版权持有者同意也可参评。

4. 本次征文活动最终解释权归活动主办方所有。

七、活动联系人

团中央青年志愿者行动指导中心文化宣传处×××　×××

联系方式:010—××××××××

共青团中央中国作家协会
2017 年 10 月 12 日
(选自《中国青年报》2017 年 10 月 12 日)

简析 这篇启事开头叙述了开展"志愿文学"活动的目的和意义,接着介绍说明活动的诸项要求,结尾公布了活动联系人及其联络方式。

××证券有限责任公司投资银行总部招聘启事

××证券是国家××银行全资拥有的证券公司,是中国内地唯一一家由银行全资控股的证券公司。××证券以"全牌照、创新型、国际化"为目标,依托股东综合优势,积极服务国民经济中长期发展战略,逐步发展成为独具特色、优势显著、富有创新能力和市场竞争力的一流的专业化证券公司。

现诚邀投行业务英才加盟。

1. 招聘职位:详见附件一。

2. 工作及面试地点为上海、北京或深圳,具体可议;

3. 所有应聘者的资料我公司将予以保密,请有意者将应聘登记表(附件二)、简历及其他证明材料发送邮件至以下电子信箱。标题为:应聘者姓名+性别+年龄+现工作单位+现工作岗位(职位)+期望工作地点。

电子信箱:hr@gkzq.com.cn

联系人:马先生 010-××××××××

通信地址:北京市东直门南大街1号来福士中心办公楼25层××证券有限责任公司人力资源部

邮编:100007

附件一:《××证券有限责任公司投资银行总部招聘信息》

附件二:《××证券有限责任公司应聘登记表》

(选自 www.yinhangzhaopin.com)

简析 这是一则招聘启事。文章开头介绍了招聘单位的概况,接着公布了有关招聘的事宜,简明扼要。

二、海报

(一)海报的含义、适用范围

海报在西方已有悠久的历史和传统。在我国,它原属于职业性戏剧演出的招贴或专用张贴物,现在已扩大变为举办单位向公众报道或介绍有关文化娱乐、体育比赛、公益活动、学术报告等消息的招贴,并且大多还加以美术设计等。

(二)海报的种类

根据性质和用途不同,海报可以分为以下几种:

1. 商业海报

商业海报主要指各经商单位向公众发布商品信息并期待受众发生参与、购买行为的一种招贴,本质上属于商业广告的一种形式。

2. 文化娱乐海报

文化娱乐海报主要包括电影、电视、晚会、演出、展览、竞技等方面的海报。这类海报中,电影海报是各影剧院公布演出电影的名称、时间、地点及内容介绍的一种海报,这类海报常常还会配上宣传画,将电影中的主要人物画面形象地绘出来,以扩大宣传的力度。晚会、竞技类的海报同电影海报大同小异,目的是让观众可以身临其境进行娱乐观赏,有较强的参与性。

3. 学术报告类海报

一种为一些学术性的活动而发布的海报。一般张贴在学校或相关的单位。学术类海报具有较强的针对性。

4. 公益活动海报

一种为公益活动举办方向公众发布公益活动目的、内容以期广大观众积极参与的海报。

(三)海报的特点

1. 形式的吸引性

在形式上,海报或以颜色鲜艳的纸张,配以独特的美术设计,文字往往也用彩色颜料笔进行书写,给人以鲜明美观的文面;或以惹人眼球的标题吸引读者。后者尤以网络海报为甚。

2. 功用的告知性

本质上海报就是一种特殊的广告。不过,除了商业海报外,一般海报并非商业行为。海报有的在媒体上刊登、播放,有的张贴于人们易于见到的地方。海报具有鲜明的广而告之性,在功用方面,它希望在一定范围众所周知。

3. 目的的参与性

海报除具有形式方面和功用方面的特点外,其最终目的是期待观众的参与。

(四)海报的写法

这里重点介绍文字性海报的写法。这类海报一般由标题、正文和落款三个部分组成。

1. 标题

海报的标题写法较多,标题的位置也可根据排版设计灵活摆放,大体可以有以下一些形式:

(1)单独由文种名构成,即在第一行中间写上"海报"字样。

(2)直接由活动的内容承担题目,如"舞讯""影讯""球讯"等。

(3)可以是一些描述性的文字,如"感受跨越时空的复古魅力"。

2．正文

海报的正文要求写清楚以下一些内容：

(1) 活动的目的和意义。

(2) 活动的主要项目、时间、地点等。

(3) 参加的具体方法及一些必要的注意事项等。

通常正文有两种结构：

(1)一段式。内容简单的，通常只用三言两语，一段成文。例如"×月×日下午×时，我院和××学院辩论赛在本校文科楼2305会议室举行，欢迎踊跃观赛"。

(2)项目排列式。内容稍多的可分项目，分项排列成文。

例如：特邀××学院××教授主讲　　讲座形式：视频为主，辅以讲解。

时间：××××年×月×日至×日，每晚×时至×时。

地点：××××报告厅。

入场方式：×月×日起在本馆门口售票处售票，每票××元。

3．落款

要求署上主办单位的名称及海报的发文日期。

以上的格式是就海报的整体而讲的，在实际的使用中，有些内容可以少写或省略。

例文一

学术报告会

　　为纪念"辛亥革命"一百周年，特邀我国著名学者李××研究员来我校作学术报告。

　　题目：辛亥革命与现代中国的民主进程

　　时间：10月18日14时

　　地点：春晖堂

　　参与方式：凭票入场

　　请有意者前来第三号教学楼102室领取入场券，票额有限，需者从速。

校学生会
××××年×月×日

例文二

《初恋那件小事》(电影海报)

导演：普特鹏·普罗萨卡·那·萨克那卡林，华森·波克彭

主演：马里奥·毛瑞尔，平采娜·乐维瑟派布恩，苏达拉·布查蓬

类型：喜剧/爱情

地区：泰国

片长：118分钟

上映：2012－06－05

一、简答题

1. 简述求职书的特点?
2. 贺词和欢迎词有何区别?
3. 感谢信和表扬信有何区别?
4. 请柬和邀请函的区别何在?
5. 慰问信和倡议书有什么特点?

二、修改题

1. 根据以下求职书的写作特点,指出存在的问题并进行修改。

尊敬的××公司领导:

  当我四顾茫然为找不到一份理想的工作而犯愁的时候,一天偶然在《××都市报》发现贵公司的招聘广告,真是激动万分。现特向您自我推荐:我欲应聘贵公司营销部经理或总经理助理一职。

  我是××大学××学院的本科生,现已修完全部课程,成绩优良(成绩复印件见附件),曾担任学院学生会心理委员,工作兢兢业业,还被评为我院学生会优秀学生会干部(复印件见附件)。我爱好很多,在摄影、绘画、田径等方面均有特长,是校田径队成员,曾代表学校参加过省大学生运动会。我团结同学,比较善于处理人际关系。

  我调研过贵公司的大量情况,得知贵公司在营销管理方面有独特之处,但也存在一些问题。我在大学期间辅修过市场营销专业,掌握了一定的营销理论,期望能得到在贵公司实践锻炼的机会。这也是我积极向贵公司应聘的原因。此外,我向贵公司应聘,也是想实现我人生的梦想。如能被贵公司招聘,我一定会以勤奋努力工作来回报。我坚信我不会让您失望。恳请您在×月×日前回复我。

  顺祝

商祺!

求职人:×××
××××年×月×日

2. 根据简历的写作规范,指出以下简历存在的问题并进行修改。

个人简历

  姓名:×××

  联系地址:××××××

  联系电话:××××××

  求职目标:管理、营销、广告、经营等部门

  资格能力:××年6月毕业于××商学院企业管理系,获管理学学士学位。大学期间修读的主要专业课程有宏观经济、企业管理、市场营销、广告学、商业谈判、广告学、公共管理学等。选修的专业课有零售企业管理、消费文化和计算机应用原理。在校期间,成绩优良。撰写的毕业论文受到奖励。

工作经历:××年×月至现在,在×市第一百货大楼负责市场营销及相关管理工作。

社会活动:大学期间曾担任××协会副主席,曾在××市营销论坛上发表演讲。

其他情况:××出生,未婚,能熟练运用各种现代办公设备,英语会话能力强,书写能力稍逊。爱好唱歌、篮球、摄影。

3. 根据聘书的写作规范,对以下聘书进行修改。

聘书

××先生:

  兹聘请您担任我公司财务部主任,聘期自××××年×月×日至××××年×月×日。聘任期间享受我公司一切福利待遇。若蒙俯就,不胜荣幸之至。

                ××公司总经理

                ××××年×月×日

4. 下列请柬存在一些问题,请在语体和结构方面(在原文处)进行修改。

请柬

××副市长:

  经班子研究决定,定于×月×日全体班子成员到××街××号××企业办公室现场办公,望届时参加。

                ××市委办公厅

                ××××年×月×日

三、作文题

1. 假如你是一名学生会主席,新学期吸纳了很多有潜力的新干部,准备培养他们各方面的能力,在给他们开会之前请拟定一份欢迎词。

2. 某职业技术学校的学生吴莽不久前被确诊为白血病,急需治疗费20多万元,家长焦急万分。得知这一消息,该校从领导、教师到广大学生纷纷主动捐款,近日,该校领导将全校捐资的3万元交给了吴莽的家长。吴莽家长感激万分。请以吴莽家长的名义给某职业技术学校写封感谢信。

3. 雪明于2012年5月18日晚在学校5号教学楼201教室自习时,不慎将电子词典遗失,请为小明写篇寻物启事。

4. 春节即将临近,请以××大学的名义向全体教职员工及家属写封慰问信,以感谢他们长期以来的辛苦工作和对××大学教育事业和工作的支持。

5. ××大学学生会为了丰富同学们的校园生活,培养同学们的思辨能力,准备在××××年4月8日下午4:00举办了一场辩论赛。请你拟写一份(文字)海报。

第四章 申论写作

第一节 概 述

学习要点
1. 申论的特点
2. 申论的答题技巧

能力要求
熟悉申论的特点,深入理解申论的答题技巧,并能融会贯通地加以运用

一、申论的含义和特点

(一)申论的含义

"申论"一词,从字面上来理解,"申"为引申、申述,"论"为议论、论证,"申论"则指针对特定话题提出自己的观点,并展开论述。作为一种应试文体,申论最早出现于 2000 年中央国家机关公务员录用考试之中。经过几年的实践及专家学者的改进与完善,申论现已成为国家公务员录用考试的一门基本科目,日益受到人们的重视。在公务员考试中,通过对设定资料的阅读,回答有关问题,来考察应试者七种能力(阅读理解能力、分析判断能力、提出和解决问题的能力、语言表达能力、文体写作能力、时事政治运用能力、行政管理能力)的一种考试形式。

(二)申论试题的特点

1. 给定材料的广泛性与非专业性

申论考试的目的在于考查考生发现问题、阐述问题及解决问题的综合能力,本质上属于一种基本素质测试。因此,申论考试所给定的材料多为人们所熟知的、反映社会生活中热点问题的背景材料,可选择的范围较广,一般不会向某种专业性知识特别倾斜,以便保证每个考生都能有论而发。在近年中央机关和各地的命题实践中,有些试题涉及某一专业领域,但考生作答质量的高低与其是否掌握该领域的专业知识无必然的联系。

2. 命题的针对性

申论命题一般都具有较强的现实针对性,即要求考生就一些社会现实热点问题提出自己的看法与解决该问题的方法及途径。因此,考生应在充分把握所给定材料内容的基础上,抓住材料中预设的环境和条件,有针对性、有重点地去分析和论证问题。申论考试中给定的材料所

反映的问题基本都是现实问题,这些问题不一定有现成的解决方案,但肯定是能够解决的。

因此,考生应在抓住主要问题的基础上,从解决方法、措施、步骤、时间、人员安排等角度,提出具有现实可行性的方案。如果提出的方案缺乏可操作性,则作答肯定是失败的。

二、申论的答题技巧

1. 仔细阅读"答题技巧"与"申论要求"部分的内容

在拿到试卷后,考生首先要做的是快速地阅读一下"答题技巧"部分的指导性建议,以便按其要求依次作答,千万不要图省事。否则,等到把题都答完了,才发现试卷中的要求与自己平时练习的要求有所不同,就得不偿失。

另外,考生在下笔作答前,还应仔细阅读"申论要求"部分的内容,对其中每一个提法都必须认真审视,不可马虎。例如,中央国家机关公务员录用考试2000年和2001年申论试卷中的第1题,同是要求准确把握给定资料,但两者的具体要求有所不同,前者要求"概述主要内容",即要求把给定资料所反映的情况梳理清楚,予以概述;后者要求"概括主要问题",即要求抓住给定资料反映了什么主要问题。如果在审题时不注意这些作答要求上的细微区别,就会把原本并不难的题目答得颠三倒四,甚至离题万里。

2. 深入细致地阅读给定资料

审读材料是申论应试的基础环节。只有认真仔细地阅读材料,才能切实把握材料所反映的问题并提出切中题意的对策或方案。因此,考生不能在审读材料环节上吝惜时间,认为在审读材料环节花较多时间是浪费的想法是不对的,每个考生都必须用充足的时间去审读材料。一般来说,考试时间为150分钟的话,考生用于审读材料的时间应不少于40分钟,即占考试总用时的1/3左右。当然,给定材料字数越多,篇幅越长,内容越复杂,理解难度越大,考生也就要相应地在审读材料环节花费越多的时间。"磨刀不误砍柴工",明白这个道理后,考生就应舍得花时间去阅读材料,为快速准确地答题打下良好的基础。在以往的实际考试中,许多考生只是草草地阅读一遍材料,便仓促地下笔作答,其结果是无法抓住材料反映的主要问题,从而使提出的对策失去了针对性,有时甚至是牛头不对马嘴,自然无法取得理想的成绩。因此,我们应尽量避免这一点。

3. 注意试题中设定的"虚拟身份"问题

申论考试着重考核的是发现问题和解决问题的能力。针对同一件事,不同的人由于不同的身份,处在不同的工作岗位,观察事物的角度会有所不同,其提出问题的侧重点及解决方案也会有很大的区别。为此,申论试题大多为考生设定了一定的虚拟身份,考生在作答时对此务必要特别留意,一旦忽略了,就会所答非所问。

另外,如果申论试题对考生的角色没有作出具体限定,考生在选择自身的定位时要注意扬长避短。例如,中央国家机关公务员录用考试2001年申论试卷中问题二要求考生作为"某职能部门的工作人员"提出"处理意见",与给定阅读材料有关的"职能部门"有许多,如卫生管理部门、药政管理部门和工商管理部门等等,在这些众多的部门中,你究竟应该选择哪一个?当然是选自己比较熟悉或比较了解的一个部门。

4. 紧扣给定资料,用语朴实简明

申论写作完全是以实用为目的,文章的表达方式应以说明、陈述、议论等为主体,以充分表达自己概括、分析的能力,以及提出问题、解决问题的能力,文风力求朴质。抒情、描写的表达

方式在申论写作中应少用或不用,不能脱离"材料"和题目要求将论证性的议论文写成抒情散文或者记叙文。申论写作的语言要朴实简明,遣词造句应当准确、简明、规范,戒除一切套话、空话。文章应当条理清晰,理据相谐;时间、地点、人员、范围、性质、程度等数据项目必须表达明确,范围应限定;用语肯定,避免歧义,剔除一切冗余信息;使用的词语符合身份,语出有据,做到庄重得体;语句、段落和篇章结构都要体现合理的逻辑关系。

5.注意字数的限定

字数规定其实是对考生归纳概括能力和文字表述能力的要求。一般情况下,申论题目的要求中规定:概括问题不超过 150 字,解决方案不超过 350 字,论证分析 1 200 字左右。前两部分字数以不少于规定字数的 10% 为宜,字数再减少则不容易讲清问题。议论部分的字数应在规定字数的±10%之间。字数少于 10% 要扣分;超过 10%,则增加了写作量,必然要占用有限的时间,肯定会影响写作的质量。

6.卷面书写工整,无错别字

卷面书写不工整,有错别字,在阅卷中都是要酌情扣分的。书写质量直接影响考生思想意图的表达,即使在答卷中有精练的概括、中肯的对策、精彩的论述,潦草的字迹也无法让人了解文中的内容,让阅卷人进行艰苦的"考订"工作,会造成阅卷人视觉和心理上的疲劳,从而产生"质量较差"的先入为主的印象。而错别字更容易使考生思想表达变异,甚至与原意相反。因此字迹工整、规范用字是申论写作的一个重要条件。

第二节 审读材料

学习要点
1.审读材料的要求和基本原则
2.审读材料的答题技巧

能力要求
深入理解审读材料的基本原则和答题技巧,并能在具体的材料审读中熟练运用

一、审读材料的要求与基本原则

审读,是指对给定材料进行阅读分析、把握给定材料内容的过程。审读是申论应试的基础性环节,是概括要点、提出对策和进行论证等环节的前提。只有通读并且弄懂全部材料,考生才能把握给定材料所反映的问题,并区分所反映的多个问题的主次轻重地位,以便准确概括出主要问题。

1.审读要求

审读材料的基本要求是全面理解和掌握材料的内容:把众多事实材料进行分门别类,总结归纳出其中的内在联系,将具体问题上升为反映普遍现象的观点,并联系到给定材料以外的其他事物进行思考与分析。

2.基本原则

审读材料应该遵循以下原则:

（1）整体性原则。仔细阅读给定材料，整体把握给定材料，找出给定材料的隐含信息，使拟题能扣住给定材料的中心。

（2）多角度原则。运用发散性思维分析给定材料，列出2—5个观点，然后从对自己写作有利的角度去写。这个角度是扣紧给定材料的，但不一定是扣紧给定材料的中心的。多角度的原则还可理解为一种"实效性原则"，也就是说，只要紧扣给定材料，写哪个角度对你有利，能使你发挥得更好，你就写哪个角度。

（3）筛选性原则。给定材料中很可能包含着许多迷惑信息、多余信息。如果不从总体去概括材料的寓意，只是抓住只字片语，则容易陷入误区而跑题。

二、答题技巧

1. 充分利用时间审读材料

最好在试卷给定的参考时限内完成材料的审读，不要轻率缩短，当然也不要任意延长。很多考生在考试的时候不注意利用好审读时间，匆匆看过一遍就急于概括、提出方案，这往往会给答题造成一定的影响。

2. 从总体上把握材料的内容

在审读材料时至少要先弄清楚给定材料是关于什么问题的。也就是说：

第一，材料的性质是什么；

第二，材料的主要倾向是什么；

第三，材料的主要内容是什么。这样才能对材料从总体上把握，分析问题出在哪里，问题的关键是什么。

3. 通读、细读与精读相结合

审读材料不能太快，否则只会囫囵吞枣，对资料一知半解。建议分三步：

第一步，先通读，找出哪些是重点段落，哪些是次重点段落，哪些是枝节，哪些是鱼目混珠的段落；

第二步，细读，即细读重点段落与次重点段落，在段落旁边简单记下段落大意，标出重点段落中的关键词句；

第三步，精读，即精读自己圈定的重点段落、关键词句，从这些重点段落、关键词句中分析并归纳出主题。

4. 要透过现象抓住本质

审读就是要透过现象看本质，而不是简单地就事论事。例如，2000年中央国家机关公务员录用考试中，申论所给定的材料所反映的实质问题是发展与环境保护之间的矛盾，倘若在阅读材料时只看到居民与印刷公司之间的民事纠纷，就无法深入地分析问题了。

5. 要敏于感触

在审读时思想上会出现许多亮点，会产生一些感触，这种突然闪现在脑海里的想法，就是我们常说的灵感。在阅读给定材料时，一定要善于捕捉灵感，以便对整个材料有很好的把握，深化对材料的理解。

第三节 概括要点

学习要点
1. 概括要点的要求与基本原则
2. 概括要点的答题技巧

能力要求
能够利用概括要点的相关知识,对给定材料的主题、内容、观点及反映的主要问题进行准确概括

一、概括要点的要求与基本原则

概括要点是一个承上启下的重要环节。一方面它是审读材料环节的小结;另一方面,这个环节完成得好不好,会直接影响所提对策的针对性。

所谓概括要点,是指根据申论要求,对给定材料的主题、内容、观点,以及反映的主要问题进行总结归纳的过程。概括要点的目的在于准确地把握给定材料,以便进一步着手解决问题。

1. 答题要求

概括材料不仅要力求全面、准确,而且还要力求深刻、到位。所谓深刻、到位,就是说在对给定材料的主要内容或主要问题进行概括时,必须要达到一定的高度,避免就事论事,缺乏应有的深度。

2. 基本原则

概括材料必须根据试题的具体要求进行。偏离了考试的主旨,就会直接影响考试成绩。如果考试时把试卷要求的"概括……主要问题"误认为是概述主要事实,对"主要问题"是什么却无所涉及,那么其成绩便可想而知了;反之亦然。

二、答题技巧

1. 找准角度

申论考试要求考生解决的问题大多属于行政公务方面的问题,属于政府部门的一般性工作居多。考生偏离了这一基本出发点去概括材料,往往会不得要领。考生在考试时只能扮演题目中给定的角色,没有选择的余地。只有按照考试要求所给定的身份和角度,才能准确地概括材料,这是找准角度的最基本的含义。同时,找准角度还有另一方面的含义,即在概括材料时必须找到一个最适合于自己的叙述角度去组织和加工材料,如采用顺叙还是倒叙,是否需要插叙和补叙,这些都是考生下笔概括材料之前必须了然于胸的。

2. 突出主旨

概括材料时中心思想要抓准,重点要突出,概括题目不同的要求,突出不同的重点。按照申论考试的基本类型,这些不同的要求大致包括:(1)概括材料所反映的主要问题,要抓"准";(2)概括材料所反映的主要内容,要抓"全";(3)概括材料所反映的精神实质,要抓"实质";(4)概括材料所反映的主要经验,要抓"主要"。

3. 思路清晰,逻辑严密

思路清晰,是指概括材料必须抓住、抓准一条贯穿全篇的主线,让人一目了然。这条线就是文章的总纲。所谓纲举目张,就是考生要构思好一段概括材料,必须学会如何运用线索来选择、组织和加工材料,以便更好地表达中心思想。逻辑严密,是指文章结构要严谨,行文要丝丝入扣,引人入胜。

4. 要言不烦

要言不烦是指概括材料要言简意赅、剪裁适当。申论考试中要求概括出来的内容一般都限定在150字或200字以内。字数有限又必须独立成文,结构要完整,前后要连贯,不能把材料概括成没有特点的文章提纲,给人以干瘪、呆板之感。这就要求考生必须惜墨如金,哪些材料该取,哪些材料该舍,哪些地方要详,哪些地方要略,都必须仔细斟酌。

 实例分析一

【阅读材料】

1. 文艺复兴时期意大利诗人但丁说:"道德常常能填补智慧的缺陷,而智慧却永远填补不了道德的缺陷。"

2. 我在大学二年级读书时,一个周末的下午,有一堂选修辅导课,教师是从另一所大学请来的。周末下午学生活动多,都没心思上课,我去教室换鞋,准备参加足球赛,这位老师以为我来上课,便一字一句地说:"一个人,这课我也要上,不能辜负你。"此时,我只好坐下来听课,整个教室只有我一个学生,他板书一丝不苟,讲课声音沉着而洪亮。下课了,他拍拍身上的粉笔灰,向我点点头,夹起教案走了。

3. 一位年轻的女护士,第一次给一位赫赫有名的外科专家当助手,复杂艰苦的手术从清晨直到黄昏,眼看患者的伤口即将缝合,女护士突然严肃地盯着外科专家,说:"大夫,我们用了12块纱布,你只取出11块。""我已经取出来了。"专家断言道。"手术已经一整天,立即开始缝合伤口。""不,不行!"女护士高声抗议,"我记得清清楚楚,手术中我们用了12块纱布。"外科专家不理睬她,命令道:"听我的,准备——缝合!"女护士毫不示弱,她几乎是大声叫起来:"你是医生,你不能这样做!"直到这时,外科专家冷漠的脸上才浮起一丝欣慰的笑容。他举起左手心里握着的第12块纱布,向所有的人宣布:"她是我合格的助手!"

分析

材料1是一句名人的话,材料2讲的是大学里的一堂课,材料3讲的是一次手术。三者之间一定有必然的联系和共同点,那是什么呢?经过仔细分析,我们知道,用一个关键词就可以把三个材料联系起来,这就是:良心,或者说是道德。试想,那位大学老师上的不是平常的一节课,却是一堂足以体现他人格的课,是真诚地对待工作、对待学生、对待人生的一课。不论遇到什么困难和挫折,我们都不应该辜负别人的信任和尊重,都不能用搪塞敷衍的态度对待同志、对待工作。良好的品格是人性的最高表现,好的品格不仅是社会的良心,而且是国家的原动力,是一种民族精神与意识的集中体现。一个人,正直的品格不需要多少特殊的举动,品格如水,流淌在他日常的行为中。人世间除了权力、金钱、声望、暴力等之外,还有一个给人成功、百灵百验的秘诀,有了它,一个人的潜能可以成倍成倍地施展出来,这不是别的,是创造奇迹的品格——正直。正直的品德乃无价之宝,智慧只能证明你的才华,只有正直才能体现你的德行。有恶德败行的人即便有经天纬地之才,谁会欣赏和重用他呢?而高风亮节、冰清玉洁的人,人们都愿与他共事。没有正直的品格和老实的作风,无论做什么都难以有所成就,即便靠侥幸,可能崭露头角,也不过是昙花一现,稍纵即逝。

第四节　提出对策

学习要点
1. 提出对策的要求与基本原则
2. 提出对策的答题技巧

能力要求
能够运用提出对策的相关知识解答相关申论题目

一、提出对策的要求与基本原则

提出对策是申论的关键环节,重点考察考生思维的开阔程度、创新意识、应变能力和解决问题的能力。它给考生提供了充分发挥的自由空间,考生可根据各自的知识阅历,对同一问题各抒己见,见仁见智。

1. 答题要求

(1)明确给定的角色。申论写作与一般作文的一个重要区别就是命题者预先都给了考生一个确定的公务员角色。这就要求考生在根据主要问题提出对策方案时,首先必须明确自己的这个虚拟身份,即自己处在一个什么样的职位上提出方案。

(2)明确方案的针对性。要针对问题提出方案,是指考生所提对策方案必须具有很强的针对性。这种针对性包括两个方面的含义:

其一,是指对策方案应该与所给定材料的倾向性相吻合。申论给定的材料都反映了某种社会问题,并设定了解决问题的倾向。考生所提供的对策方案必须结合给定材料涉及的范围和条件,与这种倾向性相一致。

其二,是指对策方案要紧紧围绕前面概括材料时所提出的主要问题,切中要害。提出对策方案的前提,是审读分析材料之后概括出来的要点。如果说概括材料是提出问题的话,那么,提出方案实际上就是要解决前面所提出的问题。提出的对策方案是直接针对前面概括材料时提出的问题的。所以,一般说来,前面概括了几个方面和层次的问题,这一部分就应当体现几个方面或层次的对策和方案。当遇到给定材料反映的问题比较复杂时,首先要根据题目给定的角色进行认真筛选,抓住核心问题,切忌平均使用力量,甚至本末倒置。解决好这一点,有赖于审读材料与概括材料所显示出的"功力"。考生的综合分析能力强,抽象概括能力强,概括材料时能够做到全面、准确、深刻、到位,在提出对策方案时也往往能够抓住关键;反之,所提对策方案往往不得要领。

(3)明确方案的可操作性。一般而言,具有可操作性的对策方案是指:

其一，对策方案要明确执行主体，即制订出来的方案由谁去执行。也就是说，"问题"要有明确的"归口"，对策方案要有直接解决问题的政府部门或职能机构去处理与落实。

其二，对策方案要明确执行步骤，即制订出来的对策方案怎样执行。也就是说，对策方案不能只是大的原因，让人感到无所适从，而是要有解决这些问题的具体步骤、办法，要能够付诸实施。

其三，对策方案要明确执行的时效，即制订出来的对策方案何时实施。也就是说，对策方案要认真考虑其时效性，它不是遥遥无期的许诺，而是解决当前问题的切实可行的办法。

其四，对策方案要明确执行的条件，即制订出来的对策方案在什么条件下实施。也就是说，对策方案的提出必须充分考虑到解决问题所需要的主客观条件。如果提出的对策方案在现实中不具备实施的主客观条件，也只能是一纸空文。

2. 基本原则

考生在构想对策方案时，要通盘考虑，尽力克服与之相悖的因素，使方案合理、具体，便于落实，切忌脱离实际、坐而论道，提出一些很难付诸实施的对策，力避大而空，不要难以操作的虚话、套话。

二、答题技巧

在申论考试中，考生在完成提出方案这一步骤时，以下几点是需要特别予以注意的。

1. 忌身份失当

考生在应试中必须看清题目对自己虚拟身份的要求，一定要首先把个人定位搞清楚：是以普通公务员的身份提出建议，还是要求以领导、决策者的身份发号施令；是提出解决问题的方案，提出处理材料所反映的善后意见，还是提出克服弊端的对策建议。不同的身份，所提对策方案的角度是有明显区别的。一旦考生对自己的角色定位失当，其他一切都将无从谈起。当考生明确身份之后，考生将思考问题的角度，甚至包括语言都要与自己的虚拟角色相吻合。

2. 忌空话、套话、外行话

行政管理的根本是要解决问题，考生在申论考试中所提方案必须立足于解决实际问题。对于政府部门而言，它所关注的不是"应该"做什么，而是现在能做什么。考生在提出的对策方案中对存在的问题大声疾呼、慷慨激昂，或者严厉谴责都是没有用的，对策方案必须是建设性、切实可行的措施。

3. 忌主次不分

考生制订解决问题的对策方案时，一定要牢牢抓住前面分析概括出来的主题或主要问题，摒弃枝节，把握主干，分清主次，突出重点，切忌眉毛胡子一把抓。如果考生感到头绪纷乱，无从下手，一定要认真反复分析材料，回过头来仔细看一下自己对材料的概括，分解出其中的层次，抓住给定材料的核心思想和主要问题。只有这样才能有的放矢地提出有效的解决方案。

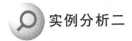实例分析二

【阅读材料】

材料 1

2002年1—8月全国伤亡事故概况

据统计,2002年1—8月全国共发生各类事故730 552起,死亡87 320人,同比增加42 416起,增加3 966人,分别上升6.2%和4.8%。其中,一次死亡3—9人重大事故1 680起,死亡6 886人,同比增加160起,增加245人,分别上升10.5%和3.7%;一次死亡10—29人特大事故93起,死亡1 413人,同比增加15起,增加214人,分别上升19.2%和17.8%;一次死亡30人以上特别重大事故5起,死亡372人,同比减少8起,减少232人,分别下降61.5%和38.4%。

材料 2

两年来有关安全生产与伤亡事故的新闻剪辑

1. 烟花厂爆炸事故

2001年12月30日上午,江西省万载县黄茅镇攀达公司烟花爆竹厂发生爆炸。距离现场五六公里处,即可见到天空升起一朵朵蘑菇云,厂区内火光冲天,爆炸声接连一片。直径五六十厘米、重量20多公斤的礼花弹腾空而起,硝烟弥漫使人双眼难睁,浓浓的火药味呛得人难出大气。

消防队冲进厂区后,采取迂回延伸、重点消灭火点的方法,同时向5个火点进攻,抢出了剧毒危险品。经过4个多小时,30吨亮珠(炸药)和礼花成品仓库的火势得到控制。直到元月1日晚上6时,消防队员才完成任务撤回。

爆炸事故发生后,爆炸现场附近方圆五公里内上万名群众被紧急撤离到邻省湖南浏阳县境内。黄茅镇的黄茅村、前进村、光明村、永安村的民房几乎无一完好,满街都是残砖破瓦。光明村60岁的瞿桂娥被几名妇女搀扶着哭泣不止。她的女儿,35岁的潘小华在攀达公司打工。事后调查认定,是潘小华在敲击装药筒时用力过猛引起这起爆炸。这起爆炸事故造成14人死亡(其中12名女性),因伤住院61人。据村民讲,攀达公司1992年建厂时,群众就因安全受到威胁而拦阻。此后该公司的厂房先后发生了4次爆炸。特别是2001年6月21日在万载召开烟花生产现场会,与会代表参观了攀达公司,当天,该厂发生了爆炸。

县城一个烟摊摊主告诉记者,万载县的烟花生产已有上千年的历史,花炮产品种类多,效果好,国内外很有市场,远销欧美和日本等地。所以烟花生产这一传统产业已经成为县里的支柱产业,芬兰、德国和中国香港等地的企业家也到此投资办厂。目前全县的烟花爆竹生产厂家全部为私营企业,共有200多家,其中黄茅镇和株潭乡是生产规模较大的乡镇。

"在我们这里,花炮厂爆炸死几个人早已不是什么新闻了,值得你们从那么远专门赶来吗?"我们采访的一名三轮车主不以为意的话令人感到吃惊。据他讲,从1999年到这次攀达公司爆炸事故发生前,先后已有四起重大爆炸事故,伤亡重的一次42人丧生,轻的也有8人烧伤,2人摔伤……

万载县政府有关部门干部的漠然,更让人震惊。记者在万载县工商局了解攀达公司执照办理情况时,几名值班的工作人员听说记者从远方来,竟然一个个哈哈大笑。其中一人手捂着嘴解释说:"笑,笑你们还专门为这点小事跑那么远的路采访。"言语间充满不屑。

在万载县烟花鞭炮管理局,一名女干部回答记者的提问,竟说:"2001年是灾难年嘛!美国纽约被袭击了,秘鲁也发生了烟花爆炸事故。相对于往年,我们县今年算是事故较少的一年呢!"

2. 临街楼倒塌事故

2000年12月1日下午2时30分左右,东莞市厚街镇赤岭村邮电所旁一房屋倒塌,造成8人死亡,28人受伤住院的重大事故。该房占地面积约600平方米,1992年由村委会建成一层临时建筑租给个体户叶某,再由叶某租给各类人员作饮食小商铺用。2001年9月,叶某又开始在原建筑物上边营业边加建两层,打算开旅馆。事故发生前已施工至第三层。经调查,该房屋是典型的"五无"工程,1992年动工时,即无土地使用证,无办理报建手续,无资质设计,无资质施工,2001年加层又没有办理报建手续,由无资质人员设计,无资质包工头施工,该房建在5米宽的水沟上方,水沟边用松木桩作基础,加层后地基承载力不足,是导致倒塌的直接原因。

东莞塌楼事故发生当天,现场一片狼藉,大块的楼板覆盖在瓦砾上,有关部门出动大批公安,消防人员及医护人员到场参与营救,并调来至少6辆以上的大型挖掘机。当晚,赤岭村治安队封锁了现场四周,动用挖掘机进行清理挖掘,挖碎楼板、楼柱,然后动用大型铲车,将砖块、水泥块等一并铲装进泥头车运离现场,医护人员一直在现场待命。清理挖掘工作持续到第二天凌晨6时许。清理中是否发现死伤者,没有人公布。

据媒体报道,所塌之楼绝非一个特例。不经报批而建造楼房在珠江三角洲的小城镇十分普遍,在东莞甚至根本就没有私楼加建须报批的明文规定可循。

3. 公交车坠桥事故

2000年7月7日,柳州"桂B00512"号公交车,从壶东大桥中段距水面30米高度坠落,抢救中打捞起78具尸体,其中55具当时即被认领。

2001年6月4日,柳州市中级人民法院对造成"七·七"壶东大桥特别重大事故的柳州市政维护管理处的9名责任人作出一审判决:施工员吴铮擅离职守,对违章作业不予制止、纠正,判处有期徒刑6年零6个月;民工小组长潘艳阳离开工作岗位,使事故隐患未得到及时排除,判处有期徒刑6年……

4. 井下CO中毒事故

2001年3月7日16时20分左右,三门峡灵宝市义寺山金矿五坑发生特大CO中毒事故,造成10人死亡,21人中毒,直接经济损失61万元。

灵宝市义寺山金矿系地方国营矿。1994年,尹庄镇岳渡村委在义寺山金矿矿区界外1300m,岳渡村南200m处开挖岳渡坑口。经灵宝市黄金办等单位协调,义寺山金矿与岳渡村就五坑口和日处理100吨矿石的选厂签订《抵押租赁合同》。后岳渡村资金不足,将坑口和选厂交村委会主任马长江经营,2000年11月15日,马又将上述区域采掘工程发包给陕西省山阳工程处(无法人资格)。

2001年3月6日晚9点左右,在五坑口8中段以上作业的12名工人,发现巷道内有少量烟气从岳渡巷方向漂来,民工出现头晕体软、轻度中毒症状,随即返回地面。3月7日上午民工队生产负责人樊景超带领民工谭怀顺从8中段前往岳渡巷查看,未返回地面。其后又有6人下井寻找,均未返回。下午,井下发生事故的消息被住在井口附近的民工得知,30余名民工救人心切,盲目入井开展抢救,18时03分,灵宝市消防大队赶到现场组织抢救工作,20名CO中毒人员被抢救出洞口,其中4人死亡。

三门峡市煤管局矿山救护队于3月7日23时左右接报后,次日凌晨2时30分赶到事故现场,入井侦察。救护队员下井后,岳渡村副主任严居刚找到义寺山金矿矿长王玉红,协商如何瞒报这起事故,最后达成一致意见。救护队员返回地面后,按严居刚、王玉红的授意,向灵宝市在现场的两名副市长和有关部门的领导汇报侦察情况时,隐瞒了井下发现6具尸体的事实。为此,岳渡村多付救护队6 000元。

岳渡巷长年失修,750 m砂卵石构造段部分木支护腐朽,导致冒顶;冒落岩石砸坏电缆,引起短路起火,引燃塑料水管和坑木,造成着火点两侧5~8 m巷道上部砂石冒落,致使通风不畅,坑木在不能充分燃烧情况下,CO大量产生、聚集,并向义寺山金矿五坑口巷道蔓延,是造成这起事故的直接原因。

5. "10·18"特大垮坝事故

2000年10月18日上午9时50分,广西南丹县大厂镇鸿图选矿厂尾矿库发生特大垮坝事故,28人死亡,56人受伤,70间房屋不同程度毁坏,直接经济损失340万元。

鸿图选矿厂是由姚肇奎和姚仕明共同投资500万元开办的一家私营企业,位于南丹县大厂矿区华锡集团铜坑矿区边缘,于1998年8月开工建设,1999年6月建成投产。选矿厂选矿工艺部分由华锡集团退休工程师刘德和华锡集团车河选厂工程师王万忠两人共同设计。设计选矿能力为120吨/天,但实际日处理量为200吨/天。

2000年10月18日上午9时50分,超量排砂、储水的尾矿库后期坝中部底层首先垮塌,随后整个后期堆积坝全面垮塌,共冲出水和尾砂14 300立方米,其中水2 700立方米,尾砂11 600立方米,库内留存尾砂13 100立方米。尾砂和库内积水直冲坝首正前方的山坡反弹回来后,再沿坝侧20米宽的山谷向下游冲去,一直冲到离坝首约700米处,其中绝大部分尾矿砂则留在坝首下方的30米范围内。事故中,尾矿坝下的34间外来民工工棚和36间铜坑矿基建队的房屋被冲垮、毁坏,导致28人死亡,56人受伤。

6. 厂房连续两次爆炸事故

2001年11月28日中午,在不到10分钟的时间里,深圳坂田中心区著名通信设备制造企业华为公司一厂房连续发生两起爆炸事件。据警方初步推断,这是一起人为的蓄意爆炸案,目前作案动机及伤亡情况不详。

第一次爆炸发生在中午12时20分左右,华为公司的一员工正准备复印,当他的手指在车间角落的复印机上轻轻一按时,复印机突然发出一声巨响。时隔不到10分钟,一楼的茶水间里又发生了第2次爆炸。据一位送货的男士讲,爆炸发生时附近的楼都感到了震动。后经警方调查,在发生爆炸的地方发现了3节五号电池的残骸,炸弹是由旧钟表改造成的定时炸弹,电池的正极与电线连在了一起。据了解,该公司厂区有150多个监视器,保安措施比较严密,不熟悉的人不易进入。事发前曾有人看到过一名拿着手提袋的男子进入。因而,警方推测可能是熟悉华为的人干的,或者是内外勾结联手制造的。

7. 6起特大安全生产事故的通报

国家安全生产监督管理局通报2002年11月6起特大安全生产事故:

(1)11月1日,重庆市长寿县一辆小客车(载37人),从红岩村开往双龙镇途中翻下7米高公路,造成11人死亡,10人重伤,16人轻伤;

(2)11月8日,重庆市巫溪县一辆双排座农用车(载16人),在行驶途中翻下悬崖,造成13人死亡;

(3)11月8日,山西省阳泉市盂县西潘乡乡办煤矿丈二坑口(有证)发生瓦斯爆炸事故,造成26人死亡;

(4)11月9日,吉林省白山市靖宇县三道湖镇三〇九煤矿(个体无证)发生瓦斯燃烧事故,造成11人死亡;

(5)11月10日,山西省晋中市灵石县两渡镇太西煤矿(村办无证)发生瓦斯爆炸事故,造成37人死亡;

(6)11月14日,云南省昆明市石林县亩竹箐乡过水沟煤矿(个体矿,通过省级验收,但未发证)发生瓦斯爆炸事故,造成11人死亡。

8. 采取严密措施,确保安全生产

2002年11月18日,在全国安全生产电话会议上,国家安全生产监督管理局局长王显政强调,今年全国安全生产的总体状况能否好于往年,关键要看年底这段时间的工作,有关部门要继续开展安全生产检查和督查,确保今年全国安全生产状况总体上好于往年,开创安全生产工作的新局面。

王显政指出,全国的安全生产形势仍然不容乐观,部分地区和单位,重特大事故仍然时有发生。10月下旬以来,广西南宁市、内蒙古包头市、山西阳泉市和晋中市灵石县等地接连发生了煤矿安全生产事故。

王显政强调进一步加大关闭整顿小煤矿工作力度。要总结经验教训,排查问题,堵塞漏洞,不走过场,不留死角;发现一处,严厉打击一处,不仅要追究业主的法律责任,同时要严肃追究有关地方政府及其相关部门的行政责任。在年底生产经营指标压力较大的情况下,尤其要坚决防止违规突击生产,防止重特大事故发生。

【要求】 对给定资料进行分析,从政府职能部门制定政策的角度,以《关于"减少事故,保障安全"的建议》为题,提出对策建议,供领导参考。要求:分析恰当,对策明确可行;条理清楚,语言通畅。字数不少于600字。

(选自2003年国家公务员录用考试申论试题)

【参考答卷】

近几年,各种安全事故问题,频频发生,原因是多方面的,既有普遍存在的安全意识差的问题,也有管理落后和欠缺的问题,以及法规不健全对违法违章行为缺乏制约的问题,也有监督查处不力、处理不力的问题。因此,要减少事故,保障安全,必须从多方面入手和努力。为此提出以下对策建议:

（1）责成各地政府安全职能部门在近期内立即组织专人，对本地安全状况进行一次认真排查，特别是对矿井、违规建筑、大型公共场所要重点排查，对发现的事故隐患，要限期排除，重大隐患要上报省级安全监管部门备案。对在施工或作业中的一些违规违章行为要予以坚决纠正。对不符合国家规定的一些小煤矿要坚决关闭。以后每年都要搞一次这样的排查活动，争取把事故隐患降到最低点，同时要把排查情况逐级上报给上级安全主管部门。

（2）进一步完善安全事故责任追究制。建议以政府名义制定《关于安全事故责任追究制的规定》，对业主应负的法律责任、地方政府及其相关部门的行政责任，以及处罚细则都一一作出明确规定。事故一旦发生，对违法、违规责任人要一查到底，严惩不贷。

（3）加强对违反国家法律、法规行为的监督查处工作。各市都要在年内，以安全主管部门为主，联合规划、城建、城管、工商等有关部门，开展联合执法活动，对违反国家有关法律法规的行为进行坚决查处。对城市内严重的违章建筑和有重大事故隐患的建筑要坚决拆除。对违反国家有关规定，无安全保障措施的生产项目、建筑项目坚决停产，限期达到安全标准；限期达不到标准的予以关闭。

（4）加强日常安全的管理工作。保障安全更重要的是做好日常防范工作。只有这样才能从根本上减少事故的发生。各地方政府在发展经济建设的同时，要把所辖区域的安全防范工作列入重要日程，加强对地方安全保障工作的指导，建立健全各项相关的规章制度，每季度至少要组织相关部门对重点施工项目、重点企业进行一次安全工作的检查和指导。

同时要加强全民的安全防范教育，对重要安全岗位要施行执证上岗制度，严格执行上岗前的安全生产教育和训练，所有企业都要努力把事故隐患消灭在萌芽状态。

【简析】 《关于"减少事故，保障安全"的建议》一文，在简要分析了事故原因后，提出4条建议。这4条建议都符合对策的要抓主要问题，并要有针对性、可操作性的要求，身份角度也很贴切。建议由近及远，由眼前急需解决的紧迫问题到日常管理工作，由微观到宏观，层层递进，并都有实际内容和较强的可操作性，应该是一份较好的建议。

第五节 进行论证

学习要点
　　进行论证的答题技巧
能力要求
　　能够利用给定材料，有效论证自己对给定资料所反映的主要问题的基本看法，以及解决问题的方案

一、进行论证的要求与基本原则

进行论证是申论应试的最后一个环节，它要求考生充分利用给定材料，针对主要问题，论证自己对给定资料所反映的主要问题的基本看法，以及解决问题的方案。论证是对一个考生

的综合能力的测试,是申论考试的核心,一个人驾驭材料的分析、理解、判断能力,提出和解决问题的能力,文字表达能力在此都能得到充分的体现。

1. 答题要求

进行论证是一个人的知识基础、能力水准、思维品质、文字表达的全面展示。它要求考生充分利用给定资料,切中主要问题,全面阐明、论证自己的见解。

申论考试大都是自拟题目,但要解决的主要问题却是由给定材料限定的,在拟定题目论证问题时必须充分利用给定的材料,紧紧抓住主题或主要问题,突出主旨进行论证,而不可以天马行空,任意挥洒。

2. 基本原则

在论证角度选择上要尽量取其小,从小处着眼,这样有利于在有限的时间和有限的篇幅内,在所选的这一"点"上作比较深入的开掘,在解决问题的对策和处理意见方面可以谈得比较具体一点。如果面面俱到,涉及面大而广,无法使论证鞭辟入里,就难免空泛,不易于操作。此外,在选择立意成文的角度时还应注意两点:一是要新颖,不落俗套,有创新;二是要贴近现实生活,能为社会所关注,为广大读者所喜闻乐见。

当论述问题的基本主旨确定之后,接下来就是精心安排论文的结构了。由于文章的内容不同,作者的角度各异,文章的结构形式也必然是多姿多彩的。不过,结构严谨、逻辑清晰,是论文的最基本要求。作为一种论文文体,申论考试中对问题的论述部分也必须遵循这一原则。

二、答题技巧

1. 紧扣主题确定论述问题的中心思想

考生在确定论题时必须明确:(1)自己是以某一职位的国家公务人员的身份在论证问题;(2)自己所要论证的主题是材料中已经给定的;(3)给定材料在锁定论证主题时已经限定了考生的基本态度和主导倾向;(4)材料中给定的主题已经体现在自己对材料的概括之中;(5)国家公务员论述问题的目的在于解决问题,而不是一般的"不平而鸣",空发议论。

2. 立意独到确定论述问题的视角

所谓立意独到,就是要善于围绕主要问题,选择新的角度去立论,使评论仁者见仁、智者见智,并且常写常新。考生在论述问题时,角度一定要新颖、独特,比较而言,这样更容易增强文章的吸引力、感染力和说服力。

3. 确定一个醒目的标题

标题是一篇文章的旗帜。一个醒目的标题,往往能够给人一种先声夺人的气势,一下子吸引住读者的目光,抓住读者的心,引起读者进一步阅读和评论的兴趣。一个好的论文题目必须旗帜鲜明,必须准确精当、生动贴切、内容丰富而具体地表明作者论述主要问题的基本立场。

考生在确定文章标题时必须注意:

(1)文章标题必须与文章内容相契合,不能让人看后不知所云,甚至产生歧义。

(2)文章标题应当简明、精练、生动、贴切,不仅读来起铿锵有力、朗朗上口,而且又言简意赅地点出作者的鲜明态度和文章所要论述的基本内容。

(3)文章的标题不能干瘪无物,应当体现丰富的意蕴和哲理,但同时又不能流于大而无当、空泛乏味。

4. 结构合理,逻辑严密

在谋篇布局的时候,首先要确定中心思想与材料之间、整体与部分之间、部分与部分之间的内在逻辑联系,精心安排好各部分、各要素在整个结构中的位置。例如,为了论证中心论点,在文章写作时总是会在中心论点下面再确定若干分论点,中心论点与各分论点之间的关系就是一种"纲"与"目"的关系。再如,在整篇文章中,存在着部分与整体的关系,有的部分是提出问题,有的部分则是分析问题,有的部分是解决问题,各自所起的作用是不同的;在部分与部分的关系上,有的属于并列关系,有的属于递进关系,有的属于因果关系,有的属于转折关系,它们相互之间的逻辑联系也是不同的。谋篇布局,就是要根据文章各部分的地位和作用,合理地确定它们在整体结构中的位置,把材料组织得严密周详,无懈可击。

5. 层次分明,条理清楚

一篇好的文章,层次要明晰,条理要清楚,让人一目了然。首先,层次之间要有一定的顺序,哪个部分在前,哪个部分在后,要有主有次,有条不紊,否则就会显得颠三倒四、主次不清,逻辑混乱。其次,层次之间存在着某种内在的连贯性,或承接,或转折,或并列,或因果,都必须根据表现主题的需要加以酌定。层次的确定,段落的划分,先后的交代,上下的衔接,首尾的照应,也都要安排得恰当、得体、自然、和谐,使通篇论述顺理成章、浑然一体。最后,层次与层次之间界线要清楚,意思要分明,不可彼此重复或相互矛盾。层次之间一旦缠缚不清,就会出现逻辑混乱,论述问题的思路就会受到阻滞。

 实例分析三

【阅读材料】

方永刚,1964年4月出生,1985年7月毕业于上海复旦大学,先后在海军政治学院、大连舰艇学院任教,长期从事政治理论教学和研究工作。

方永刚坚持深入学习、坚定信仰、模范践行党的创新理论,深入工厂、农村、学校和社区,真情传播党的创新理论,被誉为"大众学者""平民教授"。

有一年,方永刚遭遇重大车祸,颈椎严重受损,危及生命。躺在病床上的108天里,方永刚看完了43本理论书籍,翻阅了100多万字的资料,完成了30万字的书稿。

方永刚认为,理论工作者有责任使党的创新理论为群众掌握,从而转化为巨大的物质力量。一个理论工作者,只有自己首先躬身践行,人家才会信你所讲的理论。

2006年11月,方永刚被确诊为晚期癌症。在化疗期间,方永刚以顽强的毅力在病床前完成研究生教学任务,带着引流管两次重返讲台授课。

2007年1月15日,第二次化疗后的方永刚如约登上讲台,给学生们讲"新世纪新阶段我军历史使命"。7天后,他又兑现自己的另一个承诺,到大连市地税局作关于科学发展观的讲座。那堂课,擦汗的纸巾用去整整5包……

请针对上述材料,写一篇不少于700字的议论文,题目自拟。

【参考范例】

范例①

方永刚的"真"

采访报道方永刚同志先进事迹,深深为方永刚同志的精神所打动。方永刚为人率真,办事较真,作风认真。方永刚的思想言行鲜明地彰显着一个"真"字,就是矢志不渝追求真理,对党的创新理论真学、真信、真心传播、真诚实践。

真学是基础。方永刚抱着感恩的心走上求学之路。他常说:"我是党的创新理论的直接受益者。没有党的创新理论,我上不了大学,读不了博士,成不了教授,摆脱不了贫困。"方永刚读得滚瓜烂熟的一本书是1983年出版的《邓小平文选》,四周和封面被磨穿,泛黄的书页上记满了他的学习心得。方永刚学习理论不是"摆样子""装门面",而是发自内心的全身心投入。党的理论每前进一步,方永刚的学习和研究就跟进一步。方永刚曾因车祸住院108天,研读了43本理论书籍,撰写了30万字的著作。方永刚真心学习科学理论,头脑不断武装,思想不断净化,境界不断提升。

真信是核心。方永刚讲课常引用《论语》中子贡向孔子问政的典故。子贡问:何以国泰民安政稳?孔子答三条:足兵,足食,民信。子贡再问:三去其一呢?孔子答:去兵。子贡又问:再去一呢?孔子答:去食。"自古皆有死,民无信不立。"古代圣贤把人的信仰放在首位,超越了足兵足食。一个人是要有点精神的,否则将成为行尸走肉;一个国家也是要有精神的,否则将变成一盘散沙。精神的下线是道德,精神的上线是信仰。信仰不坚定,行动就盲从。党的创新理论的科学性和真理性犹如强大的磁力深深吸引着方永刚,令他陶醉,令他折服。党的创新理论,让他真切看到了中国特色社会主义事业的光明前景,让他真切体会到党的理论创新的巨大魅力。方永刚真诚信仰党的创新理论,在他的身上已"内化为血肉,上升为灵魂"。

真心是根本。有人说:政治理论多枯燥呀,一上政治课就瞌睡就溜号,结果讲的不愿讲,听的不愿听。方永刚却认为,党的创新理论是与时俱进的理论,是对实践作出及时反映的理论,这么鲜活的理论怎么会枯燥无味呢?群众不愿听,不是党的创新理论有问题,而是政治理论宣讲者没有真心为群众当好"政治翻译""广播电台",老讲那些不切实际的"正确的空话、大话、套话"。党的理论虽然来自丰富的实践,但毕竟是抽象的、逻辑化了的理论。让党的理论成为思想向导,还要把理论还原到生活中去,用群众喜闻乐见的方式,把党的理论讲解给群众听,树立群众的信仰,坚定群众的信念。方永刚传播党的创新理论总是有一种紧迫感、使命感,即便到了癌症晚期,还坚持宣讲,说:"我肚子有问题,但脑子没问题,嘴没问题!"他不仅在学校把每堂课都讲成精品,超额完成200%的教学工作量,而且深入工厂、农村、连队、机关,向干部群众宣讲千余场,撰写理论研究论文千万字。方永刚以真心换真心,赢得了人民群众热烈欢迎。

"如果有一天我的生命之钟停摆了,我愿意把它定格在自己的岗位上,永远保持一名思想理论战线英勇战士的冲锋姿态,让有限的生命为太阳底下最壮丽的事业燃烧……"方永刚把教授党的创新理论,当成神圣的事业,视为生命之约无愧于"人类灵魂的工程师"的光荣称号,他是真正的顶天立地的共产党人。

(选自《人民日报》2007年4月5日第04版)

范例②

大力弘扬党的创新理论的无穷魅力

方永刚二十二年如一日,把三尺讲台当作实现人生价值的大舞台,深入学习党的创新理论、坚定信仰党的创新理论、积极传播党的创新理论、模范践行党的创新理论,集中展现了新时期共产党员的高度政治觉悟和优秀教师的高尚道德风范。他的先进事迹,值得全体党员干部学习。

方永刚是从一名农村青年、普通大学生成长为军队优秀政治理论教员。他真学、真信、真情传播、真诚实践党的创新理论,全身心投入党的创新理论教学、科研和传播工作。他不管癌症是中期还是晚期,研究传播党的创新理论没有限期,把每堂课都讲成精品,超额完成200%的教学工作量。他穿行白山黑水之间,向群众宣讲科学理论千余场。他忍受病痛,夜以继日,撰写研究文章千万字,在党的创新理论武装工作中做出了突出贡献。

我们党的创新理论充满魅力,充满活力。一个民族要站在世界的高峰,一刻也不能没有理论思维;一个政党要站在时代前列,一刻也离不开理论创新。方永刚之所以成为党的创新理论的深入学习者、坚定信仰者、积极传播者、模范践行者,就是因为党的创新理论深深吸引了他,折服了他。党的创新理论是从实践中总结出来的,用来解决中国面临的许多重大问题,与广大人民群众的切身利益密切相关。人民群众对党的创新理论有一种深入了解的渴望,对党的创新理论有一种强烈认知的需求。从毛泽东思想、邓小平理论、"三个代表"重要思想,到科学发展观,党的理论创新每前进一步,方永刚的研究就会跟进一步、深入一步。党的创新理论充满魅力,理论宣讲才有说服力,方永刚的理论课才有广阔的"市场",得到广泛的认同。

束之高阁的理论没有生命力,理论一经群众掌握,就会变成巨大的物质力量。党的创新理论来自群众,需要平民化、生动的宣讲服务群众。方永刚呕心沥血为群众当好"政治翻译",把最难讲的政治理论课,讲成了深受学员和群众欢迎的课程。当前,一些人错误认为党的理论高高在上,宣讲党的理论"讲的不好讲,听的不愿听",常常"两张皮""空对空"。方永刚是思想理论宣传工作者的楷模。他无论是在院校讲课还是到地方演讲,每次都要先进行一番调研,和百姓平起平坐,先当"学生"后当"先生",深入了解官兵和群众关心的热点、难点、焦点问题,针对这些问题调整自己的报告内容,让宣讲始终迎着矛盾上,跟着问题走,不断拨开官兵和群众的心头迷雾。方永刚用自己宣讲的强烈的感染力、说服力,充分展现党的创新理论的无穷魅力。

大力弘扬党的创新理论的无穷魅力,基础是学习,核心是信仰,关键是践行。真理只有进入人的灵魂,引起灵魂深处的共鸣,才能产生坚定的信仰与果决的行动。广大党员干部一定要向方永刚学习,发扬他那种深入学习党的理论、追求真理的探索精神;坚定信仰党的理论、矢志不渝的执着精神;积极传播党的理论、不辱使命的献身精神;模范践行党的理论、知行统一的求实精神,把人民群众凝聚在党的创新理论的旗帜下,万众一心,开拓奋进,共建我们和谐社会的美好家园。

(选自《人民日报》2007年4月3日第06版)

练习题

【给定材料】

材料1

位于R市郊西隅的沙坝村,总面积约10平方千米,山清水秀,历史悠久。

1980年前后,家庭联产承包责任制开始在中国广大农村推行。中共中央《关于加快农业发展若干问题的决定》《关于进一步加强和完善农业生产责任制的几个问题》等有关"包产到户""包干到户"的文件一层层传达下来,但沙坝村却没有变革的迹象,人们还在观望。时任大队书记的杨某回忆说:"那时候土地、山林还有各种财产都是国家(集体)的,国家的东西,哪个敢随便动!"

到了1981年底,沙坝村把耕地按好、中、差进行了搭配,然后按人口平均发包给村民,完成"分田到户",第一轮家庭联产承包责任制在沙坝村初步落实。从此,在土地所有权不变的情况下,村民对于承包地有了经营权、使用权。当时的规定是:所有承包地土地,不许出租、买卖;不许在承包地上建房、烧砖瓦等。虽然承包时大队已经确定承包期是3至5年,但是,村民中仍有人怀疑分田到户不长久,会不会"今天分下去,明天又收回来"。直到1984年的中央一号文件提出"土地承包期一般应在十五年以上",村民们的忧虑才初步解除。而后中央提出的"为了稳定土地承包关系,鼓励农民增加投入,提高土地的生产率,在原定的耕地承包期到期之后,再延长三十年不变",算是给农民吃了"定心丸"。为了给农民稳定的土地承包经营预期,党的十九大报告明确提出"保持土地承包关系稳定并长久不变,第二轮土地承包到期后再延长三十年"。

材料 2

L村位于某省中北部沿海平原区,粮食作物以小麦、玉米为主,冬小麦与夏玉米一年两季轮作,经济作物以苹果为主。L村的土地分为两类,一是"围庄地",在村庄周边,有较好的水利条件;二是"洼子地",离村庄远,水利条件较差。与全国大多数村庄一样,L村也在20世纪90年代中后期根据当时的政策完成了"二轮土地承包"。L村把全村土地分成两份,一份为各户承包的人口地;另一份为机动地。机动地主要用于给新增加的人口增地。

与其他村庄二轮承包普遍执行的"增人不增地,减人不减地"的土地政策不同的是,L村在机动地上实行"增人增地但减人不减地"的办法。自二轮土地承包以来,L村的人口增减变化将近百人。L村给新增加的人口分配土地先从位置、水利条件较好的围庄地开始,围庄地分完之后,新增加的人口就只能分到洼子地了。到了2014年,预留的机动地全部分配完了,"增人增地但减人不减地"的办法也就难以为继了。

村民李某在二轮承包时家里只有他们夫妇和未成年的儿子,多年后儿子娶妻生子,都没赶上村里分地,一家6个人种着3个人的地,收入窘迫。特别是每当看到邻居张某家2个人种着9个人的地时,颇有怨言:"明显不公平,就应收回重分。"但张某对他的话却不完全认同:"我家地多人少是事实,可二轮续包的时候就是这样,30年不变也是国家规定的。"

与李某、张某想要地、想种地不同,L村还有不想要、不想种地的人。76岁的万老汉,家里有6亩地,儿子和孙子都在外地打工、上学。每年的秋收季节都是万老汉最发愁的时候,繁重的劳动都得雇人帮忙。他想把地流转出去,但因为地比较零散,收益也不高,流转也很困难。村里和万老汉情况差不多的还有二十多人。近几年一直在外地打工的王某说:"种地费时费力不说,农忙时回家打理,请假还要被扣工资,不合算。这两年一直是托付亲戚来种地,没什么收益,明年也不想这么干了。"此外,村里还有10户完全脱离农业的家庭,因各种原因,他们承包的土地大多撂荒了。

现任村支书告诉记者说,村里二轮承包后一直没进行土地调整,这是因为国家对土地调整有政策,明确提出"小调整、大稳定的前提是稳定"。"小调整"的间隔期最短不得少于5年,而且"小调整"只限于人地矛盾突出的个别农户。2006年因为村民的承包地占用量与家庭人口不均衡,村里曾有过一次调整的打算,村委会研究决定:凡是人口减少以及已经迁往城镇落户的农户,其承包的土地份额一律收回,另行发包给新增人口的农户。村民石某因妻子去世而被收回了2亩地。石某不服,将村委会告上法庭,要求返还被收走的土地。法院经审理认为,2003年实施的《农村土地承包法》确立了"承包土地以户为单位,减人不减地"的原则。根据该法律,家庭承包经营权的主体是农户整体,而不是家庭成员个体。只要承包方的家庭还有人在，土地就是不能收回。只有在承包经营的家庭消亡，或承包方全家迁入设区的市并转为非农户口的情况下，发包方才可以收回承包地。如果承包方自愿放弃承包地，则应提前半年提出申请。最后法院判决村委会返还石某土地。石某这一告，那次土地调整就没往下进行。后来，国家对土地调整的限制越来越严格，多次强调"承包期内，发包方不得调整承包地""现有土地承包关系要保持稳定并长久不变"。

2016年春，李某和一些农户以土地承包量有失公平为由找到了当地政府，要求调整。这一诉求得到了政府的支持。面对这种局面，村支书无奈地说："这样一来，我们的压力很大，看来村里的土地调整也不是一个简单的事。"

材料 3

据有关部门统计，到2016年年底，中国城镇常住人口已达7亿9 298万，比2015年末增加2 182万人，城镇人口占总人口比例为57.35%。随着中国城市化进程的加快，大量农村人口涌入城市。

李奶奶是几年前从农村来到X市的。离开了广袤无垠的田野，住进了层层叠叠、密密麻麻单元楼的瑞丽花园小区。舒适的住所、单调的生活、陌生的邻里，李奶奶过得并不开心，觉得自己被压得"喘不过气来"，她几乎每天都要坐公交车穿过喧闹的街区到城郊的公园里活动活动筋骨，想法子找人说说话。

瑞丽花园小区是X市近年来新开发的商品房小区，位于市区两大主要交通干线的交汇处。因位置临近商业中心，地价昂贵，住宅楼比较密集。为了体现其景观的生态性，小区内有一条人工河道蜿蜒而过，把小区的空地分割成大小不一的碎片。河边花香草绿，绿柳成荫，不少凉亭假山点缀其间。但仔细观察便可发现，小区里可供居民活动健身的空地却十分有限，最大的一块空地，只能容纳30人共同活动。每次看到"芳草青青、留心脚下"的木牌时，李奶奶总免不了要叨唠一句"景有了，可人没了"。事实上，小区内也建有设备完善、宽敞明亮的室内舞蹈室、羽毛球馆及各类文体活动室。但羽毛球馆和健身房是不对社区居民免费开放的，需要居民办理会员卡。舞蹈室在有对外演出活动时用于排练使用，平时都上着锁。其他文体活动室都有一定的开放时限，利用起来并不方便。

离瑞丽花园小区不远的南平巷地区是一个具有完整元代胡同院落肌理、文化资源丰富的棋盘式传统民居区，迄今还有2万多名居民生活在此。

已经在此生活20多年的康阿姨对记者说，当初这里特别清净，没有商业化，更没有这么多的游客。可是到了2006年进行商业开发以后，南平巷变了样子，喧哗的酒吧、随意改建的建筑物、各种小吃店、水果摊占道经营。人流量和车流量骤增，传统的文化气息荡然无存。近两年，因为这里的居住环境条件每况愈下，商品价格攀升，老住户纷纷外迁，老宅成了外来人口的聚集地。

在如何把握历史文化保护、商业发展和居民人居环境三者之间的关系问题上，业内人士认为，彻底停止商业，或者迁走所有居民，都不是良策。因为，X市的"根"就在这些胡同里，在这里居民的身上。

最近，一则消息让X市居民颇为兴奋。一座包含超大的绿地，融合生态、文化、休闲等多种功能的，面积近2平方千米的文化公园将在中心城区一块被认为最具开发价值的"潜力板块"破土动工。专业人士认为，公园不只是供市民休闲娱乐的实体，同时也包含丰富的人文意义和文化价值。对一个好的城市公共场所而言，"建设"只是一个基础，其塑造和养成不只在

"造景",更要借此"化人"。随着空间的变化,人们对城市的观感会变,对城市的体验度会变,相应地,城市治理的思路要变。拿出黄金地块做公园,提供的是场所,面向的是全体市民,彰显的是城市价值。每个在这里生活、工作的市民,都能感受到这座城市带给他们的幸福感、归属感和安全感。在强调"共享"发展理念的当下,这意味着城市治理观念的一次重大转变。

材料 4

17世纪的法国巴黎,一座桥梁扮演了今天埃菲尔铁塔的角色,这就是新桥。巴黎人,无论贫富,都很快接受了新桥。王公贵族们突破正统的束缚,在桥上纵情欢乐,贫困的巴黎人,也来这里躲避夏日的炎热,不同层次的人在这里交流接触,新桥成为社会平衡器。

新桥就好像是一个"新闻发布中心"。当时的资料显示,只要在新桥张贴消息广告,很快就能聚拢大批人阅览。巴黎人可以在这里了解巴黎发生的大事小事,各种消息都会在人群中迅速传开。此外,一些反映社会现象的歌曲也在此广泛传播,以至于产生了许多"新桥歌手"。作家赛维涅侯爵夫人认为"是新桥创作了这些歌"。而这些歌曲也只是冰山一角。在17世纪30年代专业剧场诞生之前,新桥还一直是巴黎戏剧的中心。正如一幅17世纪60年代的绘画所展示的,演员们在临时搭建的舞台上表演,各行各业的人聚集在周围,甚至凑到舞台底下。露天表演是造成新桥交通拥堵的一个原因,另外一个更重要的原因便是桥上的购物活动,新桥一竣工,街头市场就出现了,各种新奇的东西这里都可以找到。没有人会预料到,这座桥会成为各色人种为不同目的而争夺的空间。

在十几年前的巴西圣保罗,经常可以看到富人区被高高的院墙和铁丝网包围、门口警卫森严的景象。其原因是贫富差异过大,富人为了寻求安全导致居住空间分异。贫困区税收锐减,政府提供的警力、学校、医院等公共服务质量下降,这又促使一些中等收入的家庭迁走,公共空间迅速衰败。一些人为了生存针对富人下手,或偷或抢,富人只能选择加强安保防范措施。这样的治安环境,无人敢去投资。于是,政府借助城市设计,恢复城市公共领域的功能,让市民在交往活动中逐渐消解对立情绪,进而吸引投资,重新复原。

近30年来,西方国家把大量工业化时代遗存的码头、厂房、矿场改造成为向公众开放的公园和文化广场。在城市中心区,"商业步行街"几乎成为城市更新的"标准选项";在城市边缘地带,提供大尺度、复合化、向公众开放的商业空间,也成为地方政府和私人开发商最乐意采用的策略之一。这些购物中心、主题公园和广告天地,被设计得优雅、别致、生机勃勃,成为日常生活审美化的最典型不过的展示空间。有研究者说,城市建设与管理的目的如果仅仅是为满足经济或某种美观诉求,显然是片面的,甚至是短视而危险的。

材料 5

走进独墅湖月亮湾商务区,你会发现,这里的道路格外平整,找不到一条"马路拉链",天际线由棱角分明的建筑物和绿树组成,空中也看不到一张"蜘蛛网"。这是因为,这里的自来水管、供电电缆、通信电缆全部"住"到了地下宽敞的"集体宿舍"里。这就是S市第一条城市地下公共空间基础设施——月亮湾地下综合管廊。城市地下综合管廊作为地下空间的"生命线",是城市公共配套建设的重要组成部分。

月亮湾地下综合管廊,自2011年11月建成投入使用,已平稳运行多年。这是一个全长920米、断面3.4×3米的"T"形长廊。长廊的一侧是一排长长的钢铁支架,如同"超市货架",从上到下依次放着消防与监控线路桥架、电力线路桥架、两层通信网络桥架,最下面三层空着的"货架"是为未来管线预留的空间。管廊内另一侧是上下两根直径70厘米的集中供冷管道。

技术员介绍说:"附近商务区的写字楼不用中央空调,夏天由这两根管道集中供冷。"

S市管线管理所负责人在向记者介绍管廊建设的前期准备情况时说,由市长担任组长的市地下综合管廊工作领导小组起到了关键作用,领导小组成员有39人之多,涵盖了辖区各板块、各相关单位主要负责人。专门机构的设立,形成了多元主体的常态化沟通和快速推进机制,有效避免了推诿扯皮、难以协调等问题。在领导小组的组织下,相关部门编制完成了《S市地下空间专项规划(2008～2020)》《S市地下空间规划整合(2012～2020)》,今年6月又出台了《S市地下管线管理办法》,统筹加强对地下管廊规划、建设和安全运行的管理。

"地下综合管廊造价和维护可不是一般的昂贵",管廊开发公司徐总经理给记者算了一笔账,"使用寿命为50年及100年的地下综合管廊,每公里建设运行成本分别为1.6亿元及2亿元。即使S市经济实力不错,但借力社会资本也是现实的必然选择。"市政府授权S市城市建设投资发展有限公司出资组建了S市管廊开发公司,其中城建平台占股45%,水务占股20%,4家弱电单位各占股5%,为供电预留股份15%。管廊开发公司,专门负责城市地下综合管廊的投资、建设、运营和管理事务,不仅解决了资金问题,也解决了建设主体的问题。

在记者参观的时候,工作人员介绍:S市地处江南水网区域,地下工程施工难度大,精度要求高。为确保工程的顺利推进和质量安全,S市在前期调研分析基础上,根据国家《城市综合管廊工程技术规范》,组织专家团队反复论证,最终为项目设计施工提供了充分依据。S市在综合管廊规划设计阶段,就确立了系统化、标准化、智慧化的目标,在铺设管线时同步建设全面的监控、感知系统,并为信息系统升级留有接入口,方便日后对大面积地下管线实施统一综合管理。建成的综合管廊囊括消防、照明、排水、通风、通信、供电、监控感知、火灾报警等系统,可以通过一个终端对所有管线进行实时监控和调度管理,并具有自动检测、定位、提醒等多种功能,真正实现了信息化、一体化、智能化管理。

由于综合管廊建设成本高,入廊管线大多具有公益性,且这一新生事物在使用过程中权、责、利还缺乏有效制衡和匹配,导致社会各方的投融资积极性都不高。为此,S市借鉴国内外经验,特别规定除争取国家试点和省财政支持外,如果项目建成后特许经营期内收费不能实现预期目标,市财政将进行一定补贴,确保股东投资安全且获得基础收益。

根据工程内容、建设成本、运营周期、物价水平等多重因素,制定收费项目和收费标准,明确各单位可以以入廊或租赁的方式获得管线所有权、使用权,让管线需求者根据自身实际情况选择使用方式,调动其入廊积极性,增加管线使用效率和经济收益。

管廊收费之所以困难,很重要的一个原因是缺乏调动入廊单位积极性的有效方式。S市创新性地以打造利益共同体的方式,吸引电力、给排水、通信等单位成为管廊建设主体——管廊开发公司的股东,让各单位根据自身需求充分参与管廊的规划、设计和建设过程。在合理确定收费标准的基础上,为盘活资产、提高综合收益,这些单位均愿以有偿方式使用管线。

材料6

月亮湾地下综合管廊建设给人们以很大的启示。那里地上道路平整,天空没有一张"蜘蛛网",城市公共空间发展的潜力倍增。这让人想到《老子》里的话:"凿户牖以为室,当其无,有室之用。故有之以为利,无之以为用。"老子以人们居住的屋子为喻,他说一间屋子,开凿门窗,修建四壁,只有形成虚空部分,它才具有一间屋子的良好功能。据此,老子提出了"有之以为利,无之以为用"的观点,强调"有"与"无"都具有不可忽视的作用。瑞丽花园小区的李奶奶,离开广袤的田野,住进了单元楼,总觉得"喘不过气来"。看来,李奶奶虽不是哲学家,但在感觉上与老子"有""无"之用的理念暗合。

（选自 www.chinagwy.org）

根据给定的6段资料作答：

1.给定资料1和给定资料2反映了改革开放以来我国农村土地承包政策的发展过程，请你概述这一发展过程。（10分）

要求：

（1）准确、全面、有条理；

（2）不超过200字。

2.给定资料2中，L村村支书面对村民土地调整的要求，发出感慨："这样一来，我们的压力很大，看来村里的土地调整也不是一个简单的事。"请根据给定资料2，分析他为什么感到压力很大。（10分）

要求：

（1）全面、准确、有条理；

（2）不超过200字。

3.给定资料4提到，"城市建设与管理的目的如果仅仅是为满足经济或某种美观诉求，显然是片面的，甚至是短视而危险的。"请根据给定资料3和给定资料4，谈谈你对这句话的理解。（20分）

要求：

（1）观点明确，分析全面，有逻辑性；

（2）不超过300字。

4.S市将举办"城市样板工程展示会"，请你根据给定资料5，就其中地下管廊建设情况撰写一份讲解稿。（20分）

要求：

（1）紧扣资料，内容全面；

（2）逻辑清晰，语言准确；

（3）不超过400字。

5.给定资料6中提到了老子关于"有"和"无"的观点。请你围绕给定资料反映的城市建设理念中的问题，联系实际，以"试谈'有'与'无'"为题写一篇文章。（40分）

要求：

（1）自选角度，见解深刻；

（2）参考给定资料，但不拘泥于给定资料；

（3）思路清晰，语言流畅；

（4）总字数1000字左右。

注意事项

1.本题本由给定资料和作答要求两部分构成。考试时限为180分钟。其中，阅读给定资料参考时限为50分钟，作答参考时限为130分钟。满分为100分。

2.所有题目一律使用现代汉语作答，未按要求作答的，不得分。

附录1 《党政机关公文处理工作条例》

第一章 总 则

第一条 为了适应中国共产党机关和国家行政机关(以下简称党政机关)工作需要,推进党政机关公文处理工作科学化、制度化、规范化,制定本条例。

第二条 本条例适用于各级党政机关公文处理工作。

第三条 党政机关公文是党政机关实施领导、履行职能、处理公务的具有特定效力和规范体式的文书,是传达贯彻党和国家的方针政策,公布法规和规章,指导、布置和商洽工作,请示和答复问题,报告、通报和交流情况等的重要工具。

第四条 公文处理工作是指公文拟制、办理、管理等一系列相互关联、衔接有序的工作。

第五条 公文处理工作应当坚持实事求是、准确规范、精简高效、安全保密的原则。

第六条 各级党政机关应当高度重视公文处理工作,加强组织领导,强化队伍建设,设立文秘部门或者由专人负责公文处理工作。

第七条 各级党政机关办公厅(室)主管本机关的公文处理工作,并对下级机关的公文处理工作进行业务指导和督促检查。

第二章 公文种类

第八条 公文种类主要有:

(一)决议。适用于会议讨论通过的重大决策事项。

(二)决定。适用于对重要事项作出决策和部署、奖惩有关单位和人员、变更或者撤销下级机关不适当的决定事项。

(三)命令(令)。适用于公布行政法规和规章、宣布施行重大强制性措施、批准授予和晋升衔级、嘉奖有关单位和人员。

(四)公报。适用于公布重要决定或者重大事项。

(五)公告。适用于向国内外宣布重要事项或者法定事项。

(六)通告。适用于在一定范围内公布应当遵守或者周知的事项。

(七)意见。适用于对重要问题提出见解和处理办法。

(八)通知。适用于发布、传达要求下级机关执行和有关单位周知或者执行的事项,批转、转发公文。

(九)通报。适用于表彰先进、批评错误、传达重要精神和告知重要情况。

(十)报告。适用于向上级机关汇报工作、反映情况,回复上级机关的询问。

(十一)请示。适用于向上级机关请求指示、批准。

(十二)批复。适用于答复下级机关请示事项。

(十三)议案。适用于各级人民政府按照法律程序向同级人民代表大会或者人民代表大会常务委员会提请审议事项。

(十四)函。适用于不相隶属机关之间商洽工作、询问和答复问题、请求批准和答复审批事项。

(十五)纪要。适用于记载会议主要情况和议定事项。

第三章 公文格式

第九条 公文一般由份号、密级和保密期限、紧急程度、发文机关标志、发文字号、签发人、标题、主送机关、正文、附件说明、发文机关署名、成文日期、印章、附注、附件、抄送机关、印发机关和印发日期、页码等组成。

(一)份号。公文印制份数的顺序号。涉密公文应当标注份号。

(二)密级和保密期限。公文的秘密等级和保密的期限。涉密公文应当根据涉密程度分别标注"绝密""机密""秘密"和保密期限。

（三）紧急程度。公文送达和办理的时限要求。根据紧急程度,紧急公文应当分别标注"特急""加急",电报应当分别标注"特提""特急""加急""平急"。

（四）发文机关标志。由发文机关全称或者规范化简称加"文件"二字组成,也可以使用发文机关全称或者规范化简称。联合行文时,发文机关标志可以并用联合发文机关名称,也可以单独用主办机关名称。

（五）发文字号。由发文机关代字、年份、发文顺序号组成。联合行文时,使用主办机关的发文字号。

（六）签发人。上行文应当标注签发人姓名。

（七）标题。由发文机关名称、事由和文种组成。

（八）主送机关。公文的主要受理机关,应当使用机关全称、规范化简称或者同类型机关统称。

（九）正文。公文的主体,用来表述公文的内容。

（十）附件说明。公文附件的顺序号和名称。

（十一）发文机关署名。署发文机关全称或者规范化简称。

（十二）成文日期。署会议通过或者发文机关负责人签发的日期。联合行文时,署最后签发机关负责人签发的日期。

（十三）印章。公文中有发文机关署名的,应当加盖发文机关印章,并与署名机关相符。有特定发文机关标志的普发性公文和电报可以不加盖印章。

（十四）附注。公文印发传达范围等需要说明的事项。

（十五）附件。公文正文的说明、补充或者参考资料。

（十六）抄送机关。除主送机关外需要执行或者知晓公文内容的其他机关,应当使用机关全称、规范化简称或者同类型机关统称。

（十七）印发机关和印发日期。公文的送印机关和送印日期。

（十八）页码。公文页数顺序号。

第十条　公文的版式按照《党政机关公文格式》国家标准执行。

第十一条　公文使用的汉字、数字、外文字符、计量单位和标点符号等,按照有关国家标准和规定执行。民族自治地方的公文,可以并用汉字和当地通用的少数民族文字。

第十二条　公文用纸幅面采用国际标准 A4 型。特殊形式的公文用纸幅面,根据实际需要确定。

第四章　行文规则

第十三条　行文应当确有必要,讲求实效,注重针对性和可操作性。

第十四条　行文关系根据隶属关系和职权范围确定。一般不得越级行文,特殊情况需要越级行文的,应当同时抄送被越过的机关。

第十五条　向上级机关行文,应当遵循以下规则:

（一）原则上主送一个上级机关,根据需要同时抄送相关上级机关和同级机关,不抄送下级机关。

（二）党委、政府的部门向上级主管部门请示、报告重大事项,应当经本级党委、政府同意或者授权;属于部门职权范围内的事项应当直接报送上级主管部门。

（三）下级机关的请示事项,如需以本机关名义向上级机关请示,应当提出倾向性意见后上报,不得原文转报上级机关。

（四）请示应当一文一事。不得在报告等非请示性公文中夹带请示事项。

（五）除上级机关负责人直接交办事项外,不得以本机关名义向上级机关负责人报送公文,不得以本机关负责人名义向上级机关报送公文。

（六）受双重领导的机关向一个上级机关行文,必要时抄送另一个上级机关。

第十六条　向下级机关行文,应当遵循以下规则:

（一）主送受理机关,根据需要抄送相关机关。重要行文应当同时抄送发文机关的直接上级机关。

（二）党委、政府的办公厅(室)根据本级党委、政府授权,可以向下级党委、政府行文,其他部门和单位不得向下级党委、政府发布指令性公文或者在公文中向下级党委、政府提出指令性要求。需经政府审批的具体事项,经政府同意后可以由政府职能部门行文,文中须注明已经政府同意。

(三)党委、政府的部门在各自职权范围内可以向下级党委、政府的相关部门行文。

(四)涉及多个部门职权范围内的事务,部门之间未协商一致的,不得向下行文;擅自行文的,上级机关应当责令其纠正或者撤销。

(五)上级机关向受双重领导的下级机关行文,必要时抄送该下级机关的另一个上级机关。

第十七条 同级党政机关、党政机关与其他同级机关必要时可以联合行文。属于党委、政府各自职权范围内的工作,不得联合行文。

党委、政府的部门依据职权可以相互行文。

部门内设机构除办公厅(室)外不得对外正式行文。

第五章 公文拟制

第十八条 公文拟制包括公文的起草、审核、签发等程序。

第十九条 公文起草应当做到:

(一)符合党的理论路线方针政策和国家法律法规,完整准确体现发文机关意图,并同现行有关公文相衔接。

(二)一切从实际出发,分析问题实事求是,所提政策措施和办法切实可行。

(三)内容简洁,主题突出,观点鲜明,结构严谨,表述准确,文字精练。

(四)文种正确,格式规范。

(五)深入调查研究,充分进行论证,广泛听取意见。

(六)公文涉及其他地区或者部门职权范围内的事项,起草单位必须征求相关地区或者部门意见,力求达成一致。

(七)机关负责人应当主持、指导重要公文起草工作。

第二十条 公文文稿签发前,应当由发文机关办公厅(室)进行审核。审核的重点是:

(一)行文理由是否充分,行文依据是否准确。

(二)内容是否符合党的理论路线方针政策和国家法律法规;是否完整准确体现发文机关意图;是否同现行有关公文相衔接;所提政策措施和办法是否切实可行。

(三)涉及有关地区或者部门职权范围内的事项是否经过充分协商并达成一致意见。

(四)文种是否正确,格式是否规范;人名、地名、时间、数字、段落顺序、引文等是否准确;文字、数字、计量单位和标点符号等用法是否规范。

(五)其他内容是否符合公文起草的有关要求。

需要发文机关审议的重要公文文稿,审议前由发文机关办公厅(室)进行初核。

第二十一条 经审核不宜发文的公文文稿,应当退回起草单位并说明理由;符合发文条件但内容需作进一步研究和修改的,由起草单位修改后重新报送。

第二十二条 公文应当经本机关负责人审批签发。重要公文和上行文由机关主要负责人签发。党委、政府的办公厅(室)根据党委、政府授权制发的公文,由受权机关主要负责人签发或者按照有关规定签发。签发人签发公文,应当签署意见、姓名和完整日期;圈阅或者签名的,视为同意。联合发文由所有联署机关的负责人会签。

第六章 公文办理

第二十三条 公文办理包括收文办理、发文办理和整理归档。

第二十四条 收文办理主要程序是:

(一)签收。对收到的公文应当逐件清点,核对无误后签字或者盖章,并注明签收时间。

(二)登记。对公文的主要信息和办理情况应当详细记载。

（三）初审。对收到的公文应当进行初审。初审的重点是：是否应当由本机关办理，是否符合行文规则，文种、格式是否符合要求，涉及其他地区或者部门职权范围内的事项是否已经协商、会签，是否符合公文起草的其他要求。经初审不符合规定的公文，应当及时退回来文单位并说明理由。

（四）承办。阅知性公文应当根据公文内容、要求和工作需要确定范围后分送。批办性公文应当提出拟办意见报本机关负责人批示或者转有关部门办理；需要两个以上部门办理的，应当明确主办部门。紧急公文应当明确办理时限。承办部门对交办的公文应当及时办理，有明确办理时限要求的应当在规定时限内办理完毕。

（五）传阅。根据领导批示和工作需要将公文及时送传阅对象阅知或者批示。办理公文传阅应当随时掌握公文去向，不得漏传、误传、延误。

（六）催办。及时了解掌握公文的办理进展情况，督促承办部门按期办结。紧急公文或者重要公文应当由专人负责催办。

（七）答复。公文的办理结果应当及时答复来文单位，并根据需要告知相关单位。

第二十五条　发文办理主要程序是：

（一）复核。已经发文机关负责人签批的公文，印发前应当对公文的审批手续、内容、文种、格式等进行复核；需作实质性修改的，应当报原签批人复审。

（二）登记。对复核后的公文，应当确定发文字号、分送范围和印制份数并详细记载。

（三）印制。公文印制必须确保质量和时效。涉密公文应当在符合保密要求的场所印制。

（四）核发。公文印制完毕，应当对公文的文字、格式和印刷质量进行检查后分发。

第二十六条　涉密公文应当通过机要交通、邮政机要通信、城市机要文件交换站或者收发件机关机要收发人员进行传递，通过密码电报或者符合国家保密规定的计算机信息系统进行传输。

第二十七条　需要归档的公文及有关材料，应当根据有关档案法律法规以及机关档案管理规定，及时收集齐全、整理归档。两个以上机关联合办理的公文，原件由主办机关归档，相关机关保存复制件。机关负责人兼任其他机关职务的，在履行所兼职务过程中形成的公文，由其兼职机关归档。

第七章　公文管理

第二十八条　各级党政机关应当建立健全本机关公文管理制度，确保管理严格规范，充分发挥公文效用。

第二十九条　党政机关公文由文秘部门或者专人统一管理。设立党委（党组）的县级以上单位应当建立机要保密室和机要阅文室，并按照有关保密规定配备工作人员和必要的安全保密设施设备。

第三十条　公文确定密级前，应当按照拟定的密级先行采取保密措施。确定密级后，应当按照所定密级严格管理。绝密级公文应当由专人管理。

公文的密级需要变更或者解除的，由原确定密级的机关或者其上级机关决定。

第三十一条　公文的印发传达范围应当按照发文机关的要求执行；需要变更的，应当经发文机关批准。

涉密公文公开发布前应当履行解密程序。公开发布的时间、形式和渠道，由发文机关确定。

经批准公开发布的公文，同发文机关正式印发的公文具有同等效力。

第三十二条　复制、汇编机密级、秘密级公文，应当符合有关规定并经本机关负责人批准。绝密级公文一般不得复制、汇编，确有工作需要的，应当经发文机关或者其上级机关批准。复制、汇编的公文视同原件管理。

复制件应当加盖复制机关戳记。翻印件应当注明翻印的机关名称、日期。汇编本的密级按照编入公文的最高密级标注。

第三十三条　公文的撤销和废止，由发文机关、上级机关或者权力机关根据职权范围和有关法律法规决定。公文被撤销的，视为自始无效；公文被废止的，视为自废止之日起失效。

第三十四条　涉密公文应当按照发文机关的要求和有关规定进行清退或者销毁。

第三十五条　不具备归档和保存价值的公文，经批准后可以销毁。销毁涉密公文必须严格按照有关规定履行审批登记手续，确保不丢失、不漏销。个人不得私自销毁、留存涉密公文。

第三十六条　机关合并时，全部公文应当随之合并管理；机关撤销时，需要归档的公文经整理后按照有关规定移交档案管理部门。

工作人员离岗离职时，所在机关应当督促其将暂存、借用的公文按照有关规定移交、清退。

第三十七条　新设立的机关应当向本级党委、政府的办公厅（室）提出发文立户申请。经审查符合条件的，列为发文单位，机关合并或者撤销时，相应进行调整。

第八章　附　　则

第三十八条　党政机关公文含电子公文。电子公文处理工作的具体办法另行制定。

第三十九条　法规、规章方面的公文，依照有关规定处理。外事方面的公文，依照外事主管部门的有关规定处理。

第四十条　其他机关和单位的公文处理工作，可以参照本条例执行。

第四十一条　本条例由中共中央办公厅、国务院办公厅负责解释。

第四十二条　本条例自 2012 年 7 月 1 日起施行。1996 年 5 月 3 日中共中央办公厅发布的《中国共产党机关公文处理条例》和 2000 年 8 月 24 日国务院发布的《国家行政机关公文处理办法》停止执行。

附录2 《党政机关公文格式》

《党政机关公文格式》（Layout key for official document of Party and government organs）（GB/T 9704—2012），2012-06-29，中华人民共和国国家质量监督检验检疫总局、中国国家标准化管理委员会共同发布，2012-07-01实施。

前　言

本标准按照 GB/T 1.1—2009 给出的规则起草。

本标准根据中共中央办公厅、国务院办公厅印发的《党政机关公文处理工作条例》的有关规定对 GB/T 9704—1999《国家行政机关公文格式》进行修订。本标准相对 GB/T 9704—1999 主要作如下修订：

a) 标准名称改为《党政机关公文格式》，标准英文名称也作相应修改；
b) 适用范围扩展到各级党政机关制发的公文；
c) 对标准结构进行适当调整；
d) 对公文装订要求进行适当调整；
e) 增加发文机关署名和页码两个公文格式要素，删除主题词格式要素，并对公文格式各要素的编排进行较大调整；
f) 进一步细化特定格式公文的编排要求；
g) 新增联合行文公文首页版式、信函格式首页、命令（令）格式首页版式等式样。

本标准中公文用语与《党政机关公文处理工作条例》中的用语一致。

本标准为第二次修订。

本标准由中共中央办公厅和国务院办公厅提出。

本标准由中国标准化研究院归口。

本标准起草单位：中国标准化研究院、中共中央办公厅秘书局、国务院办公厅秘书局、中国标准出版社。

本标准主要起草人：房庆、杨雯、郭道锋、孙维、马慧、张书杰、徐成华、范一乔、李玲。

本标准代替了 GB/T 9704—1999。

GB/T 9704—1999 的历次版本发布情况为：GB/T 9704—1988。

《党政机关公文格式》

1 范围

本标准规定了党政机关公文通用的纸张要求、排版和印制装订要求、公文格式各要素的编排规则,并给出了公文的式样。

本标准适用于各级党政机关制发的公文。其他机关和单位的公文可以参照执行。

使用少数民族文字印制的公文,其用纸、幅面尺寸及版面、印制等要求按照本标准执行,其余可以参照本标准并按照有关规定执行。

2 规范性引用文件

下列文件对于本标准的应用是必不可少的。凡是注日期的引用文件,仅所注日期的版本适用于本标准。凡是不注日期的引用文件,其最新版本(包括所有的修改单)适用于本标准。

GB/T 148 印刷、书写和绘图纸幅面尺寸

GB 3100 国际单位制及其应用

GB 3101 有关量、单位和符号的一般原则

GB 3102(所有部分) 量和单位

GB/T 15834 标点符号用法

GB/T 15835 出版物上数字用法

3 术语和定义

下列术语和定义适用于本标准。

3.1 字(word)

标示公文中横向距离的长度单位。在本标准中,一字指一个汉字宽度的距离。

3.2 行(line)

标示公文中纵向距离的长度单位。在本标准中,一行指一个汉字的高度加 3 号汉字高度的 7/8 的距离。

4 公文用纸主要技术指标

公文用纸一般使用纸张定量为 60 g/m^2~80 g/m^2 的胶版印刷纸或复印纸。纸张白度 80%~90%,横向耐折度≥15 次,不透明度≥85%,pH 值为 7.5~9.5。

5 公文用纸幅面尺寸及版面要求

5.1 幅面尺寸

公文用纸采用 GB/T 148 中规定的 A4 型纸,其成品幅面尺寸为:210 mm×297 mm。

GB/T 9704—2012

5.2 版面

5.2.1 页边与版心尺寸

公文用纸天头(上白边)为 37 mm±1 mm,公文用纸订口(左白边)为 28 mm±1 mm,版心尺寸为 156 mm×225 mm。

5.2.2 字体和字号

如无特殊说明,公文格式各要素一般用 3 号仿宋体字。特定情况可以作适当调整。

5.2.3 行数和字数

一般每面排 22 行,每行排 28 个字,并撑满版心。特定情况可以作适当调整。

5.2.4 文字的颜色

如无特殊说明,公文中文字的颜色均为黑色。

6 印制装订要求

6.1 制版要求
版面干净无底灰,字迹清楚无断划,尺寸标准,版心不斜,误差不超过1 mm。

6.2 印刷要求
双面印刷;页码套正,两面误差不超过2 mm。黑色油墨应当达到色谱所标BL100%,红色油墨应当达到色谱所标Y80%、M80%。印品着墨实、均匀;字面不花、不白、无断划。

6.3 装订要求
公文应当左侧装订,不掉页,两页页码之间误差不超过4 mm,裁切后的成品尺寸允许误差±2 mm,四角成90°,无毛茬或缺损。

骑马订或平订的公文应当:

a) 订位为两钉外订眼距版面上下边缘各70 mm处,允许误差±4 mm;

b) 无坏钉、漏钉、重钉,钉脚平伏牢固;

c) 骑马订钉锯均订在折缝线上,平订钉锯与书脊间的距离为3 mm～5 mm。

包本装订公文的封皮(封面、书脊、封底)与书芯应吻合、包紧、包平、不脱落。

7 公文格式各要素编排规则

7.1 公文格式各要素的划分
本标准将版心内的公文格式各要素划分为版头、主体、版记三部分。公文首页红色分隔线以上的部分称为版头;公文首页红色分隔线(不含)以下、公文末页首条分隔线(不含)以上的部分称为主体;公文末页首条分隔线以下、末条分隔线以上的部分称为版记。

页码位于版心外。

7.2 版头

7.2.1 份号
如需标注份号,一般用6位3号阿拉伯数字,顶格编排在版心左上角第一行。

7.2.2 密级和保密期限
如需标注密级和保密期限,一般用3号黑体字,顶格编排在版心左上角第二行;保密期限中的数字用阿拉伯数字标注。

7.2.3 紧急程度
如需标注紧急程度,一般用3号黑体字,顶格编排在版心左上角;如需同时标注份号、密级和保密期限、紧急程度,按照份号、密级和保密期限、紧急程度的顺序自上而下分行排列。

7.2.4 发文机关标志
由发文机关全称或者规范化简称加"文件"二字组成,也可以使用发文机关全称或者规范化简称。

发文机关标志居中排布,上边缘至版心上边缘为35mm,推荐使用小标宋体字,颜色为红色,以醒目、美观、庄重为原则。

联合行文时,如需同时标注联署发文机关名称,一般应当将主办机关名称排列在前;如有"文件"二字,应当置于发文机关名称右侧,以联署发文机关名称为准上下居中排布。

7.2.5 发文字号
编排在发文机关标志下空二行位置,居中排布。年份、发文顺序号用阿拉伯数字标注;年份应标全称,用六角括号"〔〕"括入;发文顺序号不加"第"字,不编虚位(即1不编为01),在阿拉伯数字后加"号"字。

上行文的发文字号居左空一字编排,与最后一个签发人姓名处在同一行。

7.2.6 签发人
由"签发人"三字加全角冒号和签发人姓名组成,居右空一字,编排在发文机关标志下空二行位置。"签发人"三字用3号仿宋体字,签发人姓名用3号楷体字。

如有多个签发人,签发人姓名按照发文机关的排列顺序从左到右、自上而下依次均匀编排,一般每行排两个姓名,回行时与上一行第一个签发人姓名对齐。

7.2.7 版头中的分隔线
发文字号之下 4 mm 处居中印一条与版心等宽的红色分隔线。
7.3 主体
7.3.1 标题
一般用 2 号小标宋体字,编排于红色分隔线下空二行位置,分一行或多行居中排布;回行时,要做到词意完整,排列对称,长短适宜,间距恰当,标题排列应当使用梯形或菱形。
7.3.2 主送机关
编排于标题下空一行位置,居左顶格,回行时仍顶格,最后一个机关名称后标全角冒号。如主送机关名称过多导致公文首页不能显示正文时,应当将主送机关名称移至版记,标注方法见 7.4.2。
7.3.3 正文
公文首页必须显示正文。一般用 3 号仿宋体字,编排于主送机关名称下一行,每个自然段左空二字,回行顶格。文中结构层次序数依次可以用"一、""(一)""1.""(1)"标注;一般第一层用黑体字、第二层用楷体字、第三层和第四层用仿宋体字标注。
7.3.4 附件说明
如有附件,在正文下空一行左空二字编排"附件"二字,后标全角冒号和附件名称。如有多个附件,使用阿拉伯数字标注附件顺序号(如"附件:1.××××");附件名称后不加标点符号。附件名称较长需回行时,应当与上一行附件名称的首字对齐。
7.3.5 发文机关署名、成文日期和印章
7.3.5.1 加盖印章的公文
成文日期一般右空四字编排,印章用红色,不得出现空白印章。
单一机关行文时,一般在成文日期之上、以成文日期为准居中编排发文机关署名,印章端正、居中下压发文机关署名和成文日期,使发文机关署名和成文日期居印章中心偏下位置,印章顶端应当上距正文(或附件说明)一行之内。
联合行文时,一般将各发文机关署名按照发文机关顺序整齐排列在相应位置,并将印章一一对应、端正、居中下压发文机关署名,最后一个印章端正、居中下压发文机关署名和成文日期,印章之间排列整齐、互不相交或相切,每排印章两端不得超出版心,首排印章顶端应当上距正文(或附件说明)一行之内。
7.3.5.2 不加盖印章的公文
单一机关行文时,在正文(或附件说明)下空一行右空二字编排发文机关署名,在发文机关署名下一行编排成文日期,首字比发文机关署名首字右移二字,如成文日期长于发文机关署名,应当使成文日期右空二字编排,并相应增加发文机关署名右空字数。
联合行文时,应当先编排主办机关署名,其余发文机关署名依次向下编排。
7.3.5.3 加盖签发人签名章的公文
单一机关制发的公文加盖签发人签名章时,在正文(或附件说明)下空二行右空四字加盖签发人签名章,签名章左空二字标注签发人职务,以签名章为准上下居中排布。在签发人签名章下空一行右空四字编排成文日期。
联合行文时,应当先编排主办机关签发人职务、签名章,其余机关签发人职务、签名章依次向下编排,与主办机关签发人职务、签名章上下对齐;每行只编排一个机关的签发人职务、签名章;签发人职务应当标注全称。
签名章一般用红色。
7.3.5.4 成文日期中的数字
用阿拉伯数字将年、月、日标全,年份应标全称,月、日不编虚位(即 1 不编为 01)。
7.3.5.5 特殊情况说明
当公文排版后所剩空白处不能容下印章或签发人签名章、成文日期时,可以采取调整行距、字距的措施解决。

7.3.6 附注

如有附注,居左空二字加圆括号编排在成文日期下一行。

7.3.7 附件

附件应当另面编排,并在版记之前,与公文正文一起装订。"附件"二字及附件顺序号用3号黑体字顶格编排在版心左上角第一行。附件标题居中编排在版心第三行。附件顺序号和附件标题应当与附件说明的表述一致。附件格式要求同正文。

如附件与正文不能一起装订,应当在附件左上角第一行顶格编排公文的发文字号并在其后标注"附件"二字及附件顺序号。

7.4 版记

7.4.1 版记中的分隔线

版记中的分隔线与版心等宽,首条分隔线和末条分隔线用粗线(推荐高度为0.35 mm),中间的分隔线用细线(推荐高度为0.25 mm)。首条分隔线位于版记中第一个要素之上,末条分隔线与公文最后一面的版心下边缘重合。

7.4.2 抄送机关

如有抄送机关,一般用4号仿宋体字,在印发机关和印发日期之上一行、左右各空一字编排。"抄送"二字后加全角冒号和抄送机关名称,回行时与冒号后的首字对齐,最后一个抄送机关名称后标句号。

如需把主送机关移至版记,除将"抄送"二字改为"主送"外,编排方法同抄送机关。既有主送机关又有抄送机关时,应当将主送机关置于抄送机关之上一行,之间不加分隔线。

7.4.3 印发机关和印发日期

印发机关和印发日期一般用4号仿宋体字,编排在末条分隔线之上,印发机关左空一字,印发日期右空一字,用阿拉伯数字将年、月、日标全,年份应标全称,月、日不编虚位(即1不编为01),后加"印发"二字。

版记中如有其他要素,应当将其与印发机关和印发日期用一条细分隔线隔开。

7.5 页码

一般用4号半角宋体阿拉伯数字,编排在公文版心下边缘之下,数字左右各放一条一字线;一字线上距版心下边缘7 mm。单页码居右空一字,双页码居左空一字。公文的版记页前有空白页的,空白页和版记页均不编排页码。公文的附件与正文一起装订时,页码应当连续编排。

8 公文中的横排表格

A4纸型的表格横排时,页码位置与公文其他页码保持一致,单页码表头在订口一边,双页码表头在切口一边。

9 公文中计量单位、标点符号和数字的用法

公文中计量单位的用法应当符合GB 3100、GB 3101和GB 3102(所有部分),标点符号的用法应当符合GB/T 15834,数字用法应当符合GB/T 15835。

10 公文的特定格式

10.1 信函格式

发文机关标志使用发文机关全称或者规范化简称,居中排布,上边缘至上页边为30 mm,推荐使用红色小标宋体字。联合行文时,使用主办机关标志。

发文机关标志下4 mm处印一条红色双线(上粗下细),距下页边20 mm处印一条红色双线(上细下粗),线长均为170 mm,居中排布。

如需标注份号、密级和保密期限、紧急程度,应当顶格居版心左边缘编排在第一条红色双线下,按照份号、密级和保密期限、紧急程度的顺序自上而下分行排列,第一个要素与该线的距离为3号汉字高度的7/8。

发文字号顶格居版心右边缘编排在第一条红色双线下,与该线的距离为3号汉字高度的7/8。

标题居中编排,与其上最后一个要素相距二行。

第二条红色双线上一行如有文字,与该线的距离为3号汉字高度的7/8。

首页不显示页码。

版记不加印发机关和印发日期、分隔线,位于公文最后一面版心内最下方。

10.2　命令(令)格式

发文机关标志由发文机关全称加"命令"或"令"字组成,居中排布,上边缘至版心上边缘为 20 mm,推荐使用红色小标宋体字。

发文机关标志下空二行居中编排令号,令号下空二行编排正文。

签发人职务、签名章和成文日期的编排见 7.3.5.3。

10.3　纪要格式

纪要标志由"××××纪要"组成,居中排布,上边缘至版心上边缘为 35 mm,推荐使用红色小标宋体字。

标注出席人员名单,一般用 3 号黑体字,在正文或附件说明下空一行左空二字编排"出席"二字,后标全角冒号,冒号后用 3 号仿宋体字标注出席人单位、姓名,回行时与冒号后的首字对齐。

标注请假和列席人员名单,除依次另起一行并将"出席"二字改为"请假"或"列席"外,编排方法同出席人员名单。

纪要格式可以根据实际制定。

11　式样

(略)

图书在版编目(CIP)数据

大学应用语文教程. 上 / 周云鹏主编. —北京：北京大学出版社，2018.9
ISBN 978-7-301-29863-3

Ⅰ. ①大… Ⅱ. ①周… Ⅲ. ①大学语文课—教材 Ⅳ. ①H193.9

中国版本图书馆 CIP 数据核字(2018)第 201952 号

书　　　名	大学应用语文教程（上）
	DAXUE YINGYONG YUWEN JIAOCHENG
著作责任者	周云鹏　主编
责 任 编 辑	任　蕾
标 准 书 号	ISBN 978-7-301-29863-3
出 版 发 行	北京大学出版社
地　　　址	北京市海淀区成府路 205 号　100871
网　　　址	http://www.pup.cn
电 子 信 箱	zpup@pup.cn
新 浪 微 博	@北京大学出版社
电　　　话	邮购部 010-62752015　发行部 010-62750672　编辑部 010-62753334
印 刷 者	长沙超峰印刷有限公司
经 销 者	新华书店
	787 毫米×1092 毫米　16 开本　13.25 印张　331 千字
	2018 年 9 月第 1 版　2018 年 9 月第 1 次印刷
定　　　价	42.00 元

未经许可，不得以任何方式复制或抄袭本书之部分或全部内容。
版权所有，侵权必究
举报电话：010-62752024　电子信箱：fd@pup.pku.edu.cn
图书如有印装质量问题，请与出版部联系，电话：010-62756370